엄마의 역사 편지

- 맞춤법과 띄어쓰기는 국립국어원의 《표준국어대사전》을 기준으로 하였습니다. 외국 인명과 지명은 국립국어원의 '외래어 표기 용례 자료집'을 따랐습니다. '외래어 표기 용례 자료집'에 나오지 않는 것은 현지 발음에 가깝게 표기하였습니다.

엄마의 역사편지

초등학생을 위한 세계사

박은봉 지음

책과함께 어린이

머리말

2000년에 열 살이 된 세운이에게

　초등학교 시절 엄마는 역사책을 참 좋아했어. 서로 사랑하고 때론 절망하기도 하면서 열심히 살아가는 사람들의 이야기가 그 어느 동화나 소설보다 재미있고 흥미진진했지.

　그래서인지 어른이 되어 엄마는 역사 공부를 하고 역사책 쓰는 일을 하고 있구나. 자신이 좋아하는 일을 하며 사는 것이 얼마나 큰 행복인지 너도 크면 알게 될 거야.

　엄마는 세운이가 자신이 진심으로 좋아하는 일을 하며 즐거운 마음으로 사는 사람이 되길 바란다.

　무슨 일을 하든 역사를 알면 참 도움이 된단다. 역사 속에는 성공한 사람도 있고 실패한 사람도 있어. 잘나고 똑똑한 사람이 있는가 하면 못나고 어수룩한 사람도 있지.

　그 모두가 역사에선 주인공이야. 그 모두가 만나서 역사라는 도도한 물결을 이루는 거니까. 일이 잘 풀리지 않고 미래가 보이지 않아 불안할 때,

역사책을 펼쳐 보렴. 희망을 찾을 수 있을 거야.

  이 책에서 네게 말해 주고 싶은 건 외우기 일색의 딱딱한 역사가 아니라 생각하고 느끼는 역사, 지나간 죽은 과거가 아니라 등장인물들이 살아 숨 쉬는 생생한 역사란다.

  엄마랑 이야기 나누듯이 책을 읽다 보면 어렴풋하게나마 역사란 무엇인지 저절로 알게 될 거야. 마음 맞는 친구들과 함께 읽어도 좋지.

  컴퓨터 게임 못잖게 재미있는 역사 이야기, 이제 시작해 볼까?

2000년 봄

엄마가

차례

인류의 탄생에서 1000년까지

1 인류의 탄생과 농경의 시작 · 010
　최초의 가축 · 016

2 세계 4대 고대 문명 · 018
　큰 강과 문명의 발달 · 027

3 그리스의 폴리스 · 028
　올림피아 제전 경기 · 033

4 종교와 사상의 시대 · 037
　카스트 제도 · 043

5 알렉산드로스와 헬레니즘 문화 · · · · · · · · · · · · · · · 047
　고대 문화의 중심지, 이집트 알렉산드리아 · 052

6 로마 대 카르타고 · 055
　로마 시민의 광장, 포룸 · 059

7 진나라와 한나라 · 066
　진시황제의 병마용갱 · 069

8 예수와 기독교 · 076
　십자가 · 081

세계사 속 한국사 1 고조선과 삼국 시대 · **085**
　활달한 기상의 우리 민족 · 092

| 9 | 수나라와 당나라 | 094 |

8세기 최대의 국제도시 장안 • 103

| 10 | 야마토와 니폰 | 104 |

저팬 • 111

| 11 | 앙코르와 스리위자야 | 112 |

인도차이나와 인도네시아 • 113

| 12 | 로마 제국의 번영과 몰락 | 122 |

비잔틴 문화의 중심지 콘스탄티노플 • 132

| 13 | 이슬람 제국의 번영 | 133 |

바그다드 • 141

| 14 | 유럽, 나라 꼴을 갖추다 | 144 |

바이킹과 러시아 • 151

| 15 | 유럽의 봉건 제도 | 152 |

중세의 기사 • 154

세계사 속 한국사 2 후삼국과 고려 시대 — 159

삼별초 • 168

1000년에서 오늘날까지

16 십자군 전쟁의 참모습 ··· 169
　　이슬람 제국의 새 강자, 셀주크 튀르크 · 174

17 칭기즈 칸이 세운 세계 제국 ································ 179
　　원나라에 간 마르코 폴로 · 187

18 러시아의 발전 ·· 188
　　표트르 대제 · 197

19 중세 유럽의 몰락 ··· 198
　　장미 전쟁 · 207

20 아메리카 문명 ·· 210
　　아스텍과 잉카의 예술 · 217

21 새 항로 발견과 대항해 시대 ································ 219
　　교황의 선물 · 229

22 르네상스, 천재들의 시대 ····································· 230
　　구텐베르크의 활판 인쇄술 · 239

23 종교 개혁 ·· 240
　　농민의 대변자, 토마스 뮌처 · 249

세계사 속 한국사 3 조선의 건국과 발전 ················· 250
　　조선의 3대 도적 · 260

24 산업 혁명과 자본주의 261
노동자의 생활·268

25 아메리카 독립 269
토머스 페인·278

26 유럽의 시민 혁명 280
나폴레옹·289

27 청나라의 번영과 아편 전쟁 290
만주 8기·291

28 일본의 근대화, 메이지 유신 299
에도 막부 시대·303

29 다윈, 과학의 승리 308
왜곡된 다윈주의·313

30 세계 대전 317
파시즘·327

31 변화하는 20세기 328
찰리 채플린·335

세계사 속 한국사 4 우리나라의 근대화와 21세기 336
통일을 향하여·345

1 인류의 탄생과 농경의 시작

"원시인도 사랑하고 뽀뽀해?"

원시인을 만나면 가장 먼저 뭘 묻고 싶냐고 했더니 세운이는 이렇게 대꾸했지? 글쎄, 아마 원시인도 사랑하고 뽀뽀했을 거야. 원시인이든 21세기를 사는 현대인이든 사람에겐 시간을 뛰어넘는 공통점이 있다고 엄마는 생각해. 사랑이야말로 바로 그런 것 아닐까?

엄마가 지금부터 하는 얘기는 아주 먼 옛날로 거슬러 올라가는 얘기란다. 먼 옛날 얘기니 우리와는 별 상관없겠군 할지 모르지만 그렇지 않아. 타임머신을 타고 과거로 여행한다고 생각하렴. 우리가 살고 있는 지구에 언제부터 사람이 살기 시작했는지, 어떻게 해서 오늘의 세계가 이루어졌는지, 사람들의 생활은 어떻게 변해 왔는지, 오늘과 과거의 다른 점, 또 같은 점은 무엇인지, 여행이 끝난 뒤에는 옛날 사람들에 대한 너의 모든 궁금증이 산뜻하게 풀릴 거야. 자, 그럼 시작해 볼까?

사냥에서 돌아오는 원시인
사냥한 사슴을 어깨에 메고 돌아오고 있구나.

원시인은 어떻게 살았을까

사람이 지구에 처음 등장한 것은 지금부터 400만 년 전쯤이야. 최초의 사람은 어디서 살았을까? 유럽? 아메리카? 아시아? 지금까지 발견된 화석이나 유물에 따르면, 아프리카란다. 당시 지구는 빙하기였어. 유럽, 아시아 북부, 북아메리카는 얼음으로 덮여 있었고, 사람이 살기 좋을 만큼 따뜻한 곳, 그곳이 바로 아프리카였어. 최초의 사람이 아프리카에서 태어난 건 그 때문이야.

그 후 사람은 몇 차례 더 혹독한 빙하기를 겪게 돼. 그사이에 불을 사용하는 법도 알게 되고, 간단한 도구를 쓰는 법도 배웠지. 그동안 몇 차례에 걸쳐 여러 종류의 사람이 나타났고, 마지막으로 현재의 우리와 비슷하게 생긴 사람이 나타난 게 대략 20만 년쯤 전의 일이야. 그리고 나서

인류의 탄생과 농경의 시작

원시인의 생활

현재의 우리와 비슷하게 생긴 사람이 전 세계에 퍼져 살게 되었어. '인간의 시대'가 시작된 거지. 이때가 약 5만 년 전이란다.

원시인들의 하루하루 생활은 매우 힘들었을 거야. 따 먹을 나무 열매가 주변에 늘 있는 것도 아니고, 사냥할 수 있는 동물도 많지 않았어. 그러다 보니 원시인들은 한곳에 오래 머물러 살지 못했어. 주변에 먹을 것이 떨어지면 나무 열매나 사냥할 동물을 찾아 다른 곳으로 옮겨 가곤 했지. 이렇게 사냥을 하고 열매를 따면서 사는 생활을 수렵 채집 생활이라고 해.

이 무렵 원시인들은 지금처럼 네다섯 명이 같이 사는 작은 규모의 가족이 아니라, 십여 명 때로는 30~40명 정도가 모여 사는 집단생활을 했어. 사냥을 할 때나 비, 천둥, 맹수의 위협 같은 대자연에 맞서 살아남으려면 여럿이 모여 사는 게 훨씬 유리했기 때문이야. 협동은 원시인들의 생활에서 아주 중요한 요소였어.

그러다가 지금부터 1만 년 전쯤에 빙하기가 끝나고 지구가 따뜻해지면서 인류 문명은 완전히 새로운 시대를 맞이하게 된단다.

사람이 살 수 있는 지역도 넓어지고, 인구가 늘어났어. 당시 세

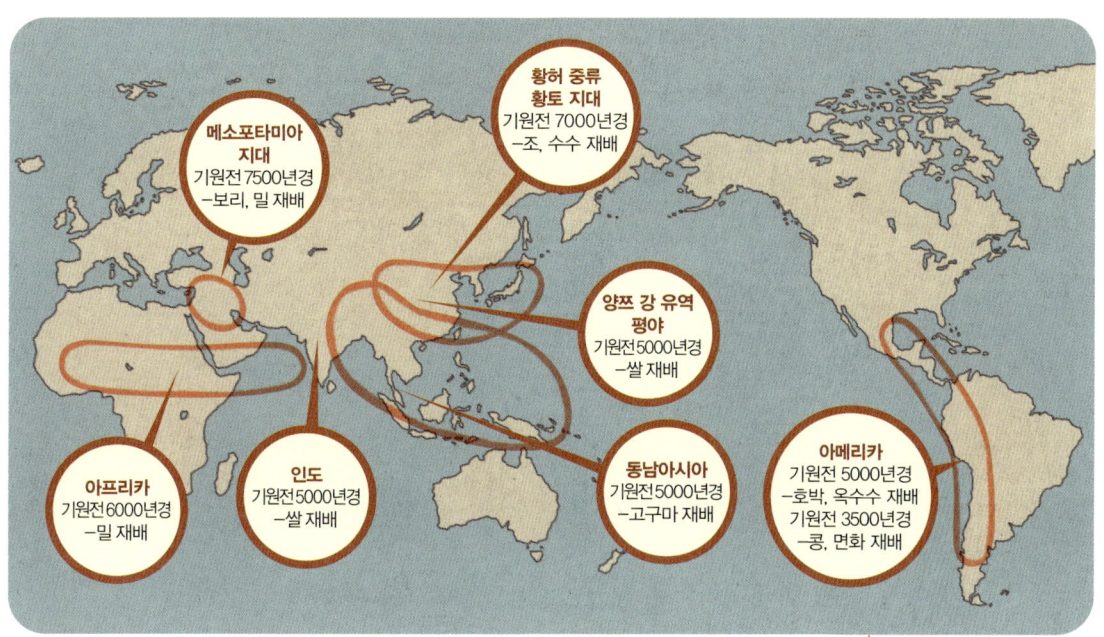

농사의 시작

농사짓기는 서로 다른 지역에서 각각 시작되었어. 농사지은 작물들도 지역에 따라 달라.

계 곳곳에 퍼져 살던 인구는 500만 명 정도였다는구나.

그럼 농사가 시작된 것은 언제부터일까? 농사가 시작된 것은 약 7000년 전이야.

사람이 지구에 나타난 게 약 400만 년 전이니까, 우와! 자그마치 399만 3000년 동안 먹을 것을 얻기 위해 떠돌이 생활을 한 셈이구나.

그런데 어떻게 해서 수렵 채집 생활을 하던 사람이 농사를 짓게 되었을까? 사실 이 질문에 대해 간단하게 대답하기는 어려워. 주장이 여러 가지거든.

그중 대표적인 것이 기후 변화와 관련 있다는 주장이야. 그러니까 빙하기가 끝나고 기후가 따뜻해지자 사냥감이었던 동물들이 다른 곳으로 옮겨 가는 바람에, 먹을 것이 없어진 사람들은 새 환경에 적응해야 했고 그 결과 농사를 짓기 시작했다는 거지.

그런가 하면, 인구가 늘어나서 예전과 같은 방법으로는 살 수 없게 되어 좁은 땅에서도 식량을 많이 얻을 수 있고 노력한 만큼 확실한 대가를 얻을 수 있는 농사를 짓게 되었다는 주장도 있어. 어느 쪽 주장이든 먹을 것과 밀접한 관련이 있구나, 그렇지?

농사를 지으면서 사람들의 생활은 딴판으로 바뀌었어. 우선 전처럼 먹을 것을 찾아 떠돌 필요가 없어졌어. 오히려 뿌린 씨가 자라 열매를 맺기까지 돌보려면 한곳에 머물러 살아야 했지. 이렇게 한곳에 머물러 사는 것을 정착 생활이라고 해.

덕택에 가축도 기를 수 있게 되었어. 떠돌아다닐 때에는 동물을 기르는 것이 어려웠지만, 한곳에 머물러 살면서부터는 짐승 기르기가 한결 쉬워진 것이지.

지역에 따라 기른 짐승이 조금씩 달라. 그렇지만 들이나 산에서 잡아온 동물을 울타리 안에 가둬 놓고 기르다가, 잡아먹기도 하고 농사짓기나 짐 운반에 이용한 건 어디서나 같았단다.

다음으로는 생활이 풍요로워지고 정착 생활이 널리 퍼지면서 한곳에 모여 사는 사람들의 수가 많아지고, 도시와 마

돌도끼가 그려진 토기
중국에서 발견된 토기란다. 토기는 당시 사람들이 음식물을 보관하고 저장할 줄 알았다는 것을 말해 줘.

을이 생겼어.

도구의 발달 속도도 훨씬 빨라져서 여러 가지 농기구를 비롯해 다양한 생활 도구가 등장했단다. 토기가 널리 쓰이기 시작한 것도 이 무렵이야.

농사 덕분에 생긴 변화가 또 있어. 뭐냐 하면, 사람 관계의 변화야.

농사짓기와 가축 기르기를 하면서 당장 필요한 양보다 더 많은 식량을 얻게 되었지. 그러자 사람들은 먹고 남는 식량을 저축하기 시작했단다.

이렇게 먹고 남은 것을 잉여 생산물이라고 하는데, 잉여 생산물이 생기면서 사냥 다니던 시절보다 생활이 좀 복잡해졌어. 사실 잉여 생산물이 생기기 전에는 사람과 사람의 관계가 퍽 소박하고 공평했단다.

모든 사람이 먹을 것을 찾기 위해 함께 일했고, 구해 온 먹을거리는 모두 모아 힘이 세든 약하든 능력과 상관없이 다 같이 나누어 먹었지. 그렇게 하지 않으면 누군가 굶어 죽게 되고, 결국 집단의 힘이 약해져서 모두에게 해가 되었거든.

그런데 잉여 생산물이 생기면서 이것을 누가, 어떻게 관리하느냐 하는 문제가 생겼어. 그래서 어떤 사람은 들판에 나가 농사를 짓고, 어떤 사람은 농사일 전체를 보살피고 관리하는 일을 맡거

빌렌도르프의 비너스
오스트리아 빌렌도르프에서 발견된 약 3만 년 전의 돌 조각상이야. 가슴과 엉덩이가 커다란 여인상이란다. 풍요와 다산을 상징한다고 해. 크기는 약 11센티미터.

❓ 최초의 가축

사람이 가장 먼저 가축으로 기른 동물은 개였어. 개 말고 양, 염소, 소도 일찍부터 기른 짐승이란다. 그런데 양, 염소, 소에는 뭔가 공통점이 있지? 그래, 사람이 먹지 않는 풀을 주식으로 먹고, 사람이 먹을 수 있는 고기를 내는 동물이라는 공통점이 있어. 돼지는 어떨까? 돼지는 사람과 똑같은 것을 먹는단다. 그래서 돼지는 양이나 소보다 늦게, 먹을 것이 넉넉해진 다음에야 집짐승으로 기르게 되었어.

소를 기르는 사람들
아프리카 사하라 사막에 있는 바위에 그려진 벽화야. 옛날에 사하라 사막은 사막이 아니라 푸르른 풀밭이었고 소와 그 밖의 가축을 길렀단다.

나 잉여 생산물을 관리하는 일을 맡게 되었지.

그런데 시간이 지나면서 이들 관리자의 영향력이 점점 커지게 되었고, 이들은 자신의 영향력을 이용해 더 많은 잉여 생산물을 차지했어. 결국 한 집단 안에서 부자와 가난한 자가 생기고 신분과 지위 차이도 생겼어. 한마디로 사람과 사람의 관계에 불평등이 생긴 거란다.

▪ 생활을 바꿔 놓은 농사짓기

농사짓기와 함께 시작된 이 모든 변화를 통틀어 농업 혁명 또는 신석기 혁명이라고 해. 농업 혁명이 일어난 때가 신석기 시대였기 때문에 신석기 혁명이라고 하는 거야.

그런데 여기서 한 가지 명심할 게 있단다. 혁명적인 변화가 일어났다고 해서 그 과정도 혁명적이었을 거라고 생각하면 잘못이라는 거야. 지구에 살던 모든 사람들이 일제히 "수렵 채집 그만!

농사 시작!" 한 게 아니란 말이지. 변화는 오랜 시간에 걸쳐 아주 천천히 조금씩 일어났어.

그리고 농업 혁명 이전 사람들과 이후 사람들이 아주 딴판이었을 거라고 상상하진 말아라. 어머니가 자식을 위해 희생하거나, 사랑하는 사람 혹은 친구를 위해 목숨을 거는 모습은 이전이나 이후나 똑같았을 거야. 헐뜯고 미워하고 속이기도 했을 테고.

다음 편지에서는 농업 혁명이 낳은 변화에서 피어난 고대 문명에 대해 얘기해 줄게. 안녕, 예쁜 꿈 꿔.

신석기 시대

2 세계 4대 고대 문명

비밀을 간직한 듯한 거대한 피라미드, 미라가 된 시체……. 공포 영화냐고? 고대 이집트 문명이 남긴 흔적이란다.

세계사 하면 유럽을 중심으로 하는 서양을 떠올리고 그것이 가장 오래되고 앞선 역사라고 생각하는 사람이 많아. 그건 지금까지 세계사 공부를 유럽 중심으로 해 온 탓이야. 알고 보면 유럽은 다른 지역보다 퍽 늦게 문명이 발달한 곳이란다.

앞으로 살펴볼 4대 고대 문명에 유럽 문명이 포함되지 않는 것만 봐도 알 수 있어. 시야를 넓혀서 지구 전체를 보렴. 예전에는 미처 몰랐던 새로운 사실을 많이 발견하게 될 거야.

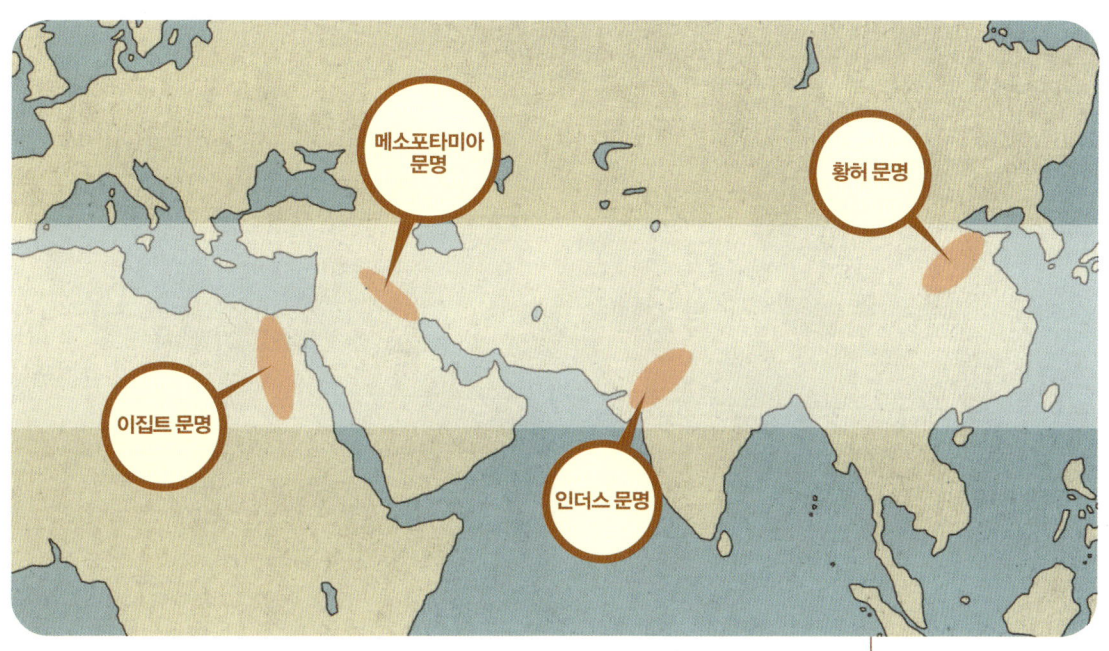

메소포타미아 문명과 이집트 문명

기원전 3000년 무렵, 티그리스 강과 유프라테스 강이 흐르는 메소포타미아 일대, 중국의 황허(황하) 일대, 이집트의 나일 강 일대, 인도의 인더스 강 일대에서 문명이 시작되었단다.

이 네 곳의 문명을 각각 메소포타미아 문명, 황허 문명, 이집트 문명, 인더스 문명이라고 해. 통틀어서 세계 4대 고대 문명이라고도 해. 그렇다고 4대 문명 외에 다른 문명은 없었을 거라고 생각하면 곤란해.

비슷한 시기에 아프리카, 아시아, 오스트레일리아, 남북 아메리

4대 고대 문명
4대 고대 문명은 비슷한 위도에 자리 잡고 있어.

수메르 인의 생활

수메르의 문자
쐐기 모양이 잘 보이니? 쐐기 문자를 점토판에 새기는 필경사는 특별한 교육을 받아야 했어. 필경사 학교가 따로 있었단다.

카 곳곳에 살던 사람들도 나름의 문명을 발시키고 있었어. 그러니까 4대 고대 문명이란 단지 그중에서도 규모가 크고 앞선 문명을 일컫는 것이라고 여기렴.

이제 고대 문명에 좀 더 가까이 다가가 보자꾸나.

메소포타미아는 세계에서 가장 먼저 농업이 발달한 곳으로 손꼽혀. 메소포타미아란 그리스 어로 '두 강 사이'라는 뜻이야. 티그리스, 유프라테스 두 강이 흐르는 지역을 말해. 여러 민족, 여러 왕이 번갈아 가며 이 지역을 차지했어. 수메르

인, 바빌로니아 인, 아시리아 인이 대표적이란다.

수메르 인은 퍽 앞선 문명을 갖고 있었어. 문자를 만들어 쓰고 농업과 관련된 지식과 기술을 발전시켰지. 점성술, 태음력, 산수와 기하학 등이 발달했단다.

수메르 인의 문자는 말랑말랑한 진흙 점토판에 갈대로 쓴 거야. 문자 모양이 쐐기를 닮았다 해서 설형 문자라고 해.

훗날, 페니키아 인들이 이 설형 문자를 좀 더 간단하고 쉽게 고쳐 썼는데, 그것이 바로 오늘날 알파벳의 조상이란다. 잘 기억해 두었다가 친구들과 영어 공부할 때 얘기해 주렴.

티그리스, 유프라테스 두 강 일대에는 도시들이 번창했어. 유프라테스 강 하류에는 바빌론이라는 도시가 있었어. 지금은 폐허가 되어 버렸지만 한때 메소포타미아에서 가장 거대한 도시였지. 장사를 하려고 세계 곳곳에서 찾아든 외국인들로 북적였단다.

티그리스 강 상류에는 이 지역에서 두 번째로 큰 도시인 니네베가 있었어. 바빌론은 바빌로니아 제국의 수도였고, 니네베는 아시리아 제국의 수도

함무라비 법전
법전을 새긴 돌기둥의 윗부분이야. 함무라비 왕(왼쪽)이 신에게 법전의 완성을 보고하고 있고, 그 밑에 법전 내용이 새겨져 있지.

파라오 투탕카멘의 관
투탕카멘의 미라는 3중의 관에 들어 있어. 사진은 두 번째 관이란다.

물고기를 잡는 이집트 인
무덤 벽화에는 당시 이집트 인들의 생활 모습이 생생하게 그려져 있어. 물고기와 새를 잡는 모습이야.

였단다.

　바빌로니아 제국의 함무라비 왕은 커다란 돌기둥에 설형 문자로 법전을 새겨 놓았어. 함무라비 법전은 원본 전체가 남아 있는 가장 오래된 법전이야.

　이집트 역시 메소포타미아와 어깨를 견주며 찬란한 문명을 꽃피운 곳이야. 이집트에서는 왕을 파라오라고 했어. 파라오는 막강한 권력을 누리며 신의 아들이라 자처했지.

　이집트 인들은 파라오가 죽으면 나일 강의 신이 되어 홍수를 다스린다고 믿었어. 파라오가 죽은 뒤 머무는 집이 바로 피라미드란다.

　그럼 미라는 뭐냐고? 사람은 육신은 죽어도 영혼은 죽지 않고 불멸한다고 이집트 인들은 믿었거든. 육신이 사라진 뒤에 살아남

추수하는 이집트 인
무덤 벽화에 그려진 추수 장면이야. 곡식을 거두기 전에 세금을 매기기 위해 측량을 하고, 곡식을 거둔 다음에는 수확량을 기록하고 있어. 상형 문자로 이름이 쓰여 있는 사람이 무덤의 주인인데, 누군가 얼굴을 지워 버렸구나.

을 영혼을 위한 것이 미라야.

이집트 인들의 미라 만드는 기술은 지금까지도 불가사의한 일로 여겨지고 있어. 내장을 빼내고 특수한 방부제와 향료를 채워 넣고 붕대로 동여맨 미라, 그중에는 얼굴까지 그대로 보존된 채 남아 있는 것도 있다고 해.

피라미드 벽에는 화려한 색깔로 그림을 그려 넣었어. 그 그림을 보면 그 시절 이집트 인들의 생활을 자세히 알 수가 있지. 나일 강에 커다란 그물을 쳐서 들오리를 잡는 모습, 배를 타고 노를 저으며 창을 던져 고기 잡는 모습, 농토에 물을 대고 소나 염소를 몰고 가는 모습, 곡식을 타작하고, 빵 굽는 모습 들이 그려져 있단다.

인더스 문명과 황허 문명

이제 인도로 가 보자. 인도의 인더스 강 일대에도 문명이 꽃피었어. 모헨조다로, 하라파 두 도시의 유적을 보면 인더스 문명의 수준을 짐작할 수가 있단다.

가장 눈에 띄는 특징은 잘 짜인 도시 계획과 하수도 시설이야. 모헨조다로와 하라파의 도로는 거의 직각을 이루고 있어. 도로를 닦기 전에 미리 계획을 했다는 사실을 알 수가 있지.

건물은 불에 구운 벽돌로 지었어. 집집마다 마당과 목욕탕이 있고, 전용 우물을 둔 집도 많았단다. 쓰고 버린 물은 하수도를 통해 흘러나가게 되어 있었어. 하수도에는 벽돌이나 돌로 만든 덮개를 씌우고, 맨홀도 두었단다.

인더스 인들은 교역에 필요한 도량형을 만들어

모헨조다로의 집

씼어. 이들이 사용한 저울을 보면 16과 그 배수, 즉 16, 64, 320, 640 같은 숫자를 썼다는 사실을 알 수 있단다.

메소포타미아, 이집트, 인도에 고대 문명이 발달할 무렵, 중국 황허 근처에서도 문명이 꽃피었구나.

모헨조다로

인더스 문명이 남긴 모헨조다로의 유적이야. 반듯하게 뚫린 길이 보이지? 건물은 벽돌로 지었어.

은나라 청동기
무게가 800킬로그램이 넘는 크고 육중한 청동기란다. 이름은 사모무정. 정은 발이 셋 또는 넷 달린 솥을 말해. 은나라 때 정은 왕을 상징하는 귀한 물건이었어.

갑골문
소뼈에 새긴 은나라의 갑골문이야. 어때, 지금의 한자와 비슷하니?

중국의 전설적인 통치자로 일컬어지는 요, 순, 우 세 왕의 이름을 너도 들어 봤을 거야. 우는 황허의 홍수를 멋지게 다스린 공로를 인정받아 왕이 된 사람이란다. 그러고 보니 물을 다스리는 관개 치수 사업과 왕 사이에 뭔가 밀접한 관계가 있는 것 같지 않니?

관개 치수는 뛰어난 한두 사람의 힘만으로는 잘할 수 없고 수많은 사람들이 서로 돕고 힘을 합쳐야만 한단다. 그래서 큰 강 근처에 통일된 정치 조직이 발달하고 강력한 국가가 생기는 거야. 우두머리인 왕은 막강한 권력을 지닌 절대자가 되고.

우왕이 다스린 나라는 하나라였어. 그런데 하나라는 그저 전설 속의 나라로만 여기는 사람들이 많아. 확실한 유적지가 아직 발견되지 않았기 때문이야.

하나라 다음의 은나라는 하나라 동쪽, 지금의 허난성 안양현 일대에서 일어났어. 상나라라고도 해. 은나라는 청동기와 달력을 만들어 쓰고, 고유의 문자를 만들었어. 거북의 등 껍데기나 배 껍질에, 혹은 동물 뼈에 글자를 새겼다고 해서 갑골문이라고 한단다. 바로 중국인이 쓰는 한자의 조상이지.

지금까지 고대 문명을 둘러보았어. 문명마다 다른 특징이 있는가 하면 공통점도 있으니 잘 견주어 보렴. 고대 문명은 하루아침에 생긴 것이 아니라 아주 오랜 시간에 걸쳐 조금씩 조금씩 변하고 발전한 결과란다. 동시에, 현재로 이어지는 인류 역사의 출발이기도 하다는 점 잊지 말고 잘 기억해 두렴.

❓ 큰 강과 문명의 발달

문명은 농업 혁명과 함께 시작되었어. 특히 식물이 많이 자라고 큰 강이 흐르는 곳에서 문명이 앞서 발달했어. 큰 강가에서 문명이 발달한 이유는 무엇일까? 비가 많이 와서 홍수가 나면 강물에 휩쓸려 떠내려온 흙이 강 주변에 쌓이겠지? 그런 곳은 땅이 비옥해서 농사가 잘된단다. 농사가 잘되니 먹을 것이 많아지고, 생활에 여유가 생겼을 거야. 그러니 다양한 문화 활동이 가능해졌지. 예나 지금이나, 문명이나 문화는 여유로운 생활에서 생기는 모양이야.

큰 강가의 농토
이집트 나일 강가는 농사가 잘되는 곳이야.

3 그리스의 폴리스

지난번 편지에서 세계 4대 고대 문명에 대해 알아봤지? 오늘은 유럽 문명의 뿌리가 되는 고대 그리스에 대해 살펴보자.

세운이는 '트로이의 목마' 이야기를 알고 있을 거야. 트로이로 쳐들어간 그리스 군이 커다란 목마 안에 숨어 있다가 트로이 인이 잠든 틈을 타서 성을 함락시킨 이야기 말이야.

이때 트로이와 싸운 그리스 군은 여러 폴리스에서 온 사람들로 이루어진 군대였어. 연합군인 셈이지.

폴리스는 보통 도시 국가라고 번역되는데, 도시 하나가 독립적

인 주권을 갖고 있는 독립 국가였기 때문이야.

폴리스들은 저마다 고유의 이름을 갖고 있었어. 아테네, 스파르타, 테베, 코린트, 이오니아 들이 대표적인 폴리스였지. 그중 몇 개는 너도 들어 본 이름일 거야.

아테네의 파르테논 신전
높직한 아크로폴리스에 서 있는 파르테논 신전이야. 아테네의 수호신 아테나 여신에게 바친 신전이지. 아테네의 전성기인 기원전 5세기에 세워졌어. 완성하는 데 15년이나 걸렸다는구나.

폴리스들의 연합체, 그리스

그리스의 폴리스들이 언제, 어떻게 해서 처음 세워졌는지 한마디로 딱 잘라 말하긴 어려워. 그렇지만 아테네, 스파르타 같은 규모가 큰 폴리스들이 등장한 것은 기원전 8세기 무렵으로 알려져 있어.

그리스의 폴리스
신전
아고라(광장)
전원 지대

폴리스의 중심부에는 아크로폴리스라고 하는 높은 언덕이 있고, 언덕 위에 폴리스의 수호신을 모신 신전이 자리를 잡았지.

언덕 아래엔 아고라, 즉 광장이 있었어. 그곳에서 시장이 열리거나 시민들이 모여 폴리스의 중요한 일들을 결정했단다. 폴리스의 성곽 바깥쪽에는 넓은 전원 지대가 펼쳐져 있어서 거기서 농사를 지었어. 대개 포도나 올리브를 가꾸었지.

이런 폴리스들이 200개쯤 모여 이룬 나라가 그리스야. 거기다 그리스 인들이 새로운 땅을 찾아서 지중해 연안으로 나가 자기들이 떠나온 모국을 본떠 건설한 식민 도시까지 합하면 그리스의 폴리스는 무려 1000개가 넘었다고 해.

이 무렵에 살았던 시인 호메로스는 서사시 〈오디세이아〉에서 트로이 정복을 마치고 귀국길에 올랐다가 방랑자가 되는 주인공 오디세우스 이야기를 썼단다. 이 작품에서 우리는 새로운 땅을 찾아 미지의 세계에 용감히 도전하는 그리스 인의 모습을 엿볼 수가 있어.

폴리스들은 독립적인 주권을 누리면서도, 한편으로는 하나의 공동체라는 생각을 갖고 있었어. 그 생각의 밑바탕에는 제우스를

공부하는 그리스 인

스파르타를 제외하고 그리스에는 학교가 없었어. 공부를 하려면 각자 선생님을 모셔 와 개인 지도를 받아야 했단다. 그림 속의 소년은 선생님께 문학과 악기 연주를 배우고 있구나.

전투하는 그리스 인

그리스 인들은 도자기에 여러 가지 그림을 그려 넣었어. 특히 전사들의 전투 장면을 그린 것이 많아. 폴리스끼리 경쟁하고 싸우던 그리스 인들에게 전쟁은 늘 있는 일이었어.

그리스의 식민 도시
지중해, 흑해 연안에는 그리스 인들이 세운 식민 도시가 매우 많았어.

■ 그리스의 본토와 식민지
● 그리스의 주요 식민지

델포이의 원형 신전
델포이는 아폴론 신의 신탁으로 이름난 곳이야. 그리스 인들은 중요한 일이 있을 때면 델포이를 찾아 신탁을 묻곤 했어. 사진은 아폴론 신전에서 1킬로미터쯤 떨어진 곳에 있는 원형 신전이야.

비롯한 올림포스 산의 12신에 대한 신앙이 깔려 있었지. 그래서 4년에 한 번씩 제우스의 신전이 있는 올림피아에 모여 축제를 열었어. 축제 행사 중 하나로, 각 폴리스 대표들이 나와 체육 대회를 했단다. 이것이 바로 지금의 국제 올림픽의 기원이야.

폴리스들끼리 퍽 사이가 좋았던 모양이라고? 언제나 그랬던 건 아니야. 오히려 서로 경쟁하고 싸울 때가 더 많았어.

특히 아테네와 스파르타는 그리스 전체의 주도권을 가지려고 자주 다투었어. 다른 폴리스들은 때로는 아테네를, 때로는 스파르타를 지지하면서 세력 관계를 유지했단다.

그럼 이번에는 아테네와 스파르타에 대해 좀 더 알아볼까?

아테네의 민주 정치

아테네와 스파르타는 여러 가지 면에서 매우 대조되는 폴리스였어.

우선 아테네는 직접 민주주의 정치를 한 것으로 유명했어. 직접 민주주의 정치란 시민이 정치에 직접 참여한다는 뜻이야.

폴리스의 중요한 일들은 18세 이상의 아테네 시민들이 모두 민회에 모여 결정했어. 민회에 참석한 시민은 누구나 자기 생각을 밝히고 투표할 수 있었지.

관리는 시민 가운데서 뽑았는데, 임기는 1년이고 한 번밖에 할 수 없었기 때문에 시민 누구에게나 골고루 기회가 돌아갔단다.

❓ 올림피아 제전 경기

그리스 인은 4년마다 올림피아에 모여 제우스 신에게 제사를 지냈단다. 제사는 그리스 인에게 가장 중요한 행사일 뿐 아니라, 신나는 축제였지. 기원전 776년, 제사가 끝난 뒤 기념행사로 체육 대회가 열렸어. 여러 폴리스에서 온 대표들이 자기 폴리스의 명예를 걸고 승부를 겨루었지. 이 체육 대회를 올림피아 제전 경기라고 해.

경기 종목은 달리기, 레슬링, 격투, 멀리뛰기, 원반던지기, 창던지기 등이었어. 올림피아 제전 경기는 1100년 동안 한 번도 거르지 않고 4년마다 꼬박꼬박 열렸어. 그런데 로마 황제 테오도시우스는 이 제전이 기독교를 믿지 않는 사람들의 제전이라는 이유로 금지시켜 버렸단다.

승리자와 월계관
승리의 여신이 월계관을 씌워 주고 있구나. 그리스의 도자기에 그린 그림이야.

그런데 여기에서 한 가지 주의할 게 있어. 아테네의 민주 정치를 오늘날의 민주 정치와 똑같은 것으로 생각하면 곤란하다는 거야.

아테네의 시민은 오늘날의 시민과는 많이 달라. 아테네의 시민은 '부모가 모두 아테네 출신인 성년 남자'만을 의미하는 것으로, 여자와 외국인과 노예는 시민이 아니었단다.

그래서 시민이 정치를 하는 동안 시민 아닌 사람들은 일을 해야 했지. 시민의 수는 전체 인구의 약 10퍼센트 정도였어. 전체에 비하면 참 적은 숫자지 않니?

한마디로 말해서, 아테네 민주주의는 소수의 시민만 참여할 수 있는 제한된 민주주의였던 거야. 평등하다고는 할 수 없을 것 같구나. 오늘날의 민주 정치는 남자만 할 수 있거나 부자만 할 수 있거나 하지 않아.

그리스의 이름난 철학자 아리스토텔레스는 말했어. "인간은 폴리스의 일에 적극 참여하는 사람"이라고 말야. 이때 폴리스의 일이란 정치를 뜻해. 그러니 정치에 참여하지 못하는 여자와 노예, 외국인은 인간이 아니라고 생각한 셈이지.

"세상에 어떻게 그런 일이!" 하면서 넌 분개할지 모르지만, 그 시절에는 이런 생각이 너무나 당연하고 자연스러운 것이었단다.

도편 추방
아테네에는 추방시켜야 할 정치가의 이름을 도자기 조각(도편)에 써서 투표하는 제도가 있었어. 이를 도편 추방이라고 해. 추방당한 사람은 10년 동안 아테네로 돌아올 수 없었단다. 사진의 도편 세 개에 테미스토클레스의 이름이 써있구나.

스파르타의 엄격한 시민 교육

남자만 시민이 될 수 있다는 점에서 아테네와 비슷하지만, 스파르타는 여러 면에서 아테네와 비교가 많이 된단다. 아테네가 제한적이긴 하지만 민주 정치를 한 데 비해, 스파르타는 귀족 정치에 가까웠어. 그리고 상공업이 아테네의 주요 산업이었다면, 스파르타는 농업이 중심 산업이었단다.

또 아테네에는 개인의 집에서 일하는 개인 소유의 노예가 많았지만, 스파르타에는 나라에서 운영하는 농장에서 일하는 노예가 많았어.

무엇보다 스파르타가 아테네와 가장 비교되는 것은 스파르타만의 아주 독특하고 엄격한 체제와 생활 방식이야. '스파르타 식 훈련'이란 말, 들어 봤지? 보통 아주 엄격하고 혹독한 훈련 방식을 가리킬 때 하는 말이야. 한마디로 지옥 훈련이라고 할까?

시민이 될 스파르타 남자아이들은 일곱 살이 되면 무조건 부모 곁을 떠나 공공 교육 기관에 들어가 아주 혹독한 교육과 훈련을 받아야 했어. 추위와 더위 견디기, 오랫동안 먹지 않고 버티기, 폴리스를 위해서라면 언제든 목숨을 바칠 수 있는 애국심과 강인한 정신력 기르기 등등. 교육은 서른 살까지 계속되었고, 그

스파르타 전사
스파르타 왕 레오니다스의 상이라고 알려져 있지만 확실하지는 않단다. 스파르타 전사는 용감하기로 그리스 전체에 이름을 떨쳤어.

스파르타의 혹독한 훈련

후엔 전사가 되어 나라에 봉사했어.

　남자뿐만 아니라 시민의 아내가 될 여자아이들도 엄격한 교육을 받았어. 강철 같은 정신과 건강한 몸을 가진 어머니가 되어 튼튼한 아이를 낳아 폴리스에 전사로 바치는 것이 이들의 임무였단다.

　세운이는 그리스 신화를 퍽 좋아하더구나. 폴리스와 거기 살았던 사람들을 이해하게 되면 그들이 믿었던 신에 대해서도 더 잘 이해할 수 있을 거야.

4 종교와 사상의 시대

단식 고행하는 붓다
뼈가 앙상하게 드러나고 뱃가죽은 등에 닿을 듯 꺼져 있지만 눈빛은 예리하구나. 2세기 무렵에 만들어진 불상이야.

역사의 여행길을 걷다 보면 어떤 한 시기에 특별한 움직임이 집중되어 나타나는 것을 보게 돼. 오늘 세운이와 엄마가 도착한 기원전 6세기가 바로 그런 시기란다.

지금부터 2500년 전, 그러니까 기원전 6세기는 종교와 사상의 시대라고 할 수 있어. 세계 곳곳에서 종교의 창시자와 뛰어난 사상가들이 앞다퉈 활약했거든.

인도에서는 붓다와 마하비라, 중국에서는 공자와 노자 그리고 제자백가라 일컬어지는 여러 사상가들이

6세기의 사상가들

활약했단다. 이들은 모두 현실의 문제점을 깨닫고 좀 더 나은 사회를 만들기 위해 노력한 개혁가들이었어. 사람들을 깨우쳐서 삶의 고통을 덜어 보려 애를 썼지.

종교의 창시자들 나타나다

이 시대에 활약한 종교가와 사상가 중에

서 가장 눈에 띄는 건 인도의 붓다가 아닐까 싶구나. 붓다는 왕자로 태어나 부귀와 명예를 실컷 누릴 수 있었는데도 모두 버리고 구도의 길에 나섰으니, 그 용기와 순수함이 돋보이지 뭐냐.

붓다와 여섯 제자
투르키스탄의 밀란에 있는 3세기 무렵의 벽화야.

붓다의 본디 이름은 고타마 싯다르타. 히말라야 산기슭에 자리 잡은 작은 왕국의 왕자였어. 호화로운 왕궁에서 부족한 것 없이 지내던 싯다르타는 어느 날 바깥나들이를 갔다가 왕궁 바깥사람들이 가난과 병과 죽음의 고통 속에서 살고 있는 것을 보았단다.

싯다르타는 이미 결혼을 해서 자식까지 두었지만, 사람들의 고통을 나 몰라라 할 수 없었지. 결국 어느 날 밤 몰래 왕궁을 빠져나와 홀로 길을 떠났어. 스물아홉 살 때 일이야.

그리고 7년 동안 인도 방방곡곡을 떠돌아다녔어. 그러면서 무엇이 올바른 삶인지 산다는 것의 의미가 무엇인지 깊이 생각하던 싯다르타는 비하르라는 곳의 어느 보리수나무 아래에서 마침내 진리를 깨달았단다. 이때부터 싯다르타는 붓다라는 이름을 얻게 되었어.

붓다는 '깨달은 자'란 뜻이야. 지금 우리가 쓰는 부처님이란 말

종교와 사상의 시대

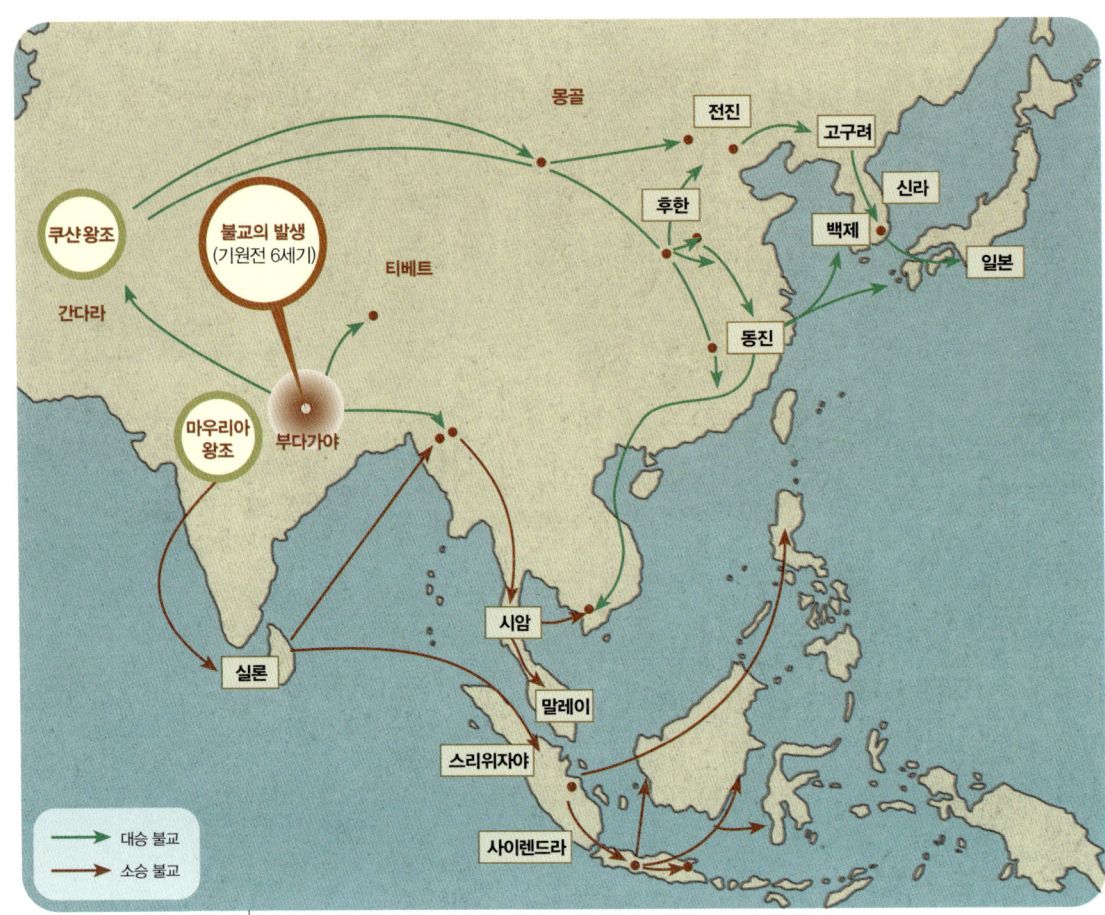

불교의 전파

불교는 크게 두 흐름으로 퍼져 나갔어. 동남아시아로, 그리고 중국을 비롯한 동북아시아로 퍼져 나갔단다. 우리나라에는 중국을 통해서 들어왔지.

은 붓다에서 나왔단다.

그 후 붓다는 인도 곳곳을 여행하면서 사람들에게 자신의 깨달음을 알렸어. 그는 하루에 20에서 30킬로미터를 너끈히 걸을 만큼 강인했다는구나.

붓다는 '자비'를 가르쳤어. 신분이나 지위의 높고 낮음을 가리지 않고 부자와 가난한 자를 차별하지 않고 대했지. 남자와 여자도 차별하지 않았어. 그래서 억눌려 살던 가난하고 낮은 신분의 사람들, 누구보다 여자들이 붓다의 가르침을 환영했단다.

그때 인도에서는 브라만교가 널리 퍼져 있었어. 브라만교 사제들은 자신들의 권위를 높이기 위해 복잡한 형식을 만들고, 부당하게 공물을 거두어들였단다. 게다가 엄격한 카스트 제도를 강요해 계급에 따라 직업이 결정되고, 다른 계급끼리는 결혼도 할 수 없게 했어.

붓다는 제일 높은 브라만 계급의 부패와 횡포를 서슴없이 비판했어. 신에게 값비싼 공물을 바치는 것보다는 올바른 마음씨와 행동이 훨씬 중요하다고 붓다는 강조했단다.

중앙아시아의 붓다
투르판의 베제클릭 석굴 사원에 그려진 벽화야. 이 석굴 사원은 천장과 벽마다 한가득 그림이 그려져 있단다. 6~7세기의 작품이야.

춤추는 시바
시바는 힌두교의 대표적인 신이야. 여러 쌍의 팔은 창조와 파괴라는 시바의 다양한 능력을 나타낸단다. 시바의 발밑에 깔려 있는 동물은 무질서, 혼돈을 상징해.

종교와 사상의 시대
041

자이나교

자이나교에서 숭배하는 24명의 성인 중 한 사람인 네미나타의 동상이야.

40년 동안 포교를 하고 붓다는 여든 살 때 열반에 들었어. 그 뒤, 붓다의 가르침을 따르는 불교는 중국과 실론을 거쳐 우리나라, 일본, 동남아시아로 퍼져 나가 세계적인 종교가 되었어.

그렇지만 오늘날 인도에서 가장 많은 사람이 믿는 종교는 불교가 아니라 힌두교라는 것을 알아 두렴. 힌두교는 브라만을 중심으로 한 브라만교에서 갈라져 나온 종교란다.

붓다와 거의 같은 때 활약한 인도의 종교가로 마하비라가 있었어. 마하비라는 '위대한 영웅'이란 뜻의 별명이야. 본디 이름은 바르다마나.

그도 붓다처럼 높은 계급 출신인데, 서른 살 때 집을 떠나 12년 동안 고행한 끝에 깨달음을 얻었지. 그런데 고행하던 12년 동안 한 번도 옷을 갈아입지 않았다는구나, 글쎄.

바르다마나가 창시한 종교를 자이나교라고 해. 자이나는 '지나를 따르는 사람'이라는 뜻이 있단다. 지나는 또 뭐냐고? '정복자'란 말이야. 아마도 삶의 고통을 정복한 사람이란 뜻이겠지. 바르다마나는 30년 동안 포교를 하고 일흔두 살에 일생을 마쳤단다.

자이나교를 믿는 사람은 인도 서부에 많

다고 해. 아름다운 사원이 지금도 남아 있단다. 자이나교는 폭력을 절대 반대해. 그래서 살아 있는 생물을 다치게 하지 않아. 그러니 자이나교를 믿으려면 채식주의자가 되어야겠지? 음, 세운이는 안 되겠다, 고기를 엄청 좋아하니까.

중국 사상의 두 흐름, 유교와 도교

이제 중국으로 눈을 돌려 보자. 인도의 마하비라보다 10년쯤 먼저, 중국에서 공자가 태어났어. '공'은 성이고 '자'는 존경의 뜻을 나타내는 꼬리말이란다.

고대 중국에는 그런 식의 호칭이 많아. 맹자, 노자, 장자, 순자, 손자 등등. 그럼 공자의 이름은 뭐냐고? '구(丘)'란다.

공자가 태어났을 때 중국은 100여 개의 작은 제후국으로 갈라져 서로 천하를 제패하겠다고 싸우던 살벌한 시대였어.

❓ 카스트 제도

카스트 제도는 인도에서만 볼 수 있는 독특한 제도란다. 카스트 제도는 단번에 생긴 게 아니라, 몇 백 년이란 오랜 세월에 걸쳐 천천히 이루어졌어.

카스트 제도에서는 사람을 네 가지 계급으로 나눠. 첫 번째 계급을 브라만이라고 해. 브라만은 신에게 제사 지내는 일을 맡아 하는 사람이야. 두 번째 계급은 크샤트리아. 정치를 맡은 왕이나 귀족들이 여기에 포함돼. 세 번째 계급은 바이샤. 생산 활동을 담당하는 농민들이 여기에 해당하지. 그리고 맨 밑에 수드라가 있어. 이 네 계급에도 속하지 않는 사람들이 있는데, 가장 천한 신분인 이들을 불가촉천민이라고 해.

네 계급

공자와 제자들

공자가 제자들에게 가르침을 주고 있어. 맨 오른쪽 단 위에 앉은 사람이 공자란다. 공자는 제자를 가르치는 데 신분의 귀천을 따지지 않았다고 해.

공자가 어른이 되어서도 여전했지.

　공자는 어지러운 세상을 바로잡겠다는 꿈을 안고 55세부터 약 10년 동안 제후국들을 돌아다니며 자신의 사상을 제후들에게 설명하고, 또 제자들을 모아 가르쳤단다. 그럼 55세까지는 뭘 했냐고? 관리가 되어 높은 벼슬을 했지.

　당시 중국에는 공자 같은 사상가들이 퍽 많았어. 이들을 통틀어 제자백가라고 한단다. 제자백가는 저마다 사상은 다르지만, 혼란한 중국을 바로잡겠다는 소망에서 출발했다는 점에서는 같아.

공자 사상의 핵심은 '인(仁)'이란다. '어질다'는 뜻인데, 그 내용을 한마디로 설명하긴 어려워. '인'이 잘 나타나 있는 것이 자식의 부모에 대한 '효', 형제간의 '제'란다.

효와 제를 가족, 사회, 국가로 넓혀 나가면, 즉 '인'을 실현하면 천하를 바로잡을 수 있다고 공자는 생각했어. 공자의 사상을 이어받아 더욱 발전시킨 사람이 맹자란다.

노자는 어떤 사람일까? 노자는 '도(道)'로써 세상을 바로잡아야 한다고 했어. '도'를 얻으려면 '무위자연'으로 돌아가야 한다고 했지. '무위'는 억지로 하는 행위가 아니라 자연스러운 행위를 뜻해. 노자는 훌륭한 왕은 '무위'로 나라를 다스려야 한다고 주장했어.

이런 노자의 사상을 발전시킨 사람이 장자야. 장자가 쓴 책 《장자》는 지금도 널리 읽히고 있지.

"늪에 사는 꿩은 열 걸음에 한 번 먹고 백 걸음에 한 번 물을 마시면서도, 새장 속에서 살기를 바라지 않는다. 새장은 편하기는 하나 즐겁지 않기 때문이다."

《장자》에 나오는 한 구절이야. 마음에 드니?

공자의 사상은 나중에 유교가 되고, 노자의 사상은 도교로 발전했어. 유교와 도교는 우리나라와 일본을 비롯해 아시아 여러 나라

노자
소를 타고 가는 노자의 모습을 그린 그림이야. 노자는 억지로 하지 않는 자연스러움, 즉 '무위'를 주장했어.

로 퍼져 나갔단다.

　우리나라는 유교의 영향을 많이 받았어. 우리가 지금도 어버이에 대한 효도와 나라에 대한 충성을 귀중한 윤리 도덕으로 생각하는 건 유교의 영향이란다.

　오늘날 우리가 누리고 있는 문화 중에는 먼 옛날에 그 뿌리를 두고 있는 것이 많아. 종교와 사상이 그렇고, 문자도 그래. 기억나니? 영어의 알파벳과 한자의 조상이 언제 생겼는지 지난번 편지에서 얘기했지?

5 알렉산드로스와 헬레니즘 문화

알렉산드로스
이 조각상은 알렉산드로스가 직접 주문한 것이라고 해. 알렉산드로스는 전속 예술가를 고용해 자신의 조각상을 만들게 했단다. 아테네의 아크로폴리스박물관에 있어.

오늘은 그리스가 있는 에게 해로 가 보자. 그리스 바로 위쪽에 마케도니아라는 나라가 있어. 지금은 별로 눈에 띄지 않는 작은 나라지만 한때는 이집트와 페르시아, 인도의 인더스 강 일대까지 이른 광대한 제국이었단다. 오늘 이야기의 주인공은 그 넓은 제국을 건설한 사람이야. 이름은 알렉산드로스.

고르디움의 매듭을 풀다

마케도니아 인은 생김새나 문화가 그리스 인과 비슷하단다. 사촌쯤 된다고 할까? 마케도니아가 부강해진 건 알렉산드로스의 아버지 필리포스 왕 때부터야. 필리포스 왕은 페르시아를 정복하겠다는 야망을 갖고 있었지만 그 야망을 실현하지 못하고 죽고 말았지.

아버지의 뒤를 이어 왕이 되었을 때 알렉산드로스의 나이는 갓 스물이었어. 알렉산드로스는 아버지 못지않게 자신만만하고 야망이 큰 청년이었어. 어린 시절, 전쟁만 하면 이기는 아버지를 보면서 자기가 정복할 땅이 남지 않을까 봐 펑펑 울었다는 얘기가 전해질 정도지.

왕이 된 알렉산드로스는 벼르고 벼르던 페르시아 원정에 나섰어. 기원전 334년의 일이야. 보병 3만 명, 기병 5000명이 그를 따랐지. 알렉산드로스가 군대를 이끌고 소아시아에 있는 고르디움에 이르렀을 때야.

고르디움의 매듭을 푼 알렉산드로스

알렉산드로스와 다리우스
알렉산드로스는 투구를 쓰지 않고 있지만 다리우스는 투구를 쓰고 전차를 타고 있구나. 전쟁이 끝난 뒤, 알렉산드로스의 승리를 기념하기 위해 그린 그림이야.

그 지방에는 오래된 전설이 전해 내려오고 있었어. 신전 기둥에 아무도 풀 수 없는 매듭이 매어져 있는데, 그 매듭을 푸는 사람이 아시아를 지배한다는 전설이었지.

전설을 들은 알렉산드로스가 어떻게 했을 것 같니? 칼을 빼어 단숨에 매듭을 내려쳤단다. 결국 알렉산드로스는 칼로 지배자가 되었어.

그때 페르시아의 왕은 다리우스 3세였어. 그는 페르시아의 자존

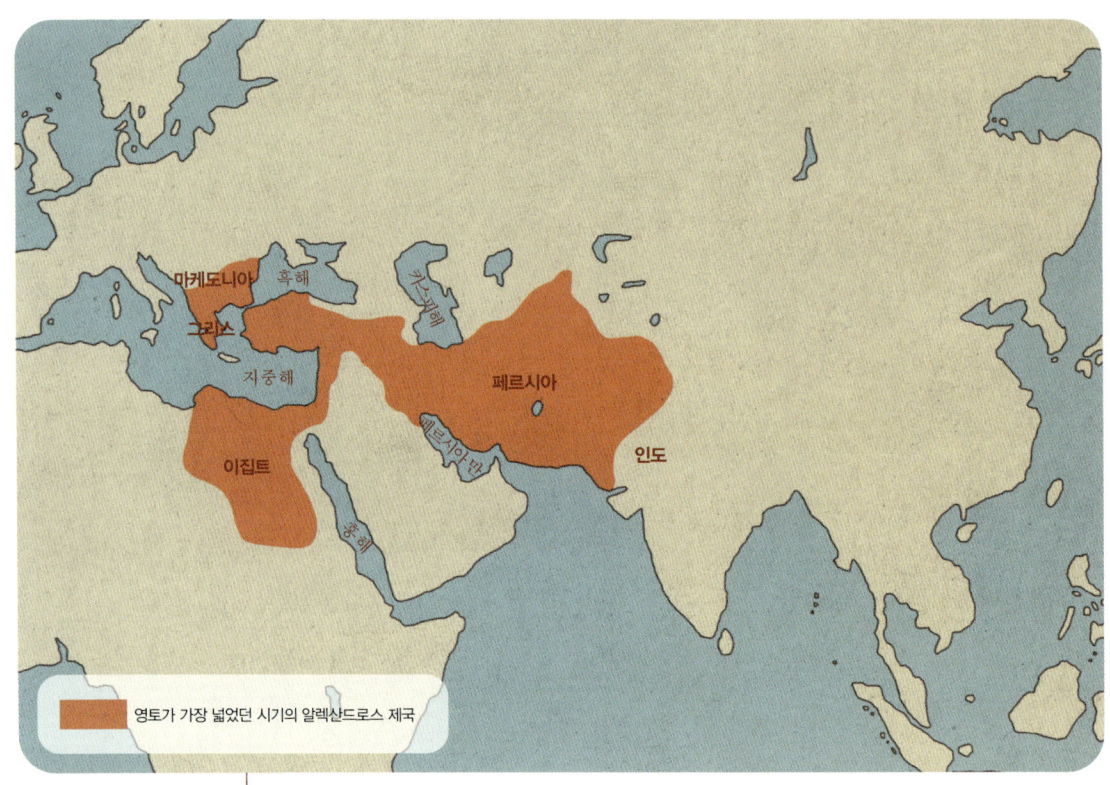

알렉산드로스 제국의 영토
알렉산드로스가 제국을 세웠을 때, 중국은 여러 제후국으로 갈라져 서로 경쟁하는 춘추 전국 시대였어.

심을 걸고 알렉산드로스의 군대에 맞섰지만 감당하지 못했단다. 결국 다리우스 3세는 전쟁에서 지고 달아나다가 자기 신하의 손에 죽고 말았어. 대제국 페르시아도 멸망했지.

알렉산드로스는 페르시아의 수도 페르세폴리스를 불태웠어. 예전에 페르시아가 그리스를 공격했을 때, 아테네를 불태운 데 대한 보복이라면서 말야. 페르시아를 대표하던 화려한 도시와 문화유산이 불길 속에 사라져 버렸지.

알렉산드로스는 페르시아 정복으로 만족하지 않았어. 아시아를 향해 동쪽으로 동쪽으로 나아갔단다. 드디어 인도 북서쪽을 흐르는 인더스 강에 이르렀지. 그는 갠지스 강까지 더 나가려고 했어. 하지만 병사들이 반대하고 나섰어.

병사들은 오랜 전쟁에 지쳐 있었거든. 마케도니아를 떠난 지 10년이 넘었으니 고향에 두고 온 가족들이 얼마나 보고 싶었겠니?

제아무리 싸움에 능한 알렉산드로스도 부하들의 반대에는 어쩔 수가 없었나 봐. 결국 알렉산드로스는 말머리를 돌렸지.

10년 동안 알렉산드로스가 정복한 곳은 서쪽으로 마케도니아, 동쪽으로 인더스 강, 남쪽으로 이집트에 이르는 넓은 지역이었어.

그런데 알렉산드로스는 바빌론으로 돌아가자마자 죽고 말았단다. 열병에 걸려서 말야. 그때 나이 서른세 살. 10년 동안 전쟁터에서 숱한 죽을 고비를 넘겼던 그가 병으로 죽다니, 무적의 전쟁 영웅도 병 앞에선 어쩔 수 없는 모양이구나.

알렉산드로스의 꿈

이렇게 알렉산드로스는 유성처럼 나타났다 사라졌어. 하지만 그가 이룬 업적까지 완전히 사라진 건 아니야. 알렉산드로스의 꿈은 그리스 세계와 페르시아 세계를 하나의 세계로 만드는 것이었어. 그는 페르시아의 금고 안에 쌓여 있

❓ 고대 문화의 중심지, 이집트 알렉산드리아

이집트의 알렉산드리아는 헬레니즘 시대에 가장 큰 도시였어. 왕궁과 신전이 들어서고, 파로스 섬에는 거대한 등대가 건설되었어. 나일 강과 홍해 사이에는 운하가 만들어져 배들이 오갔단다. 인구는 50만 명을 넘었고, 길은 바둑판 모양으로 잘 닦여 있었어. 또 학문과 예술이 발전하여 도서관, 천문대, 동물원, 식물원 등이 세워졌지. 기하학의 유클리드, 자연 과학의 에라토스테네스 같은 뛰어난 학자들이 활약했어.

알렉산드리아 도서관
세계에서 처음 세워진 도서관으로 알려져 있어. 수십만 권의 책이 있었대. 본디 건물은 불타 사라졌고, 사진은 2002년에 새롭게 지은 도서관이야.

던 수많은 금과 은을 화폐로 만들어 유통시켰어. 덕분에 생산과 상업이 눈부시게 발전했지.

그는 자신이 정복한 지역에 새 도시를 건설했어. 그리고 자기 이름을 따서 알렉산드리아라는 이름을 붙여 주었어. 지금 남아 있는 이집트의 알렉산드리아도 이때 건설된 거란다.

그리스에서 온 상인, 학자, 예술가 들이 새로운 도시에 살게 되면서 그리스 인과 페르시아 인이 결혼하는 일이 많아졌단다. 알렉산드로스도 페르시아 공주와 결혼했어.

이처럼 서로 다른 문화를 지닌 사람들이 어울려 살고, 결혼하고 아이를 낳으면서 새로운 문화가 태어났어. 그리스 문화와 페르시아 문화가 섞인 문화였지. 이를 헬레니즘 문화라고 한단다. 그러고 보면 그리스 세계와 페르시아 세계를 하나로 만들려던 알렉산드로스의 꿈은 문화를 통해 이루어진 셈이야.

헬레니즘은 세계사에 굵직한 흔적을 남겼어. 서쪽으로는 유럽으로 전해져서 오늘날 유럽 문화의 바탕을 이루었어. 그래서 헬레니즘을 모르면 유럽을 제대로 이해할 수 없다고 말해.

그리고 동쪽으로는 인도의 간다라 미술에 영향을 주었지. 간다라 미술은 중앙아시아를 거쳐 중국, 우리나라, 일본에까지 전파되었어. 불상이 바로 그것이야. 불상은 간다라 미술의 대표작이란다.

이쯤에서 다시 돌아가 알렉산드로스가 죽은 뒤 대제국이 어찌 되었는지 살펴보자. 알렉산드로스가 죽은 뒤 후계자 문제를 둘러싸고 싸움이 벌어지고, 왕비와 아들 알렉산드로스 4세는 싸움의 소용돌이 속에서 죽고 말았어.

결국 대제국은 세 나라로 갈라졌어. 그중 한 나라가 프톨레마이오스가 다스리는 이집트란다. 유명한 여왕 클레오파트라는 바로 프톨레마이오스의 후손이야.

역사 속엔 영웅이 여럿 등장하지. 알렉산드로스를 비롯해서 카이사르, 나폴레옹, 칭기즈 칸

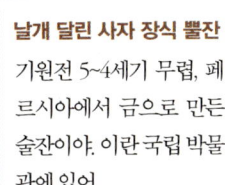

날개 달린 사자 장식 뿔잔
기원전 5~4세기 무렵, 페르시아에서 금으로 만든 술잔이야. 이란 국립 박물관에 있어.

새로운 문화 헬레니즘

알렉산드로스와 헬레니즘 문화

간다라 미술의 불상
초기의 불교에서는 불상을 만들지 않았어. 불상은 간다라 미술이 낳은 작품이란다. 그 후 아시아 전체로 퍼져 나갔지.

등등. 그런데 이름난 영웅 뒤에는 수많은 이름 없는 이들의 보이지 않는 노력과 희생이 숨어 있다는 사실을 잊지 말아라.

제아무리 뛰어난 영웅도 혼자서는 싸울 수 없는 법이야. 역사에 이름이 기록되진 않았지만 영웅과 함께 생사를 나눈 전사들, 그들이 있기에 영웅의 이름이 빛나는 거란다. 보이는 역사에서 보이지 않는 역사를 읽어 낼 줄 알아야 해.

6 로마 대 카르타고

트레비 분수
로마에서 가장 아름다운 분수로 꼽히는 트레비 분수는 18세기에 만들어진 거야. 트레비는 이탈리아어로 삼거리라는 뜻이란다. 세 갈래 길이 만나는 곳에 분수가 자리 잡고 있어.

 〈로마의 휴일〉이란 영화가 있어. 엄마가 참 재미있게 본 영화인데, 역사와 문화의 도시 로마를 방문한 이웃 나라 공주와 신문기자가 벌이는 달콤하고 상큼한 사랑 이야기란다.
 공주로 나오는 여배우 오드리 헵번도 아름답지만, 공주의 눈에 비친 로마는 더 아름다웠어. 반쯤 허물어진 콜로세움이며 곳곳에 서 있는 멋진 석상들, 동전을 던지면 행운이 온다는 트레비 분수……. 엄마에게 로마는 그렇게 다가왔단다.

언제 기회가 되면 〈로마의 휴일〉을 같이 보자꾸나. 이제 꼬마 숙녀니까 그 정도 영화는 충분히 소화할 수 있을 거야. 그리고 오늘은 네게 그 아름다운 로마 얘기를 해 줄게.

로마의 탄생

나라와 민족마다 건국에 얽힌 신화나 조상에 대한 전설이 있기 마련이란다. 로마도 예외가 아니야. 신화에 따르면, 로마를 세운 사람은 로물루스와 레무스라는 쌍둥이 형제라고 해.

그리스 군에게 멸망당한 트로이를 기억하지? 트로이의 마지막 왕 프리아모스의 사위 아이네이아스가 바로 로물루스와 레무스의 조상이란다.

그리고 로물루스 형제는 전쟁의 신 마르스와 왕녀 레아 실비아 사이에서 태어났는데, 태어나자마자 테베레 강에 버려진 것을 늑대가 데려다 젖을 먹여 키웠다는구나.

신화를 글자 그대로 믿기는 어려워.

로물루스와 레무스
로마를 세운 쌍둥이 로물루스와 레무스는 태어나자마자 버려졌는데 늑대가 젖을 먹여 키웠다고 해.

로마의 복원 모형

337년 콘스탄티누스 황제 시절의 로마를 복원해 놓은 모형이야. 왼쪽의 대경기장, 오른쪽의 콜로세움이 눈에 띄는구나. 전성기 때 로마의 인구는 100만 명이었다고 해.

그러나 신화에는 역사적 사실과, 신화를 간직해 온 사람들의 생각이 교묘하게 숨겨져 있단다. 그 숨겨진 의미를 찾아내는 게 바로 역사 공부야.

로물루스 형제의 신화에 숨겨진 의미는 무엇일까? 로마 인들은 스스로를 트로이의 후예이며 신의 자손이라고 자랑스럽게 믿었다는 사실일 거야.

로마가 막 생길 무렵, 주변 사정은 어땠는지 알아보자. 로마는 이탈리아 반도 한가운데쯤에 자리 잡았어.

　북쪽에는 에트루리아 인이 살고, 남쪽에는 그리스 인들이 세운 식민 도시가 번창하고 있었지. 알프스 너머에는 켈트 인이 살고 있었어. 켈트 인은 로마 인들이 '갈리아 인'이라고 부른 사람들이란다.

　에트루리아 인은 일찍부터 그리스와 활발히 교류하던 민족이었어. 무엇보다 토목과 건축 기술이 뛰어났지.

　오늘날 우리가 감탄하는 로마의 건축 기술은 바로 에트루리아 인에게서 배운 거야. 콜로세움에서 벌어진 사람과 맹수의 싸움도 본래 에트루리아 문화에서 나온 것이고.

로마의 민회

사실 최초의 로마는 작고 문화적으로도 뒤진, 보잘것없는 도시 국가였어. 그래서 한동안은 에트루리아 인의 지배를 받았단다.

그러나 힘을 기른 로마 인들은 기원전 509년 에트루리아 출신 왕을 내쫓고 아주 새로운 정치 제도를 만들었지. 왕을 없애 버린 거야. 그리고 시민들의 총회인 민회에서 집정관 두 명을 뽑아 정치를 맡겼단다. 집정관의 임기는 1년이었어.

집정관 밑의 관리들도 모두 민회에서 선거로 뽑았지. 그 임기 역시 1년이었어. 귀족 대표로 이루어진 원로원도 만들었어. 원로원의 임기는 죽을 때까지 하는 종신제였어. 원로원은 무슨 일을 하냐고? 집정관에게 정책을 제안하고 충고도 하면서 돕는단다.

로마의 최종 결정권은 민회에 있었어. 시민이면 누구나 민회에 참가할 자격이 있었지. 그러나 시민은 어느 정도의 재산을 갖고 있고, 전쟁에 나

❓ 로마 시민의 광장, 포룸

포룸은 고대 로마 도시의 광장을 말해. 포룸 가운데 가장 유명하고 오래된 것은 포룸 로마눔, 바로 로마 광장이란다. 로마 광장은 원래 언덕으로 둘러싸인 낮고 습한 땅이었어. 그런데 에트루리아 인이 왕이었을 때 물을 빼기 위한 수도관을 땅속에 설치했고, 차츰 신전과 공공건물이 들어섰어. 로마 광장은 재판과 집회가 열리고 시장으로 이용되는 등 시민 생활의 중심 무대가 되었단다. 로마 광장 외에도 많은 광장이 생겼어. 광장 주변에는 신전, 사원, 공중 화장실, 목욕탕 등이 있었으며, 여기저기 개선문, 기념탑이 세워졌지.

폼페이의 광장
로마 남쪽에 있는 도시 폼페이의 광장이야. 폼페이는 화산 폭발로 하루아침에 묻혀 버린 도시란다.

검투사들
로마의 콜로세움에서는 검투사들의 경기가 벌어지곤 했어. 검투사 경기는 에트루리아에 그 기원을 두고 있지.

갈 수 있는 남자만 될 수 있었단다. 이 제도를 공화정이라고 해.

시간이 흐르면서 조금 바뀌긴 했어도 로마의 공화정은 약 500년 동안 유지되었어. 그 500년 동안 로마는 천천히 성장했어. 로마는 하루아침에 이루어진 게 아니란다.

차근차근 영토를 넓혀 가던 로마는 푸른 지중해 바닷가까지 이르자, 이제 지중해마저 손에 넣고 싶다는 생각이 일었단다. 하지만 문제가 있었지. 그때 지중해는 해상 강국 카르타고의 손아귀에 있었거든.

결국 지중해 해상권을 놓고 카르타고와 로마는 한판 승부를 벌이지 않을 수 없었어. 두 나라 사이에 전쟁이 일어난 거야. 로마와 카르타고의 전쟁을 '포에니 전쟁'이라고 한단다.

카르타고는 어떤 나라냐고? 로마보다 약 60년 먼저 페니키아 인들이 세운 나라야. 카르타고는 지금의 아프리카 북부 해안가,

그러니까 튀니지의 수도 튀니스 근처에 있었어.

지중해를 주름잡았던 페니키아 인에 대해서는 앞에서 잠깐 이야기했지? 로마와 카르타고와의 전쟁을 포에니 전쟁이라고 하는 이유는 라틴 어로 페니키아를 포에니라고 하기 때문이란다. 라틴 어는 로마 인의 언어야.

눈치 빠른 세운이, 페니키아 어가 아니라 라틴 어로 전쟁 이름을 붙인 걸 보니 로마가 이겼나 보다고 생각할지 모르겠는데, 과연 그런지 보자꾸나.

항구를 출발하는 로마의 해군
로마의 해군은 카르타고보다 약했어. 그러나 지중해를 차지하기 위해 카르타고와 싸움을 시작했단다.

알프스를 넘은 한니발

포에니 전쟁은 약 120년 동안 세 번에 걸쳐 벌어졌어. 1차 전쟁은 기원전 264년에 시작되어 23년 만에 로마의 승리로 끝났어. 2차 전쟁은 23년이 지난 뒤인 기원전 218년에 시작되었지.

한니발 전쟁

　로마 인들은 이 2차 전쟁을 '한니발 전쟁'이라고 했어. 한니발은 당시 카르타고 군을 이끌고 로마를 위협하던 장군이야. 한니발은 아무도 생각하지 못한 일을 과감하게 해 낸 사람이란다. 군대를 이끌고 험하디험한 알프스 산맥을 넘었으니까.

　로마 인들은 한니발이 설마 알프스를 넘어오랴 하면서 그쪽은 신경 쓰지 않았다가 허를 찔렸어. 세계 역사에는 군대를 이끌고 알프스를 넘은 또 한 사람의 장군이 있어. 나폴레옹이란다. 하지만 그건 한니발이 죽은 뒤 2000년도 더 지나서야.

　알프스 산맥을 넘어 로마 땅으로 들어선 한니발은 연전연승, 이

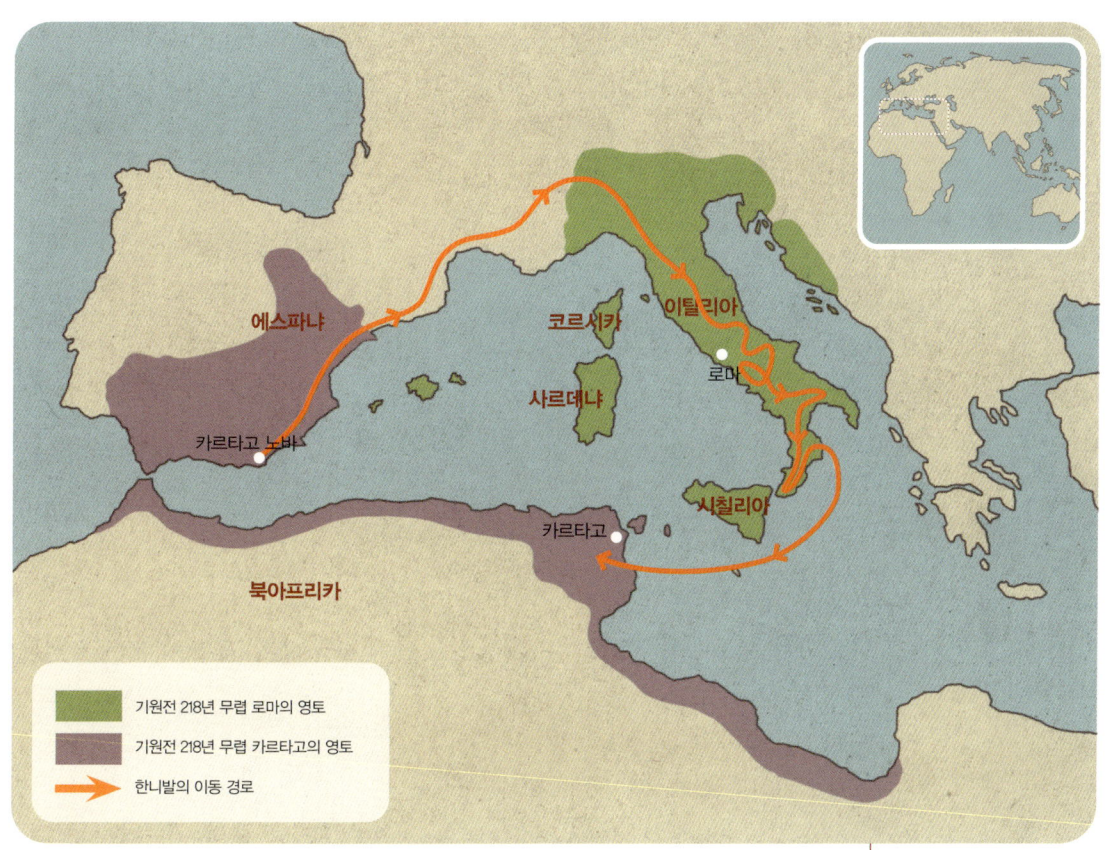

탈리아 반도 남부를 점령하고 수도 로마를 위협했어. 무려 10년 동안이나 말이야.

로마 인들은 겁에 잔뜩 질렸단다. 아이가 울면 "문간에 한니발이 와 있다, 뚝!" 할 정도였대.

하지만 승리의 여신이 최후로 손을 들어 준 쪽은 로마였어. 이제 그 이야기를 해 줄게.

로마는 한니발과 정면으로 대적해서는 승산이 없다고 생각했

로마 대 카르타고
로마는 카르타고를 멸망시켰고 지중해를 로마의 호수로 만들었어. 화살표는 한니발의 공격로란다.

카르타고의 흔적
로마 인들은 카르타고를 잿더미로 만들었어. 카르타고의 흔적은 현재 튀니지의 작은 마을에 폐허로 남아 있단다.

어. 그래서 한 가지 꾀를 냈지. 한니발의 후방을 공격하기로 한 거야. 그 일을 맡은 사람이 서른 살 난 청년 장군 스키피오야. 스키피오는 한니발 몰래 카르타고 본국을 공격해서는 한니발이 본국의 지원을 받지 못하게 방해했어.

하는 수 없이 한니발은 서둘러 군사를 거둬서 본국으로 돌아갔지. 자마 평원에서 로마 대 카르타고, 스키피오 대 한니발의 결전이 벌어졌어. 결과는 로마의 승리. 한니발의 작전을 스키피오가 미리 간파하고 있었기 때문이야.

2차 포에니 전쟁은 로마의 발전을 이해하는 데 아주 중요한 사건이란다. 카르타고라는 강적을 물리친 로마는 이제 거칠 것 없이 지중해 일대를 완전히 손에 넣게 돼.

과학자 아르키메데스를 알지? 목욕하다가 부력의 원리를 깨닫고 너무 기뻐서 발가벗은 채 거리를 달렸다는 사람 말이야. 그가 죽은 것이 바로 2차 포에니 전쟁 때란다. 로마 군이 쳐들어왔는데도 수학 문제를 푸는 데 열중하다가 그만 성난 군인의 손에 죽고 말았대.

로마와 카르타고는 그 뒤에도 한 번 더 맞붙었어. 기원전 149년에 일어난 3차 포에니 전쟁이야. 이 전쟁에서도 카르타고는 졌고, 카르타고는 완전히 잿더미가 되어 버렸어.

폐허가 된 땅에 로마 군은 소금을 뿌렸단다. 저주받은 땅에 소금을 뿌리는 것이 로마의 풍습이었거든.

지금까지 로마를 둘러봤구나. 조그만 도시 국가로 출발해서 알프스를 넘어 쳐들어온 카르타고와 싸워 이기고 강대국으로 성장하는 것을 보았어. 로마에 대한 다음 이야기는 기회를 봐서 또 해 줄게.

7 진나라와 한나라

진시황제

진시황제는 진나라 최초의 황제라는 뜻이야. 그는 황제라는 호칭을 처음 사용한 사람이란다. 자신은 최초의 황제이니 시황제라 부르고 그다음은 2세 황제, 3세 황제……, 이렇게 부르게 했어.

오늘은 중국으로 가자꾸나. 로마가 한니발과 한판 승부를 벌일 무렵, 중국에서는 어떤 일이 벌어지고 있었을까? 오랜 분열 시대가 끝나고 통일 국가가 세워졌구나. 스스로 '최초의 황제'라 칭했던 진시황제가 세운 진나라란다.

물론 진나라 이전에도 통일 국가가 없었던 건 아니야. 고대 문명에 대해 엄마가 얘기할 때, 중국에는 황허 일대에 하나라, 은나라가 있었다고 했지? 그다음에는 주나라가 있었단다.

주나라는 오랫동안 수많은 작은 제후국으로 갈라져 서로 싸웠어. 이때를 춘추 전국 시대라고 해. 공자나 노자를 비롯해 제자백가가 활약한 때가 바로 이 무렵이야. 춘추 전국 시대는 몇 백 년 동안 계속되었단다.

최초의 황제, 진시황제

진시황제는 오랜 분열 시대에 마침표를 찍었어. 그리고 강력한 중앙 집권 국가를 건설했어. 예전의 주나라는 제후들에게 땅을 나눠 주고 알아서 다스리게 했지. 그런데 진시황제는 제후를 없애 버리고 관리를 직접 파견해서 다스렸어.

복원된 말과 마차
진시황제의 무덤 근처에 묻혀 있던 구리로 만든 말과 마차를 원래 모습대로 복원해 놓았어.

진시황제의 분서갱유

진나라를 가리켜 중국 최초의 통일 국가라고 하는 이유는 진이 차지한 영토가 이전의 하, 은, 주보다 훨씬 넓다는 것 말고도 중앙의 정치력이 지방까지 미치는 최초의 중앙 집권 국가였기 때문이란다.

진시황제 하면 생각나는 게 있지? 그래, 만리장성과 분서갱유일 거야.

분서갱유에 대해서는 좀 설명이 요할 것 같구나. 진시황제는 제자백가의 사상 가운데 법가 사상만을 받아들이고 나머지는 모두 금지했어. 법가 사상은 왕족이든 백성이든 신분 지위에 상관없이 누구에게나 엄격하게 법을 적용하고 법에 따라 통치한다는 사상이야. 당시로서는 매우 혁신적인 사상이었어.

진시황제는 법가 외에 '쓸모없는 사상은 단호히 배격한다'는 뜻으로 제자백가의 책들을 불살라 버렸어. 게다가 반대하는 학자들을 산 채로 묻어 버렸어. 이를 분서갱유라고 해.

분서갱유는 진시황제로서는 어쩔 수 없이 해야 했던 일인지 몰라. 그렇지만 오늘날에는 사상과 언론의 자유를 억누른 대표 사례로 여겨지고 있단다. '무시무시한' 진시황제라고? 그럴지 몰라.

아무튼 진시황제 때 진나라는 날로 세력이 커져서 멀리 서양에까지 이름이 알려졌어. 오늘날 서양인들이 중국을 '차이나(China)'라고 하게 된 것도 '진(Chin)'에서 비롯된 것이란다.

그리고 만리장성은 북쪽에 사는 흉노족을 막으려고 쌓은 거야. 그런데 만리장성은 진시황제 때 처음 쌓은 것은 아니란다.

그 전에 연나라, 조나라 같은 제후국들이 자기 나라 국경에 각각 쌓았던 것을 진시황제가 서로 연결시키고 부서진 곳을 고쳐서 완성한 거야. 전체 길이는 자그마치 2400킬로미터. 100여 만 명이 9년에 걸쳐 완성했다고 해.

이처럼 강력한 힘을 자랑하던 진나라였지만 수명은 아주 짧았어. 통일 제국을 세운 지 불과 15년 만에 멸망했거든.

❓ 진시황제의 병마용갱

중국 산시(섬서)성에 있는 진시황제의 무덤은 마치 커다란 산 같아. 높이가 76미터, 둘레는 1400미터가 넘는 엄청난 규모란다. 그런데 이 무덤에서 1킬로미터쯤 떨어진 곳에서 거대한 무덤이 또 발견되었어. 그 무덤에는 흙으로 빚은 인형들이 6000개 넘게 묻혀 있었지. 크기가 진짜 사람과 같고 얼굴 표정, 몸짓이 어찌나 생생한지 금방 입을 열어 말을 할 것만 같은 인형이야. 말과 마차도 있어. 이 인형들은 진시황제의 무덤을 지키기 위해 만들어진 것으로 알려져 있어.
이 인형들이 묻혀 있는 무덤을 병마용갱이라고 해.

병마용갱에서 나온 병사 인형

진시황제가 죽자마자 곧 허물어지고 만 거야.

왜 그랬을까? 진시황제의 정치는 강력한 대신 백성들을 몹시 힘들게 했기 때문이야. 그가 죽자 곳곳에서 농민 반란이 일어났고, 그 틈에 진시황제에게 불만을 품고 있던 세력들이 들고일어나 중국은 다시 혼란에 빠졌단다.

이때 등장한 인물이 항우와 유방이야. 항우는 귀족 세력의 대표자요, 유방은 귀족은 아니지만 새로 떠오른 샛별 같은 존재였어.

항우와 유방의 싸움은 아주 흥미진진해서 노래로 전해 오고 있지. 항우가 사랑하는 우미인과 작별하는 장면은 콧등이 시큰하단다.

중국 문화의 기틀을 닦은 한나라

유방은 항우를 이기고 황제가 되었어. 그리고 나라 이름을 한이라 했지. 기원전 202년의 일이야. 한나라는 400년 넘게 번영했어. 사람들은 보통 한나라 때에 이르러 중국 문화의 기틀이 잡혔다고 말해. 고대로부터 전해 온 중국 문화가 한나라 때 조합 정리되었기 때문이야. 중국인을 한족이라 하고, 중국 문자를 한자라고 하는 까닭이 여기에 있단다.

한나라는 같은 시대에 서양에서 세력을 떨친 로마보다 훨씬 앞선 문화를 자랑했어. 미국의 저명한 학자로 일본 대사를 지낸 라

이샤워는 이렇게 말했지.

"한나라 때에 이르면 중국에서 서양으로 밀려가는 문화의 물결이 서양에서 중국으로 흐르는 물결을 압도했다."

한나라는 7대 황제 무제 때 크게 발전했어. 무제의 가장 중요한 업적은 흉노족을 물리친 일이야. 흉노족은 옛날부터 해묵은 골칫거리였어.

오죽하면 가을을 가리키는 말로 '천고마비'라는 말이 생겼겠니? 이 말에는 하늘이 높아지고 말이 살찌는 계절 가을이 오면 말을 타

만리장성

오늘날 우리가 보는 만리장성은 진시황제 때 쌓은 것이 아니라, 훨씬 나중인 명나라 때 쌓은 거야. 진시황제 때의 만리장성은 흙으로 쌓았지만, 명나라 때 것은 벽돌로 쌓았어. 위치도 다르단다.

서쪽으로 떠나는 장건
한 무제의 사신으로 떠난 장건이 여행한 길은 동양과 서양을 잇는 중요한 교통로가 되었어. 이 길을 후세 사람들은 비단길이라고 한단다.

고 달리는 흉노족의 침입이 곧 닥친다는 근심이 담겨 있단다.

무제는 골칫거리 흉노족을 멀리 고비 사막 너머로 몰아냈어. 그리고 지금의 광둥, 광시 지방에 있던 남월과 베트남 북부를 정벌했어. 그런 다음 눈길을 돌린 곳이 동쪽에 있던 고조선이야. 1년여의 치열한 항쟁 끝에 고조선은 무너졌어. 이때가 기원전 108년 여름이란다.

고조선의 땅에는 낙랑, 임둔, 진번, 현도의 한4군이 세워졌어. 그

동서 교통로

가운데 임둔, 진번, 현도 3개 군은 고조선 유민들의 항쟁으로 곧 없어지고 낙랑군만 남아 있다가 313년 고구려에게 정복당했단다.

그런데 흉노족을 물리치려는 무제의 노력이 낳은 뜻밖의 결과가 뭔 줄 아니? 바로 '비단길(실크 로드)'이야. 무제는 황제 자리에 오르자마자 장건을 멀리 중앙아시아에 있는 월지국으로 보냈어. 함께 손잡고 흉노족을 물리치자고 사신으로 보낸 거야.

장건은 톈산(천산) 산맥 북쪽 기슭(톈산 북로)을 거쳐 세계의 지붕이라고 일컬어지는 파미르 고원을 넘어 중앙아시아로 갔다가 톈산 산맥 남쪽(톈산 남로)으로 돌아왔어. 도중에 흉노족의 포로가 되어 흉노 여인과 결혼해서 아이까지 낳고 10년쯤 살다가 겨우 탈

출해서 13년 만에 귀국했단다.

그 뒤로 장건은 같은 길을 두 번 더 왕복했어. 그가 개척한 길을 비단길이라고 하는데, 이유는 이 길을 통해 중국의 비단이 로마로 하도 많이 들어가서 로마 경제가 위태로울 지경이 되었기 때문이라고 해.

비단길은 동양과 서양을 잇는 교통로 구실을 톡톡히 했어. 이 길로 거울, 칠기, 복숭아, 살구 등이 중앙아시아를 거쳐 유럽으로

비단길의 상인들

건너가고 석류, 오이, 호박, 호두, 수박 같은 중앙아시아의 산물이 중국으로 들어왔어. 불교와 이슬람교 역시 비단길을 거쳐 중국에 들어왔지.

비단길을 통해 중국에 들어온 것들은 우리나라에까지 전해졌어. 비단길의 서쪽 끝이 로마라면 동쪽 끝은 우리나라였던 셈이야.

그럼 한 무제에게 고비 사막 너머로 쫓겨난 흉노족은 어찌 되었을까? 그들은 서쪽으로 머나먼 길을 떠났어.

그로부터 300여 년 뒤, 로마 제국으로 훈 족이 쳐들어와 로마 인들을 공포에 떨게 했지. 이 훈 족이 바로 흉노족의 후예라고 해.

무제의 업적 가운데 또 하나 중요한 건, 유교를 국교로 삼고 유교 사상을 공부한 이들을 관리로 뽑아 쓴 거야.

유교가 국교가 되면서 그동안 마음대로 읽을 수 없었던 유교의 책들이 세상에 얼굴을 드러내고, 유교의 창시자 공자는 학자와 정치가 들의 모범으로 받들어졌어.

그리고 지금의 국립대학 비슷한 학교를 세우고 졸업생은 시험을 치르게 해서 관리로 채용했단다. 이런 방식의 관리 채용은 중국 정치 제도의 기본 틀로 오랫동안 큰 영향을 미쳤어.

비단길에서 발굴된 비단

한나라의 칠기
한나라 때의 무덤에서 발굴된 칠기야.

8 예수와 기독교

어느새 기원전 세계를 벗어나 기원후 세계로 접어들었구나. 그런데 세운아, 기원전이니 기원후니 할 때 기준이 되는 '기원'이 서양의 기준이라는 사실을 알고 있니?

서양에서는 예수가 태어난 해를 기준으로 하여 이전을 기원전, 이후를 기원후라고 한단다.

기원후 ○○년을 서기 ○○년이라고도 하지? 서기는 '서력기원'의 준말이야.

사실 우리에겐 단군기원이라는 우리 나름의 기준이 있어. 단군왕검이 나라를 세운 때를 기준으로 삼아 계산하는 방법으로, 줄여서 단기라고 해.

시끌벅적했던 '밀레니엄' 역시 서기로 계산한 것이고, 단기로 치면 우린 지금 네 번째 밀레니엄 시대에 살고 있는 셈이야.

우리뿐 아니라 이슬람교도들도 나름의 기준을 갖고 있어. 무함마드(마호메트)의 헤지라가 있었던 때를 기준으로 삼는단다. 무함마드의 헤지라에 대해서는 나중에 다시 얘기해 주마.

세계적으로 널리 서기를 쓰고 있고, 우리도 그렇게 하고는 있지만 서기가 유일한 기준은 아니라는 사실 정도는 알고 있어야 하지 겠니?

경배하는 동방 박사들
동방에서 온 박사들이 예수의 탄생을 축하하고 있는 장면을 그린 그림이야.

십자가에 못 박힌 예수

서기는 예수가 태어난 해를 기준으로 삼는다고 했지? 그런데 예수가 실제로 태어난 건 그보다 4년 전이라고 하는구나. 엄마 생각에, 4년 전이든 아니든 그건 별로 중요하지 않은 것 같아. 역사를 이해하는 데 연도가 언제나 중요한 건

베드로
베드로는 예수의 첫 번째 제자였어. 예수가 베드로에게 천국의 열쇠를 주는 장면을 그린 그림이야.

아니야.

중요한 건 그 일이 왜 일어났으며, 어떻게 진행되었고, 어떤 뜻을 갖고 있느냐란다. 역사는 외우기가 아니라 생각하고 느끼는 공부거든.

네 친구들 중에서 역사를 따분하고 재미없다고 생각하는 사람이 있다면, 역사를 연도와 이름 외우기 공부로 생각하기 때문일 거야.

자, 그럼 오늘 얘기의 주인공인 예수를 만나러 가 볼까?

사실 예수의 어린 시절에 대해서는 잘 알려져 있지 않아. 유대에서도 가난한 사람들이 모여 사는 갈릴리란 곳에 살았고, 아버지처럼 목수 일을 했다는 것뿐. 그가 사람들의 주목을 받기 시작한 것은 서른 살이 되어서란다.

전하는 기록을 보면, 서른 살이 될 무렵 광야를 떠돌던 예수는 자신이 하느님의 계시를 받고 이 땅을 구원하기 위해 하느님이 보낸 사람이라는 사실을 깨달았다고 해.

그 후 예수는 갈릴리 지방을 돌아다니며 사람들을 가르치기 시

최후의 만찬
르네상스 시대의 천재 화가 레오나르도 다빈치가 그린 〈최후의 만찬〉이란다.

작했어. 이웃을 제 몸처럼 사랑하고, 가진 것을 나누라고 했지. 예수의 가르침은 많은 사람들의 가슴에 파고들었어. 가난한 사람, 병든 사람, 멸시받고 손가락질당하는 사람들에게 예수는 큰 위안이 되었어.

그런데 로마의 지배에 시달리던 유대 인들에게는 오래전부터 간직하고 있던 믿음이 있었어. 언젠가 구세주가 나타나 고통받고 있는 자신들을 구원해 줄 거라는 믿음이었지.

그때 유대 인들은 여러 파로 갈려 있었는데, 왕 헤롯과 사두개인은 친로마파였어. 사두개인은 대제사장 같은 상류층을 말한단다.

십자가를 지고 가는 예수

중류 지식인층에 속하는 바리새인은 로마를 좋아하지는 않았지만 무력으로 로마와 싸우는 것에는 반대했어. 그 밖에, 로마와 전쟁을 해서 독립을 이루어야 한다고 주장하는 젤롯당, 속세를 떠나 광야로 가서 금욕 생활을 하자는 에세네파가 있었어.

그런데 예수의 가르침은 그 어느 파와도 달랐어. 회개하면, 즉 잘못을 뉘우치면 누구든지 하느님 나라에 들어갈 수 있다고 예수는 가르쳤어. 가난하고 신분이 낮은 사람들을 업신여기지 않고 거리낌 없이 그들과 어울려 먹고 마셨지. 그리고 돈과 권력을 믿고 위세 부리는 사람들을 비난했어. 붓다와 참 비슷하다, 그렇지?

시간이 갈수록 예수의 가르침을 따르는 사람들이 자꾸 늘어 갔어. 그러자 사두개인과 바리새인들은 예수를 위험인물로 여기게 되었어. 예수가 자기들의 지위를 위협한다고 생각했기 때문이야.

그들은 예수를 없애 버릴 계획을 세우고, 예수의 제자인 유다를 매수했어. 그리고 예수가 왕이 되려 한다고 로마 총독 빌라도에게 고발했지. 결국 예수는 십자가형을 선고받았어. 로마에 반역한 정치범으로서 말야.

그때 십자가에 못 박는 형벌은 노예나 강도에게만 했던 가장 치욕스럽고 고통스러운 형벌이었어. 십자가에 매달려 외롭게 죽음을 기다리던 예수의 심정을 너나 내가 얼마나 알 수 있겠니? 붓다나 무함마드의 최후에 비해 예수의 최후는 참 고통스럽구나.

❓ 십자가

오늘날 기독교의 상징이 되어 있는 십자가는 로마 시대에는 사형수를 처형하는 형틀이었어. 로마 시대의 형틀로는 '十'자 모양뿐만 아니라 'T', 'I'자 모양도 있었지. 그렇지만 예수가 못 박혀 죽은 뒤부터 십자가는 사형 도구로 쓰이지 않게 되었어. 오히려 기독교의 상징으로 인류의 구원과 명예, 희생, 고난 등을 뜻하게 되었지. 이는 예수의 죽음이 인류의 죄를 대신한 것이라는 종교적 의미 때문이란다.

십자가
로마의 사형 도구였던 십자가는 기독교의 상징이 되었어.

정의가 강물처럼

예수가 생각한 것은 고통과 억압에서 해방되는 것, 나만의 구원이 아니라 모든 사람의 구원이었던 것 같아. 예수가 말한 하느님 나라는 정의가 강물처럼 흐르고 누르는 자도 눌린 자도 없는 그런 나라 아니었을까?

예수가 죽은 뒤 그의 생각은 제자들을 통해 널리 퍼져 나갔어. 사실, 예수가 죽었을 때는 예수가 살던 갈릴리를 제외하고는 그를 아는 사람이 별로 없었어. 이때 바울이 등장한단다. 바울은 예수를 한 번도 만나 본 적이 없는 로마 시민이야.

세운이도 알다시피 로마에서 시민은 아무나 될 수 있는 것이 아니지 않니? 게다가 바울은 많이 배운 사람이었어. 그리스 문화의 세례를 받은 지식인이었지.

바울은 예수의 가르침을 체계적으로 다듬고 정리하는 일에 상당한 힘을 기울였어. 덕분에 기독교는 유대 인만의 종교에서 벗어나 세계 종교로 성장할 수 있는 기틀을 마련하게 되었단다. 다시 말해 바울은 예수의 사상을 기독교라는 종교로 만든 사람이라고도 할 수 있어.

어떤 사람들은 바울이 전파한 기독교는 예수의 본디 가르침과

바울
바울에 의해 예수의 사상은 기독교라는 종교로 다시 태어났다고 할 수 있어. 바울은 젊고 학식이 풍부한 로마 시민이었지.

기독교의 전파
로마의 식민지 유대에서 시작된 기독교는 로마로, 또 지중해 일대로 퍼져 나갔어.

많이 다르다고 비판하기도 해. 예수는 사회를 바꾸려고 한 개혁가였지만 바울은 그렇지 않았다는 거야.

로마의 식민지 갈릴리에서 태어난 기독교는 로마의 심장부로 들어갔어. 그 과정이 쉽진 않았어. 기독교인들은 다른 종교를 조금도 인정하지 않았고, 로마 황제의 초상에 절하기를 한사코 거부했기 때문에 박해를 많이 받았지.

하지만 최후의 승리자는 기독교였어. 기독교를 박해하던 로마가 기독교 제국이 되었단다. 313년 콘스탄티누스 황제는 기독교를 공인하고, 그로부터 약 80년 뒤 테오도시우스 황제는 기독교를 국교로 삼고 다른 종교를 모두 금지시켰어.

　서양의 문화와 역사는 기독교를 모르면 이해할 수 없을 만큼 기독교와 관련이 깊어. 또 기독교는 오늘날 세계에서 가장 힘 있는 종교로 손꼽히고 있어. 우리나라에서도 그 영향력은 매우 크단다. 그런데 오늘날의 기독교도들 중에 2000년 전 예수의 가르침을 제대로 실천하는 사람은 얼마나 되는지 모르겠구나.

고조선과 삼국 시대

세계사 속 한국사 01

역포 아이
우리나라에 살았던 원시인의 모습이야. 북한의 평양 역포리에서 발굴된 머리뼈로 생전의 모습을 복원해 보았더니 열 살쯤 되는 여자아이였단다. 이름을 역포 아이라고 붙였어.

자동차를 타고 서울에서 북쪽으로 1시간 30분쯤 가면 한탄강을 만나게 돼. 한강처럼 넓고 크진 않지만, 깊게 파인 골짜기로 맑은 물줄기가 흐르고 치솟은 바위벽이 시원한 멋진 강이야.

한탄강 이야기를 왜 꺼내냐고? 강가 언덕에 지금부터 약 50만 년 전에 원시인이 살았던 집터가 있기 때문이야.

우리나라에 원시인이 살았다니 놀랍다고? 우리나라는 아주 일찍부터 사람이 살던 곳이란다. 아마 기후나 자연환경이 적당했기 때문일 거야.

지구에 사람이 처음 나타난 때를 약 400만 년 전이라고 했지? 우리나라에 살았던 사람은 최초의 사람보다 조금 진화한 모습을 하고 있어. 물론 지금의 우리와는 생김새가 많이 다르겠지만 말이야.

참, 너는 우리나라 하면 대한민국을 떠올릴 텐데, 대한민국이 태어난 건 1948년이니 그 전까지는 한반도 전체를 통틀어 그냥 우리나라라고 부르자꾸나.

고조선 건국 | **최초의 국가 고조선**

우리 조상이 세운 최초의 국가는 고조선이란다. 기원전 2300년 무렵에 세워졌으니, 세계 4대 고대 문명이 번창하고 유럽은 아직 미개지일 때야.

고조선의 영토는 어디였을까? 만주를 중심으로 서쪽으로는 발해만, 남쪽으로는 예성강에 이르렀다는 의견이 있고, 평양을 중심으로 한 대동강 부근이라는 의견이 있는데, 어느 쪽이 맞는지는 아직 잘 모른단다.

고조선의 본래 이름은 조선이었어. 그렇다면 어째서 고조선이라 했을까? 옛날의 조선이란 뜻으로 '고(古)' 자를 붙여서 고조선이라 부르게 된 거야.

사냥하는 고구려 사람들
무덤 벽화에 그려져 있는 사냥 장면이야. 달리는 말 위에서 화살을 당기는 모습이 멋지구나.

고조선은 2000년 넘게 존속하다가 중국 한나라의 공격을 받고 멸망하고 말았단다. 기원전 108년의 일이야. 한나라는 고조선 땅에 4개 군을 두었는데, 고조선 유민들의 끈질긴 저항에 부딪혀 곧 없어졌어. 이에 대해서는 앞에서 이미 말했지.

고조선이 망한 뒤, 만주와 한반도에는 작은 나라들이 여럿 들어섰어. 만주에는 부여와 고구려, 한반도 동북쪽에는 옥저와 동예, 한강 남쪽에는 삼한이 들어섰어. 나중에 고구려와 세력을 다투게 되는 백제와 신라는 삼한에 속한 작은 나라였지.

이 여러 나라들 중에서 고구려가 부여, 옥저, 동예를 흡수하고, 백제와 신라가 삼한을 나눠 차지하면서 큰 나라로 발전했어. 이때부터를 삼국 시대라고 한단다.

고구려를 세운 주몽, 백제를 세운 온조와 비류, 신라를 세운 박혁거세의 이야기는 세운이도 잘 알고 있지?

세계 어느 나라든 자기 나라를 세운 건국자에 대한 신비한 전설

신라의 토우
토우는 흙으로 빚어 만든 인형을 말해. 수줍게 웃고 있는 신라 여인이야.

가야의 말 탄 무사 모양 토기

을 갖고 있단다. 하늘의 자손이라든지, 알에서 나왔다든지, 변신술이나 활쏘기를 잘한다든지……. 언젠가 편지에서 말했듯이, 그 신비한 전설 속에 감춰진 사실과 의미를 캐내는 것이 역사 공부야.

참, 가야를 빠뜨릴 뻔했구나. 가야를 세운 수로왕의 왕비(허황후)가 인도에서 왔다는 이야기가 있지? 그런데 왜 사국 시대라 하지 않고 가야를 빼고서 삼국 시대라 하는 걸까? 그 까닭은 가야가 나라 꼴을 미처 갖추기 전에 신라에게 정복당했기 때문이야.

하지만 가야의 문화는 매우 수준이 높아서 그대로 신라에 전해졌어. 신라의 뛰어난 인물 가운데는 가야가 멸망해서 신라로 간 사람이 꽤 많단다. 장군 김유신, 학자 강수, 가야금을 만든 악사 우륵이 모두 가야인이야.

삼국은 서로 경쟁하면서 끊임없이 싸웠어. 때론 세 나라 중 두 나라가 손잡고 다른 한 나라를 공격하기도 했어. 5세기 초, 고구려가 넓은 영토를 가진 강대한 나라로 발전했어. 이때 고구려를 이끈 왕이 광개토대왕이야. 그의 업적을 기리는 비석이 지금 만주에 서 있지.

고구려는 수나라와 당나라의 침입을 여러 차례 막아 냈어. 수양제의 100만 대군도, 당 태종의 십만 정예군도 고구려만큼은 손에 넣지 못하고 돌아갔단다.

을지문덕 장군과 안시성 성주 양만춘, 그 밑에서 싸운 이름 모를 병사들을 잊지 말자꾸나. 만약 고구려가 졌다면 백제와 신라의 역사는 많이 달라졌을 거야. 고구려는 우리 민족을 지켜 준 방파제였어.

삼국 시대에 불교가 처음 들어왔어. 삼국의 왕들은 새로 들어온 불교의 힘을 빌려 왕의 권한을 높이고, 높아진 권한으로 나라를 다스렸지. 우리나라에 불교와 관련된 유물과 유적이 많은 이유는 삼국 시대부터 불교가 널리 퍼졌기 때문이야.

불교뿐 아니라 유교도 들어왔어. 불교가 종교로서 사람들의 마

마애삼존불
바위에 새긴 백제의 불상이야. 둥그스름한 얼굴에 환한 미소가 보는 이의 마음을 행복하게 해 주지.

음을 다스리는 구실을 했다면, 유교는 국가를 다스리는 통치술로 쓰였어. 불교나 유교 모두 중국을 통해 들어왔단다.

삼국은 중국을 통해 문화를 받아들이는 한편, 일본에 문화를 전해 주기도 했어. 특히 백제와 고구려는 일본에 큰 영향을 주었어. 지금 일본에는 그 유적들이 고스란히 남아 있어.

신라 통일의 참뜻

| 남북국 시대 |

자, 이제 신라의 삼국 통일을 말할 차례구나. 신라와 당 연합군이 백제의 수도 사비성을 함락시키고, 8년 뒤에는 고구려마저 무너뜨렸어. 당나라로서는 오래된 적수 고구려는 물론이고 백제까지 손에 넣게 되었으니 꿩 먹고 알 먹고였겠지.

그런데 신라는 왜 당나라와 손잡았을까? 본래 신라가 노린 건 백제였어. 고구려까지 무너뜨리려 한 건 아니었어. 사람들은 보통 신라가 삼국을 통일했다고 말하지만, 실제로 신라가 통일한 건 백제 영토까지란다. 고구려가 다스리던 드넓은 영토는 통일하

7세기의 동아시아 신라의 통일 직전인 7세기 동아시아 세계를 이해하려면 날로 강대해지는 당나라 그리고 삼국과 일본의 관계를 알아야 해. 신라는 당나라와 손잡고 백제와 고구려를 무너뜨렸고, 일본은 백제를 도왔지만 패했단다.

지 못했어. 거기까지 통일하기엔 힘이 벅찼는지도 몰라.

그럼 고구려 영토는 어찌 되었을까? 한동안 주인 없는 땅으로 남아 있었어. 당나라가 잠시 다스리다가 물러가고, 고구려 유민들이 여기저기 흩어져 살기도 했지.

그러다 698년 새 나라 발해가 일어났단다. 발해는 고구려의 후

❓ 활달한 기상의 우리 민족

우리 조상들은 아주 활달하고 유쾌한 사람들이었단다. 말타기, 활쏘기에 뛰어나고, 남녀노소 가리지 않고 한자리에 모여 앉아 노래하고 춤추기를 좋아했어. 남녀가 사귀는 것도 꽤 자유로웠어. '남녀 칠세 부동석'이라면서 남자 여자의 만남을 금하는 풍습이나, 부모님이 정해 주는 사람과 얼굴도 모른 채 결혼하는 풍습은 조선 시대 후기에 중국의 성리학(유교의 한 파)과 함께 퍼진 거야. 그 전에는 남녀가 자유롭게 만나 사랑하고 결혼하고 아이 낳고, 그렇게 살았단다.

수박희 하는 사람들 수박희는 맨손으로 하는 경기야. 고구려 무덤 벽화에 그려진 장면이란다.

손인 대조영이 말갈족을 거느리고 세운 나라야.

　신라가 당나라와 손잡고 백제와 고구려를 멸망케 한 것은 오늘날의 눈으로 볼 때 아쉬움이 큰 일이지만, 신라의 통일이 오늘날 우리에게 큰 영향을 주었다는 사실은 인정해야겠다. 무엇보다 문화적 영향이 크단다. 신라 문화는 훗날 고려로 전해졌고, 조선 시대를 거쳐 오늘날까지 전하고 있어.

　신라는 해외 무역을 활발히 했어. 당나라와 하는 무역은 주로 바닷길로 이루어졌어. 당나라에는 신라인이 사는 동네가

백제 사신
중국 양나라를 방문한 각국의 사신들을 그린 그림이야. 오른쪽에서 두 번째가 백제 사신이란다. 6세기의 백제인이 어떻게 생겼는지 알 수 있어.

따로 있었단다. 이슬람 상인이 신라에 드나들기도 했지.

우리 조상들은 삼국 시대, 아니 그 훨씬 전부터 중국, 중앙아시아, 일본, 동남아시아, 인도 등 세계 여러 나라와 왕래하며 지냈어. 우리나라 역사는 주변 여러 나라 역사와 밀접한 관련을 맺으며 쉴 새 없이 변화해 왔단다.

9 수나라와 당나라

예로부터 중국인은 자부심이 강한 민족으로 알려져 있어. 자기네가 세상의 중심이라고 생각하고, 다른 민족은 '오랑캐'라 부르면서 자기들에게 복속하는 존재로 여겼지.

그런데 알고 보면 중국의 역사는 순수한 중국인, 즉 한족만의 역사가 아니란다.

중국이 자랑하는 수나라, 당나라는 중국인이 '오랑캐'라고 부르는 다른 민족의 후손이 세운 나라야. 수, 당뿐 아니라 원나라, 청나라 역시 마찬가지야.

그러니 중국의 역사와 문화는 한족만의 것이 아니라, 한족과 다른 민족이 서로 영향을 주고받으며 일궈 낸 거라고 해야 옳을 것 같구나.

중국 역사를 말할 때는 대개 진과 한, 수와 당을 각각 묶어서 얘기한단다.

아마 진과 수가 강력한 힘으로 통일을 이루었으면서도 금방 멸망했기 때문일 거야. 기초는 진과 수가 닦았지만, 그 기초 위에서 번영의 꽃을 피운 건 한과 당이거든.

당나라는 중국 고대 문화의 완성기라고 일컬어지고 있어. 그런 당나라를 이해하려면 먼저 기초를 닦은 수나라에 대해 알아야겠지?

수양제의 대운하 건설

수나라는 589년 양견이 세운 나라야. 그때 유럽은 서로마 제국이 멸망하고 게르만 인이 새 주인 노릇을 하고 있었어. 아까 말했듯이, 양견은 한족이 아니라 선비족의 후손이란다. 선비족은 한때 중국 북부에 북위라는 나라를 세울 만큼 강한 민족이었어.

양견이 죽고 둘째 아들 광이 즉위하여 양제가 되었어. 양제의 통

대운하 건설

치 중 가장 두드러진 것은 대운하 건설이야. 운하는 중국의 대표적인 큰 강을 연결하고 강바닥을 깊이 파내어 배가 드나들게 만든 것이란다.

중국 대륙을 남북으로 관통한 것이었어. 꼬박 6년이 걸린 대공사였단다. 운하의 폭은 60미터, 총길이는 2000킬로미터에 이르렀어. 운하 덕분에 대단히 큰 변화가 일어났어. 남쪽의 물자가 빠르고 안전하게 북쪽으로 운반되어 남과 북의 경제 교류가 활발해졌어. 또 바다에서 육지 깊숙한 곳까지 배가 드나들게 되었지. 운하의 물은 농사에 필요한 관개용수로도 쓰였단다.

그런데 운하 덕분에 생긴 이 모든 이익을 실제로 누린 것은 수나라가 아니라 당나라였어. 수나라가 얼마 안 가 멸망했기 때문이야. 진시황제 때 쌓은 만리장성이 진나라가 금방 멸망하는 바람에 다음의 한나라가 유익하게 쓴 것과 마찬가지란다.

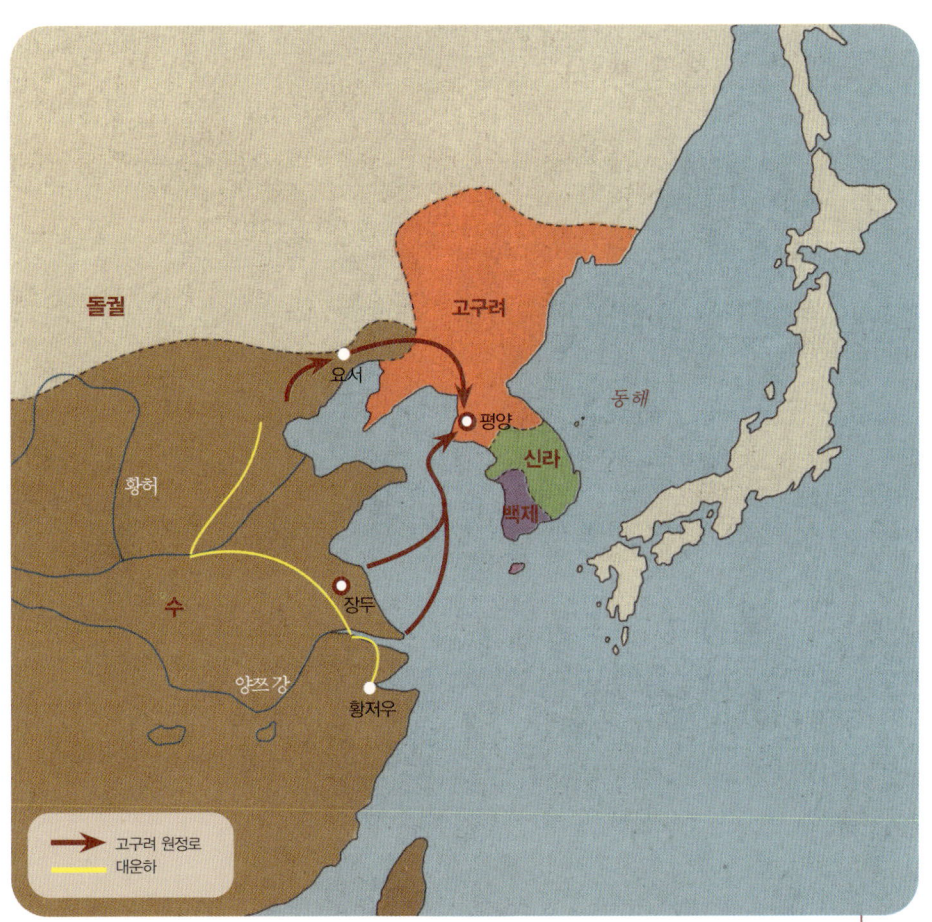

수양제의 통치 가운데 또 하나 두드러지는 것은 고구려 원정이야. 양제는 운하 건설을 마친 뒤 전쟁을 일으켰어. 612년의 일이지. 113만 명의 군사와 그 두 배쯤 되는 군량 수송대를 황제가 친히 선두에서 이끄는 대원정이었어. 전체 군사가 출발하는 데만 꼬박 40일이 걸렸단다.

그러나 고구려와 벌인 전쟁은 수나라의 멸망을 재촉했어. 오랜

수나라의 고구려 원정
수나라는 육지와 바닷길로 고구려를 공격했어. 대운하의 북쪽은 고구려 침략을 위해 만들어진 거란다.

살수 대첩
살수에서 벌어진 전투에서 수나라 군대는 을지문덕 장군이 이끄는 고구려 군에게 대패했단다.

대공사와 전쟁을 달가워할 백성이 어디 있겠니? 게다가 수나라 군대는 고구려의 명장 을지문덕에게 대패하고 말았단다. 살수에서 벌어진 싸움에서 수나라 군대 30만 5000여 명 중 약 2700명만 겨우 목숨을 건져 돌아갔어. 이 싸움을 살수 대첩이라고 해.

하지만 양제는 고구려를 단념하지 않았어. 두 번 더 원정을 시도했지. 그러나 나라 안에서 반란이 일어나는 바람에 두 번 다 도

중에 그만두었단다. 반란의 원인은 힘든 공사와 연이은 전쟁으로 백성들의 생활이 어려움에 빠졌기 때문이야.

반란군에 쫓긴 양제는 강도라는 곳으로 도망쳐서 체념에 젖어 술로 세월을 보내다가 자신의 친위대 손에 죽음을 당했단다. 강력한 국가로 군림했던 수나라는 37년 만에 멸망하고 말았어.

당 태종과 안시성 싸움

무덤 벽화에 그려진 외국인들
3대 황제 고종의 아들 장회태자 묘에 그려진 외국인들이야. 맨 오른쪽 인물이 고구려 또는 신라인이라고 해.

수나라가 멸망한 뒤, 새 나라 당을 세운 사람은 이연이야. 이연 역시 선비족의 후손이란다. 이연의 어머니와 수나라를 세운 양견의 부인은 한 자매였어.

당은 2대 황제 태종 이세민 때 크게 발전했어. 정치가 안정되고 백성의 생활이 윤택해지고 문화가 꽃을 피웠지.

상공업과 무역이 크게 발달하고, 외국의 문물이 쏟아져 들어왔어. 당나라 수도 장안은 문화의 중심지요, 교역의 중심지였어.

신라, 일본, 인도, 아라비아, 서역(오늘날의 중앙아시아)에서 모여든 상인, 사절단, 유학생 들로 넘치는 인구 100만의 국제도시였지.

이때 장안에서는 색목인이라고 일컬어지는 서역인들을 오늘날 서울에서 서양인들 보는 것 못지않게 많이 볼 수 있었으며, 귀족들의 집안에서는 서역풍의 요리가 크게 유행했다는구나. 이 무렵 장안과 견줄 수 있는 유일한 도시는 동로마 제국의 콘스탄티노플

정도야.

　당 태종은 나라 밖으로도 세력을 뻗쳐서 영토를 크게 넓혔어. 서쪽으로는 아랄 해, 북쪽으로는 바이칼 호 부근, 남쪽으로는 베트남에까지 이르렀어.

　이렇게 뛰어난 업적을 남긴 태종이지만, 고구려 원정에는 역시 실패했단다. 당 태종과 고구려 안시성의 싸움은 유명해. 성주 양만춘을 중심으로 똘똘 뭉친 안시성 사람들은 1년 가까이 계속된 당 태종의 공격을 끝까지 막아 냈어. 단념하고 철수한 당 태종은 3년 뒤 세상을 떠났지.

　그 후 얼마 지나지 않아 당은 숙원 사업이던 고구려 원정에 성공하게 돼. 3대 황제 고종 때, 신라와 손잡고 백제의 수도 사비성과 고구려의 수도 평양성을 함락시켰어. 당의 영토는 이때가 가장 넓었단다.

　당의 국력과 문화가 절정에 이른 것은 8세기 초 현종 때야. 태종 시절의 번영을 뛰어넘을 정도로 경제, 사회, 문화, 예술 모든 분야에서 큰 발달을 이루었지.

　그런데 현종은 말년에 양귀비를 총애한 나머지 정사를 게을리했고 사회는 아주 어지러워졌어.

> **흑인 상**
> 당나라에는 흑인도 와 있었나 봐.

중국 역사상 가장 큰 반란이라고 일컬어지는 안녹산의 반란이 일어난 것도 이때야. 안녹산의 반란은 9년 동안 계속되었는데, 한때 현종이 수도 장안을 버리고 도망쳐 간신히 목숨을 부지할 정도로 큰 세력을 떨쳤단다.

이 무렵 백성들의 고통을 시로 노래한 사람이 바로 이태백과 두보야. 두 사람은 중국 2대 시성이라 일컬어지고 있어.

결국 현종은 안녹산의 반란이 진압된 뒤에 아들에게 황제 자리를 내주고 쓸쓸히 죽음을 맞게 돼.

그 후 반란을 진압하느라 재정난에 부딪힌 당 황실은 세금을 늘려서 수입을 늘렸어. 처음에는 성공을 거두었지만 차츰 백성들의 원성이 높아지게 되면서 사회가 불안해지는 원인이 되었지.

결국 9세기 말이 되면서 대제국의 위용을 자랑

장안의 유물
입에 술잔을 물고 춤추는 말을 새긴 가죽 주머니 모양의 술병이야. 당나라의 수도 장안에서 발굴되었어.

당삼채
세 가지 색을 입힌 당나라 도자기라는 뜻으로 당삼채라고 해. 낙타를 탄 서역 상인들을 묘사한 당삼채야.

하던 당나라는 역사의 무대에서 사라지게 돼.

당나라의 번영과 멸망은 지배층이 자만심에 빠지고 사치하고 안이하게 생활하는 태도가 사회에 퍼지면 어느 나라든 오래 버티지 못한다는 사실을 새삼 깨닫게 해 준단다.

❓ 8세기 최대의 국제도시 장안

당나라의 수도 장안은 그 규모가 동서 약 9.5킬로미터, 남북 약 8.5킬로미터에 이르렀어. 도시 전체가 5미터 정도의 높은 성벽으로 둘러싸여 있고, 동서남북 사방으로 각각 문을 세 개씩 열어 놓았단다. 장안에는 약 120만 명의 사람들이 살고 있었는데, 거기에 외국에서 온 사람들과 지방의 병사, 승려, 도사 등을 합치면 그 수가 120만 명을 훨씬 웃돌았다고 해. 장안에는 세계 각지에서 많은 물건들이 모여들었고, 한족의 고유한 문화에 각지의 다채로운 문화가 더해졌단다. 또 장안을 왕래하는 사람들이 그 문화를 서양에도 전파했으니 장안은 국제도시라 불릴 만했지.

국제도시 장안

10 야마토와 니폰

무덤에서 발굴된 인물상
우리나라 삼국 시대에 해당하는 시기의 일본 무덤에서 발굴되었어. 가장 큰 것은 약 1.2미터란다.

우리에게 일본은 가깝고도 먼 나라야. 거리로 보면 가장 가까운 이웃인데, 마음으로는 가깝게 느껴지지 않는 나라인 것 같구나. 아마 우리가 일본과 왜란이라는 전쟁을 치렀고, 또 우리 민족이 일본의 식민지 노릇을 해야 했기 때문일 거야. 그렇다고 해서 무조건 일본을 싫어하거나 외면하는

건 옳지 않은 태도라고 엄마는 생각해.

오히려 일본을 정확히 알려는 노력을 좀 더 많이 기울였으면 한단다. 상대를 제대로 알지 못하면 곧 지는 것이라는 말도 있지든. 정확히 알고 비판할 건 하고, 장점이 있으면 배워야 하지 않을까?

말 난 김에 오늘은 일본의 역사를 더듬어 보자. 현재의 일본을 이해하는 데 도움이 될 거야.

아스카 문화를 낳은 한국인

일본에 본래 살고 있었던 원주민은 아이누야. 네가 텔레비전이나 잡지에서 보는 요즘 일본인과는 퍽 다르게 생겼어. 피부가 희고 몸에 털이 많지. 학자들에 따르면, 지금의 일본인은 한반도에서 건너갔거나 동남아시아에서 온 사람들의 후손이라고 해.

그럼 아이누들은 어디로 갔냐고? 멸종되다시피 해서 살아남아 있는 숫자는 얼마 안된단다. 일본 북쪽 지방으로

일본의 원주민 아이누

야마토 국

쫓겨 가 거기서 살고 있어.

일본의 고대 역사를 기록한 역사책으로 《고사기》와 《일본서기》가 있어. 우리의 《삼국사기》보다 조금 먼저 쓰였지. 그 책들에는 태양의 여신 아마테라스 오미카미의 자손이 일본을 건국했다는 신화와 천황들의 계보가 실려 있어. 일본인은 자기네 왕을 천황이라고 한단다.

그런데 학자들이 연구를 해 보니, 33대 스이코 천황부터는 실제로 있었던 인물이고 그 이전은 꾸며 낸 인물이더래. 그리고 나라라고 할 만한 존재가 등장한 것도 스이코 천황 때부터고.

이때 있었던 나라는 야마토 국. 왜국이라고도 하지. 야마토 국은 기원후 200년 무렵에 탄생했어. 진구 황후라는 여황제가 세웠다고 해.

그런가 하면, 왜국은 한반도에서 건너간 우리 조상들이 세운 나라이고, 진구 황후는 우리 민족이라는 주장도 있어. 확실한 건 아직 알 수 없단다.

그렇지만 야마토 국이 우리나라와 중국으로부터 열심히 문화를 받아들여 익힌 건 틀림없어. 그 어떤 나라보다 백제의 도움과 영향을 가장 많이 받았지.

야마토 국은 비록 천황이 있긴 했지만 이름뿐이고 실제 권력은 몇몇 힘센 집안에 있었어. 힘센 집안이 천황을 마음대로 갈아 치울 정도였으니 천황은 허수아비나 다름없는 셈이었지.

쇼토쿠 태자와 아스카 문화

힘센 집안들끼리 권력 다툼이 아주 치열했어. 전쟁이 끊이질 않았단다. 그 권력 다툼에서 최후의 승리를 거둔 건 소가 씨였어.

소가 씨는 집안사람을 내세워 스이코 천황으로 만들고, 실제 정치는 역시 소가 씨 집안사람인 쇼토쿠 태자에게 맡겼어. 6세기 말의 일이야.

쇼토쿠 태자는 행정 조직을 정비하고, 법을 새로 만들었어. 그리고 불교를 국교로 삼았지. 쇼토쿠 태자의 집권기에 야마토 국의 문화는 크게 발달했어. 이때의 문화를 아스카 문화라고 해. 야마토 국의 수도가 아스카였기 때문에 그 이름을 따서 아스카 문화라고 하는 거야.

아스카 문화의 핵심은 불교란다. 쇼토쿠 태자는 호류 사, 시텐노 사 같은 절을 짓고, 불교를 연구하여 직접 불경에 관한 책을 쓰기도 했어. 호류 사는 일본의 대표적인 절로 손꼽힌단다. 세계에서 가장 오래된 목조 건물이기도 해.

그런데 호류 사의 금당에 벽화를 그린 사람이 누군 줄 아니? 고구려의 스님 담징이라고 해. 그러나 이 벽

시텐노 사
호류 사와 더불어 아스카 문화를 대표하는 절이야.

화는 1949년에 화재로 불타 없어지고 말았어. 지금 전하는 것은 다른 화가들이 원래의 그림을 본떠서 그린 모사품이란다.

얼마 전, 호류 사에 있는 아미타여래 좌상의 받침대에서 인물화가 발견되었어. 7세기 무렵에 그려진 것인데, 학자들은 이 인물화의 주인공이 고구려 사신일 거라고 말하고 있어.

야마토 국에 불교를 처음 전해 준 건 백제야. 《일본서기》에 백제

의 성왕이 노리사치계를 보내 불상과 불경을 전했고, 백제 스님 16명이 건너왔다고 기록되어 있어. 백제는 불교뿐 아니라 한자와 유학도 전해 주었어. 아직기와 왕인이 '논어'와 '천자문'을 전해 주었다고 해.

일본의 글자를 '가나'라고 하지? 가나는 한자를 기초로 해서 만든 글자야. 만약 백제가 한자를 전해 주지 않았다면 일본의 가나는 태어나지 못했거나 훨씬 늦게 햇빛을 보았을지도 몰라.

백제뿐 아니라 고구려와 신라의 수많은 학자, 기술자, 예술가, 스님 들이 야마토 국으로 가서 문화를 전해 주었어. 고구려 스님 혜자는 쇼토쿠 태자의 스승이 되었고, 아까 말한 담징은 물감과 먹 만드는 법, 종이 만드는 법을 전해 주었어.

그 시절 야마토 국의 건축 기술은 웅장한 호류 사를 지을 만큼 발달해 있지 못했어. 호류 사를 직접 지은 사람들은 백제, 고구려, 신라에서 건너간 기술자들이었단다.

호류 사에 안치된 불상과 공예품은 대부분 백제에서 건너간 예술가들이 만든 것이고, 그곳에서 불법을 가르친 스님들 역시 삼국

호류 사 금당 벽화
호류 사의 금당 벽화는 고구려 스님 담징이 그렸다고 해. 원래 그림은 화재로 없어지고 나중에 복원한 것이란다.

호류 사 백제관음
호류 사에 있는 백제관음이란다. 2미터를 넘는 큰 키에 가느다란 몸매를 한 불상이야.

에서 건너간 사람들이었어.

농업 기술자들은 저수지를 파고 관개 시설 하는 법을, 재봉 전문가들은 옷 만드는 법을, 금은 세공 기술자들은 세공 기술을 전해 주었지.

그중에는 일본에 살면서 대대손손 자신의 일을 물려준 사람들도 있었어. 이런 사람들을 귀화인이라 했단다. 9세기에 일본에서 편찬된 《신찬성씨록》이란 책을 보면, 한반도와 중국에서 건너간 귀화인의 성씨가 무려 326개에 이른단다.

이렇게 일찍부터 일본으로 건너간 삼국 시대 사람들의 자취는 지금까지 일본 곳곳에 남아 있어.

일본인들은 아스카 문화를 일본 문화의 고향이라고 해. 그런데 그 아스카 문화는 한반도에서 건너간 삼국 시대 사람들을 빼놓고는 설명할 수가 없단다.

새로운 이름 '일본'

쇼토쿠 태자가 죽은 뒤 소가 씨가 쥐었던 권력은 후지와라 씨 집안으로 옮겨졌어. 후지와라 씨는 수도를 나라로 옮겼단다. 나라는 당나라의 수도 장안을 본떠 지은 도시야.

얼마 후, 다시 수도를 교토로 옮기고, 일본이라는 국호를 처음으로 사용하게 되었지.

나라에 수도를 두고 있을 때, 중국 황제가 보낸 편지에 '대일본국 황제'라는 구절이 있었는데 그 이름이 몹시 마음에 들었나 봐.

그때부터 야마토 대신 '일본'을 정식 국호로 쓰기 시작했단다. 일본식 발음으로는 '니폰'이야.

> **? 저팬**
>
> 서양인들은 일본을 '저팬'이라고 하지? 그건 《동방견문록》을 쓴 이탈리아 여행가 마르코 폴로 때문이란다. 13세기에 중국에 왔던 마르코 폴로는 일본에 직접 가 보지는 못했지만 사람들한테 들은 얘기를 《동방견문록》에 써 놓았어. 그런데 사람들이 '니펑국'이라고 하는 것을 잘못 듣고 '지팡고'라 써 놓았다는구나. 지팡고가 나중에 '저팬'이 되었다고 해.

11 앙코르와 스리위자야

"빈네카, 퉁갈, 이카."

인도네시아 자바의 격언이야. '다양성 속의 통일'이라는 뜻이지. 서로 다른 것들이 사이좋게 공존하면서 자연스럽게 하나로 어울려 산다는 말인 것 같구나. 인도네시아의 역사적 특징을 잘 드러내고 있는 격언이야.

인도네시아는 인도, 중국, 이슬람, 유럽의 영향을 고루 받았고, 그 각각의 문화들이 서로 뒤섞이고 어우러져 있어.

사실 엄마는 인도네시아를 비롯해서 동남아시아에 대해 제대로 공부할 기회가 없었어.

엄마가 학교에서 배운 세계사는 유럽이나 중국 중심이었거든.

장엄한 앙코르, 불교 제국 스리위자야

세계 지도에서 동남아시아를 찾아보자. 중국 남부에 잇닿아서 바다를 향해 튀어나온 곳이 인도차이나란다. 오늘날에는 베트남, 캄보디아, 라오스, 미얀마, 타이 같은 나라들이 자리 잡고 있어. 바다를 건너면 크고 작은 섬들이 흩어져 있지. 자바 섬, 수마트라 섬, 보르네오 섬, 발리 섬…….

동남아시아 사람들의 종교는 퍽 다양해. 힌두교, 불교, 이슬람교가 공존하고 있어. '다양성 속의 통일'이란 말, 또 한 번 실감나지?

시간을 거슬러 올라가 동남아시아의 역사를 더듬어 보자. 기원후 1, 2세기 무렵 인도인들이 배를 타고

❓ 인도차이나와 인도네시아

인도네시아는 섬나라야. 세계에서 섬이 가장 많은 나라지. 1만 3677개의 크고 작은 섬들이 있단다. 하지만 그중 절반 정도만 사람이 살고 나머지는 사람이 살지 않는 무인도야. 자바 섬, 수마트라 섬, 술라웨시 섬, 보르네오 섬, 발리 섬이 유명하지. 그리고 인도차이나는 중국 대륙에 붙어 있는 반도로, 베트남, 라오스, 캄보디아, 타이, 미얀마 등 여러 나라가 있단다. 미얀마는 버마라는 이름으로도 알려져 있어. 인도네시아와 인도차이나는 오랜 옛날부터 인도의 영향을 많이 받았는데, 인도에서 건너온 힌두교와 불교가 널리 퍼졌어.

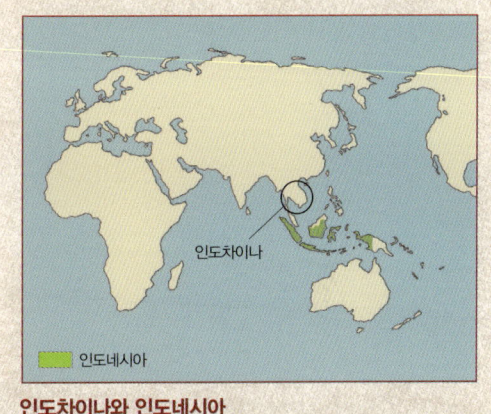

인도차이나와 인도네시아

바다를 건너와서 이 지역에 여러 국가를 세웠어. 그래서 국가나 도시 이름이 인도와 관련된 것이 많아.

예를 들면, 인도네시아라는 나라 이름은 인더스 강에서 나온 '인도'와 그리스 어로 섬 또는 국가를 뜻하는 '네소스'가 만나 이루어진 이름이란다. 2세기쯤에 세워진 참파, 3세기에 태어난 판두란감, 그 200년 뒤에 번영한 캄보자, 모두 인도의 영향을 받은 나라들이야.

이 나라들은 외국과 무역을 주로 했어. 서쪽으로는 인도, 동쪽으로는 중국, 바다 건너로는 다른 섬에 물건을 내다 팔았지.

9세기가 되면 캄보디아 제국이 역사의 무대에 등장한단다. 캄보디아 제국은 400년 동안 존속했어. 무척 화려하고 강력한 제국이었지. 수도는 앙코르 톰. '장엄한 앙코르'란 별명으로 널리 알려질 만큼 크고 화려한 도시였어.

인구가 백만 명이 넘는 대도시였단다. 당나라의 국제도시 장안이 부럽지 않은 규모였지. 근처에는 아름다운 사원 앙코르와트가 있어. 그런데 '장엄한 앙코르'는 뜻하지 않게 갑작스러운 최후를 맞게 돼.

1300년 무렵, 메콩 강이 넘쳐흘러 앙코르 주변의 논밭을 모조리 휩쓸어 버렸어. 그 논밭에서 나는 생산물로 먹고살던 수많은 사람들은 굶주리다 못해 하나둘 다른 곳으로 떠나갔어.

결국 '장엄한 앙코르'는 밀림이 무성한 짐승들의 잠자리로 변해

버렸단다. 백성과 수도를 잃은 캄보디아 제국은 시름시름 앓는 환자처럼 약해져서 외국의 침입에 시달리다가 멸망하고 말았지.

그러나 앙코르와트는 오늘날까지 살아남아서 화려했던 시절을 말해 주고 있어. 캄보디아의 기술자가 만든 훌륭한 물건이 다른 나라로 실려 나가고, 먼 나라 상인이 상품을 갖고 모여들던 시절을 말야.

이번엔 인도차이나에서 바다를 건너 가장 가까이에 있는 수마

앙코르와트

앙코르는 왕이 머무는 수도라는 뜻이고, 와트는 사원이란 뜻이야. 거대한 규모와 아름다운 조각들로 이름난 앙코르와트는 캄보디아 제국의 화려했던 시절을 말해 주고 있어.

반테이 스레이 사원의 여신상

'동양의 모나리자'라는 별명이 붙어 있는 아름다운 여신상이야. 앙코르와트 근처에 있어.

트라 섬으로 가 보자. 1, 2세기쯤에 인도 남부에서 이곳으로 온 사람들이 작은 도시를 세웠어.

이 도시는 점점 커져서 7세기 무렵에는 큰 나라가 되었단다. 나라 이름은 수마트라, 수도는 산속에 자리 잡은 스리위자야였어.

수마트라도 주로 무역을 했어. 동남쪽 바닷가에 자리 잡은 팔렘방 항구가 무역의 중심지였어. 팔렘방은 중국 배들이 드나들기 쉬운 위치에 있었단다. 인도와도 무역을 활발히 했지.

수마트라 사람들은 불교를 믿었어. 이곳을 세 차례 방문해 10년 넘게 머문 중국의 한 스님은 스리위자야의 모습을 이렇게 묘사했어.

"스리위자야에는 1000명 이상의 불교 승려가 있어 학문과 수행 활동이 중시되고 있다. 그들은 인도와 조금도 다름없이 모든 교리를 깊이 연구하고 있다."

수마트라는 날로 세력이 커졌어. 수마트라 섬, 말레이 반도, 싱가포르, 보르네오, 필리핀, 술라웨시, 자바의 절반, 포르모사(지금의 대만)의 절반, 실론, 중국 광둥 근처까지 차지했어. 아마 실론과 마주 보는 인도 남쪽 끄트머리도 차지했을 거야.

수마트라 제국은 수도의 이름을 따서 스리위자야 제국이라고도 했단다.

동남아시아 나라들의 무역

쌀과 향료의 섬 자바

고대 그리스의 지리학자가 쓴 책에는 자바 섬을 '쌀의 섬'이라고 하면서 그 번영을 소개한 대목이 있어. 2세기 무렵 쓰인 인도와 중국의 기록에도 자바에 대한 이야기가 나와.

보로부두르 사원
자카르타에 있는 사원이야. 작은 탑들이 늘어서 있는데 안에는 불상이 들어 있단다. 사진에 보이는 불상은 탑이 없어지는 바람에 드러난 거야.

 또한 자바는 원시인의 화석이 발견된 곳으로도 유명해. 지금으로부터 약 50만~60만 년 전에 살았던 인간이 남긴 화석이야. 그러고 보면 자바 섬은 아주 일찍부터 사람이 살았던 곳인가 봐.

 8세기 중엽에 자바 섬을 다스린 왕조는 사이렌드라 왕조였어. 사이렌드라란 인도의 산스크리트 어로 '산의 왕'이라는 뜻이란다. 사이렌드라 왕조는 불교를 믿었어.

 자카르타에 보로부두르 사원을 건설했는데, 이 사원에는 불교

세계 최대의 불교 유적 보로부두르

경전에 나오는 이야기를 소재로 한 조각 작품이 1460면 가득 채우고 있단다. 보로부두르 사원은 오늘날 세계 최대의 불교 유적으로 손꼽히고 있어.

너도 잘 알고 있는 마르코 폴로는 《동방견문록》에 13세기의 자바를 이렇게 실명해 놓았지.

"자바 섬의 둘레는 3000마일이나 되며 세계에서 가장 큰 섬이라고 한다. 이 섬은 어느 왕의 영토이다. 이 섬은 참으로 풍요로운

배를 타고 항해하는 인도네시아 인들
보로부두르 사원에는 이런 배가 여러 척 조각되어 있어. 인도네시아 인들이 8세기 무렵에 이미 먼 바다를 항해했다는 것을 말해 준단다.

섬이다. 후추, 감송향, 고량화 등 상상할 수조차 없을 만큼 값비싼 향료가 이곳에서 난다. 갖가지 상품과 수많은 상인을 실은 배들이 셀 수 없이 이 섬을 찾는다. 이 섬의 풍요로움은 말로 다 표현하기 어려울 정도다."

마르코 폴로가 말하는 왕은 싱가사리 왕조의 크리타나가라 왕이란다. 그는 몽골 족이 세운 원나라의 사신을 쫓아 보낼 정도로 자신만만했어. 화가 난 원나라 세조 쿠빌라이는 군대를 보내 자바를 공격했지. 크리타나가라 왕은 전쟁 중에 죽고, 그 후계자 비자야가 원나라 군대를 몰아낸 다음 새 왕조를 열었어. 새 왕조의 수도는 마자파힛.

마자파힛 왕국은 세력을 키워 14세기 무렵에 수마트라 제국의 수도 스리위자야를 점령하고 오늘날 인도네시아의 대부분과 말레이 반도 일부를 차지했단다.

마자파힛 시대에 쓰인 책을 보면 자바의 문화 수준은 상당히 높았던 것 같아. 건축, 그중에서도 사원 건축이 뛰어났어. 약 500개의 사원이 세워졌는데, 그 중에는 오늘날 세계에서 가장 아름답고 예술적인 석조 건축물로 꼽히는 것도 있단다.

12세기 무렵의 동남아시아

12 로마 제국의 번영과 몰락

그동안 로마는 어떻게 되었는지 궁금하구나. 시간을 다시 거슬러 올라가 포에니 전쟁이 끝난 뒤의 로마로 가 보자. 기원전 30년을 전후해 로마는 큰 변화를 겪게 돼.

500년 동안 지속되어 온 공화정이 황제 한 사람이 다스리는 제정으로 바뀐단다. 왜 그런 변화가 일어났을까?

여러 가지 복잡한 사정이 있지만 한마디로 말하면, 로마 사회의 변화를 공화정이 더 이상 소화해 낼 수 없었기 때문이라고 할 수 있을 것 같구나. 기원전 30년을 전후한 시기는 로마에 매우 중요

한 전환기였던 셈이야.

이때 활약한 인물 중에는 유명한 사람이 많아. 카이사르, 안토니우스, 옥타비아누스, 클레오파트라……. 들어 본 이름들이지?

그럼 공화정에서 제정으로 바뀌는 사정을 살펴볼까?

수도교

로마 인들의 길 닦는 기술은 매우 뛰어났어. 수도교는 도시 교외의 산에 있는 수원지에서 물을 끌어다가 도시 사람들에게 공급하는 물길이 지나는 다리야. 삼층의 아치가 아름다워.

카이사르의 죽음이 갖고 있는 뜻

카이사르의 죽음
카이사르가 브루투스 일행에게 죽음을 당하는 장면을 그린 그림이야. 빈센조 카무치니의 작품이란다.

포에니 전쟁은 로마의 승리로 끝났지만 로마 사회에 커다란 변화를 가져다주었어.

우선 대부분의 시민들이 가난에 빠졌어. 쉴 새 없이 전쟁을 하느라 생업인 농사를 지을 수 없었기 때문이야.

그와 반대로 귀족들은 부자가 되었어. 정복한 땅을 제 것으로 만들어 농장을 짓고, 포로로 잡아온 사람들을 노예로 부려 재산을 모았거든.

부자와 가난한 자의 차이가 점점 커져 가고 시민들의 불만도 따라서 커져 갔단다.

지배층도 귀족을 대표하는 벌족파와 그에 맞서는 평민파로 갈렸어. 결국 벌족파의 대표 폼페이우스와 평민파 대표 카이사르 사이에 싸움이 벌어졌지.

카이사르가 폼페이우스와 싸우기 위해 군대를 몰고 루비콘 강을 건너면서 한 말은 매우 유명해.

"주사위는 던져졌다!"

오늘날 이 말은 뭔가 중요한 결단을 내려야 할 때 인용된단다.

카이사르는 폼페이우스를 물리치고 기세를 몰아 황제가 되기를 꿈꿨어.

여기서 잠깐 로마의 공화정에 대해 살펴보자꾸나. 로마 공화정은 기원전 509년부터 시작되었어. 시민을 대표하는 민회, 귀족을 대표하는 원로원, 최고 권력자인 집정관. 이 셋을 축으로 하는 공화정은 약 500년 동안 로마 사회를 지탱해 왔어.

그런데 카이사르 시대에 이르러, 이 공화정이 위기를 맞게 된 거야. 물론 공화정을 지키려는 세력의 저항도 만만치 않았지. 결국 카이사르는 공화정을 지키려는 공화파에게 죽음을 당하고 만단다.

카이사르를 죽인 사람은 공화파로서 카이사르가 친아들처럼 아끼던 브루투스였어.

"브루투스, 너마저!"

카이사르는 이렇게 외치고 쓰러졌어. 이 말도 가장 믿었던 사람이 배신할 때 쓰는 말이 되었단다. 그의 죽음은 로마 공화정이 무너지는 전환기에 공화파와 제정파 간의 싸움이 낳은 비극이야. 그

악티움 해전
클레오파트라와 안토니우스 연합군은 옥타비아누스 군에게 졌고, 승리를 거둔 옥타비아누스는 황제가 되었어.

아우구스투스 칭호를 받은 옥타비아누스

아우구스투스는 '존엄한 자'라는 뜻이야. 옥타비아누스로부터 황제가 다스리는 제정이 시작되었어.

러나 카이사르의 죽음으로도 공화정은 지켜지지 않았어.

카이사르의 양자인 옥타비아누스와 카이사르의 친구 안토니우스 사이에 다시 싸움이 벌어졌어.

안토니우스는 이집트 여왕 클레오파트라와 손잡고 옥타비아누스에게 대항했지만 악티움 해전에서 지고 말아. 안토니우스와 클레오파트라는 둘 다 자결했지.

로마 원로원은 옥타비아누스에게 '아우구스투스(존엄한 자)'라는 명예 칭호를 주었어. 옥타비아누스는 스스로 '시민'이라고 자처했지만 실제로는 최고 권력자였지. 그래서 역사가들은 그를 황제로 간주하고, 그의 통치기부터 로마 공화정은 무너지고 제정이 시작되었다고 말한단다.

제정 로마는 최고의 번영을 누렸어. 칼리굴라나 네로 같은 포악한 황제도 있었지만 네르바, 트라야누스, 하드리아누스, 안토니누스, 아우렐리우스 같은 현명한 황제가 잇달아 등장하여 로마를 다스렸어. 이때를 5현제 시대라고 해.

로마 제국의 최대 영토
지중해 일대를 완전히 손에 넣은 로마 제국은 최고의 번영을 누렸단다.

바다에서도 육지에서도 로마가 지배하는 곳에는 '팍스 로마나(로마의 평화)'가 유지되었어. 로마를 중심으로 사방팔방으로 도로가 만들어져 그 길을 따라 식민지의 물자들이 오고 가고, 그리스 문화를 로마 식으로 소화한 문화가 유럽 전체에 퍼져 나갔지.

**로마 최고의 번영기
5현제 시대**

동방 무역도 활발히 이루어졌어. 바닷길로는 이집트를 거쳐 홍해로 나가 인도의 향료와 보석을 사들였으며, 육로로는 비단길을 통해 중국의 비단을 수입했어. 모든 길은 로마로 통했어.

로마 제국의 번영과 몰락

그런데 이 찬란한 '로마의 평화' 그늘에는 수많은 노예와 식민지 사람들의 희생이 가려 있었어. 로마 시민들이 빵과 서커스, 원형 극장에서 펼쳐지는 검투 경기를 무료로 즐기는 동안, 노예와 식민지 사람들은 굶주리고 있었단다.

그러니 '로마의 평화'는 지배당하는 편에서 보면 가까이 다가갈 수 없는 '당신들의 천국'이었던 거야.

서로마 제국이 몰락한 이유

번영을 자랑하던 로마도 3세기 중엽을 지나면서 점차 쇠약해지기 시작했어. 안에서부터 조금씩 무너져 내리기 시작했단다. 395년 테오도시우스 황제는 제국을 동서로 나누어 두 아들에게 각각 나누어 주었어. 이후 로마 제국은 콘스탄티노플을 중심으로 하는 동로마와, 로마를 중심으로 하는 서로마로 나뉜단다.

그때, 고트 족이 로마로 쳐들어왔어. 고트 족은 게르만 족의 일파인데 훈 족에게 밀려 이동하다가 로마를 침입하게 된 거야.

게르만 족은 본래 발트 해 부근에 살던 민족인데 기름진 땅과 목초지를 찾아서 로마 국경으로 옮겨 와 살고 있었지. 프랑크, 부르군트, 고트, 반달 등은 모두 게르만 족의 일파야.

로마의 몰락

고트 족에 이어서 훈 족도 로마를 공격했어. 훈 족 왕 아틸라는 '신의 채찍'이란 별명을 가졌는데 어찌나 용맹한지 로마 인들은 그의 이름만 들어도 겁에 질리곤 했단다. 훈 족 다음에는 반달 족이 로마를 공격했어.

그런데 로마를 결정적으로 무너뜨린 건 밖으로부터의 침입이 아니라 안에서 벌어진 싸움이었어. 로마 군대의 용병 대장 오도아케르가 서로마 황제 로물루스 아우구스툴루스를 폐위시키고 스스

로마 인들의 연회
식사를 마치고 이야기꽃을 피우고 있어. 노예 소년들은 주인의 시중을 드느라 분주하구나.

상점 풍경
여주인은 소년에게 과일을 팔고, 남자 주인은 닭고기를 팔고 있어. 오른쪽에 원숭이 두 마리와 토끼 두 마리도 있네. 애완용일까?

로 왕이 된 거야.

오도아케르는 게르만 족의 일파인 스킬 족 출신으로 로마의 용병 대장이 된 인물이지. 이렇게 해서 로마 제국의 절반이 게르만 인의 손에 무너졌어. 476년의 일이란다.

사실 로마 제국의 몰락은 오래전부터 서서히 진행되어 왔던 것인지도 몰라. 앞에서도 이야기했듯이 로마의 위기는 정치뿐 아니라 경제, 사회, 군사, 여러 면에서 한꺼번에 일어났거든.

우선 사회의 뼈대를 이루는 농민이 몰락하고, 노예들의 수가 급격히 줄어들어 경제 활동이 크게 위축되고 있었어.

그동안 로마 군대의 주축을 이뤄 온 농민들은 잦은 전쟁 때문에 농사를 제대로 짓지 못해 몰락했고, 노예는 그 공급원이었던 정복 전쟁이 한계에 다다라 더 이상 원활한 공급이 이루어지지 않은 탓에 수가 줄었지.

농민과 노예들의 생활은 갈수록 비참해졌어. 게다가 무능한 황제와 사치와 향락에 눈먼 상류층 때문에 부정부패가 널리 퍼지고 세금이 무거워졌어. 세금은 가난하고 힘없는 농민들 차지였어. 고생에 넌더리가 난 로마 농민들은 어떻게든 세상이 바뀌길 바라게 되었어.

농민이 그랬으니, 노예들은 오죽했겠니? 이들은 침략자와 맞서 싸우기보다는 도리어 침략자를 환영했다고 하는구나. 이러니 제아무리 강력한 로마 제국이라도 망하지 않을 수 없었겠지? 그러고 보면 고트 족 같은 이민족의 침입은 멸망을 재촉하는 구실을 했을 뿐인 거야.

서로마 제국이 무너진 뒤, 그 자리에 여러 게르만 왕국들이 들어섰어. 프랑크 왕국, 알라만 왕국, 부르군트 왕국, 반달 왕국 등등. 이들은 서로 세력을 다투었는데 그중 유럽의 새 실력자로 떠오른 것은 프랑크 왕국이었어.

낯선 이름들을 잔뜩 늘어놓아 미안. 아무튼 이들이 오늘날 우리가 알고 있는 서유럽 여러 나라의 원조라는 것만 알아 두렴.

가축 기르는 사람
로마에서 가축 기르기는 매우 중요한 일이었어. 모피, 우유, 치즈를 얻기 위해서였지.

❓ 비잔틴 문화의 중심지 콘스탄티노플

동로마 제국의 수도 콘스탄티노플은 오늘날 터키의 이스탄불이야. 그리스 북쪽에 있지. 콘스탄티노플 바다 건너에는 소아시아 반도가 있어. 콘스탄티노플은 처음 세워졌을 때부터 빠른 속도로 발전했는데, 경제가 넉넉해서 여러 곳에서 많은 상인들이 찾아왔어. 그리고 서로마가 망하고 서유럽에서 게르만 인이 새로운 나라를 세우는 동안에도 동로마만의 독특한 문화를 발달시키며 번영을 누렸어. 로마 문화와 그리스 문화가 만나고 그 위에 기독교 문화가 보태진 아주 독특한 문화를 자랑했지. 이를 비잔틴 문화라고 해. 콘스탄티노플의 옛 이름 비잔티움에서 딴 이름이란다. 비잔틴 문화는 오늘날 동유럽 여러 나라에 전통이 남아 있어.

콘스탄티누스 황제와 콘스탄티노플
로마 황제 콘스탄티누스가 콘스탄티노플 모형을 손에 들고 있는 장면이야. 그는 비잔티움을 동로마 제국의 수도로 삼고 이름을 콘스탄티노플이라고 바꾸었어.

서로마가 무너진 뒤에도 동로마는 천 년이나 더 계속되었어. 우리는 유럽 하면 서유럽만 떠올리기 십상인데 동유럽도 매우 중요하단다. 동로마 제국은 오늘날의 동유럽을 이해하는 열쇠이기도 해. 동로마에 대한 이야기는 따로 해 주마.

13 이슬람 제국의 번영

오늘은 사막의 나라 아라비아로 가 보자.

세운이에게 아라비아는 어떤 나라일까? 석유 덕분에 잘사는 나라, 여자들이 얼굴을 온통 가리고 눈만 내놓고 다니는 이상한 나라, 만화 영화 〈알라딘〉에 나오는 신비한 마법의 나라…….

우선 아라비아 지도를 찾아보렴. 서쪽으로 이집트, 북쪽으로는 시리아와 이라크, 거기서 동쪽으로 더 가면 이란, 멀리 북서쪽

'알라딘'의 나라 아라비아

으로는 소아시아와 콘스탄티노플이 있어. 그리스도 멀지 않고, 인도는 바다 건너에 있지. 그러니까 아라비아는 세계 4대 고대 문명의 한가운데에 자리 잡고 있는 셈이야.

아랍 인들은 매우 독특하고 창조적인 문화를 발전시켰어. 그런데도 이들이 남긴 값진 문화유산이 우리에게 잘 알려져 있지 않고, 아랍 하면 석유 덕분에 벼락부자가 된 나라인 듯 생각되는 까닭은 엄마가 여러 번 말했듯이 우리가 서유럽 중심의 세계사에 너무 익숙해 있는 탓이란다.

독특한 문화를 발전시킨 아랍 인들
아랍 인들은 고대 그리스의 문화를 받아들여 보존, 발전시켰고 이를 다시 유럽으로 전해 주었어.

사막의 사람들

아랍 인들은 대대손손 사막에서 살았어. 아랍 인들이 배를 타고 먼 나라까지 무역하러 다녔어도 아라비아는 달라지지 않았어. 이렇게 오랜 세월 잠자듯이 지내던 아라비아를 일깨운 건 이슬람교였어.

이슬람교라는 새 힘, 새로운 사상이 아라비아를 자신감과 활기로 가득 차게 만들었단다. 이슬람교는 사막에 뿔뿔이 흩어져 살던 아랍 인들을 하나로 단결시켜 강력한 힘을 지닌 민족으로 변화시키고 세계 역사 속에 뚜렷한 흔적을 남기게 했어.

이슬람교를 창시한 사람은 무함마드(마호메트). 570년경 아라비아의 메카에서 태어났어. 태어난 지 두 달 만에 아버지를 여의고 여섯 살 때 어머니마저 세상을 떠나 작은아버지 밑에서 자랐지.

무함마드는 기독교, 유대교, 조로아스터교의 영향을 많이 받았다고 해. 아마 어린 시절부터 여러 지방을 두루 돌아다니며 곳곳의 종교와 풍습, 문화를 널리 익혔기 때문일 거야.

그 시절 아랍 인들은 여러 신을 숭배했는데 그중에서도 카바 신전에 있는, 하늘에서 내려왔다는 검은 돌을 섬기는 사람들이 가장 많았어.

무함마드는 어려서부터 왜 사람들이 그 검은 돌을 숭배하는지 이상하게 생각했단다. 그리고 어른이 되어서는 신이란 무엇인가, 인간은 어떻게 살아야 하나, 하는 의문을 줄곧 마음에 품고 있었어.

그러다 마흔 살에 히라 산에 있는

아라비아를 깨운 이슬람교

천사 가브리엘
기독교와 이슬람교는 하나의 뿌리에서 갈라져 나온 가지와 같아. 무함마드는 아브라함의 아들 이스마엘의 후손이며 천사 가브리엘을 통해 신의 계시를 받았다고 해.

어느 동굴 속에서 신의 계시를 받았다는구나. 신의 계시를 받은 무함마드는 기쁨에 겨워 소리쳤다고 해.
"나는 알라의 예언자다!"
무함마드는 포교를 시작했어. 본래 알라는 아랍 인들이 믿어 온 여러 신 가운데 하나로서, 신전도 없고 눈에 보이지도 않는 신이었어. 무함마드는 '알라의 뜻에 따르라'고 외쳤어.
'이슬람'이란 바로 '알라의 뜻에 따르라'는 뜻이야. 이슬람교 신자를 일컫는 말인 '무슬림'은 '무함마드를 따르는 사람들'이란 뜻이고.
무함마드의 외침에 환호한 건 역시 노예와 가난한 사람 들이었어. 무함마드는 계급 타파, 우상 숭배 반대, 만민 평등을 주장했기 때문이야. 하지만 귀족들은 무함마드를 위험인물로 여겨 없애 버리려고 했단다. 기존 질서를 위협하는 사람으로 생각했기 때문이야.
예수가 사두개인과 바리새인의 모함에 빠져 죽음을 당한 것과 비슷하구나. 사회를 개혁하기 위해 애쓰는 사람은 개혁에 반대하는 세력에게 고통을 당하기 마련인 모양이야.
무함마드는 귀족들을 피해 도망쳤어. 메카에서 북쪽으로 400킬로미터쯤 떨어진 도시 야스리브로 갔지. 이슬람교에서는 이 도망을 '헤지라(성천)'라며 성스럽게 여긴단다. 그리고 헤지라가 일어난 622년을 이슬람 달력의 원년으로 삼고 있어. 서양에서 예수의 탄생을 원년으로 삼는 것처럼 말이야.

무함마드를 받아 준 야스리브는 '마디나트운 나비', 줄여서 '메디나'라고 했어. '예언자의 도시'라는 뜻이지. 오늘날 메디나는 메카와 함께 이슬람교의 성지란다. 메카에서 쫓겨난 무함마드는 메디나에서 사람들의 인정을 받았어. 그의 가르침은 메디나 사람들의 가슴에 파고들었어.

"알라 앞에서는 왕이든 노예든 모두 평등하다. 알라를 믿고 올바로 행동하면 누구나 천국에 갈 수 있다. 알라는 모든 인간의 구세주시다."

무함마드의 가르침을 제자들이 기록하여 책으로 묶은 것이 《코란》이야. 기독교도들이 《성경》을 소중히 여기듯이 이슬람교도들은 《코란》을 소중히 여긴단다. 《코란》은 이슬람교도의 경전이면서 역사책이기도 하고 법전이기도 해.

이슬람교의 경전 《코란》
지금도 많은 이슬람교 신자들은 《코란》을 송두리째 외운단다.

메카로 가는 무함마드
무함마드가 태어나 포교를 시작한 메카는 이슬람교의 성지가 되었어.

무함마드는 마침내 군대를 이끌고 메카를 공격했어. 그런 다음 카바 신전을 알라의 신전으로 삼았어. 630년에 일어난 일이야.

메카와 메디나, 두 도시를 얻은 무함마드는 멈추지 않고 아라비아 반도 전체를 알라의 이름 아래 통일하기 위해 전쟁을 벌였어. 이슬람교도들은 이 전쟁을 '지하드(성스러운 전쟁)'라고 했어.

무함마드가 예수나 석가와 다른 점은, 직접 칼을 들고 싸워 정치적 통일을 이루었다는 점이야. 종교와 사상뿐 아니라 정치적 지배가 얼마나 중요한지 깨닫고 있었기 때문일 거야.

코란이냐, 칼이냐

무함마드는 아라비아를 통일하고 시리아 원정에 올랐다가 도중에 죽었어. 그가 시작한 '성스러운 전쟁'은 칼리프들이 이어갔어. 칼리프는 '대리인'이란 뜻인데, 무함마드의 후계자를 말한단다.

칼리프의 지도 아래 이슬람교도들은 시리아와 팔레스타인을 정복하고, 페르시아를 멸망시킨 다음 이집트와 아프리카 북부 연안을 완전

바위 돔
무함마드가 하늘로 올라간 곳으로 알려진 이슬람교의 성지야. 예루살렘에 있단다.

히 손에 넣고 711년에는 지브롤터 해협을 건너 유럽에 상륙했어.

이베리아 반도를 손에 넣은 이슬람교도들은 정복지 주민들을 이슬람교로 개종시키며 급속하게 세력을 확장시켰어. 유럽 인들은 이들을 사라센이라고 하면서 두려워했지. 사라센은 '사막의 아들들'이란 뜻이란다.

결국, 이슬람 세계는 기독교를 믿는 유럽 세계와 충돌하게 돼. 그 대표적인 사건이 십자군 전쟁이란다. 십자군 전쟁에 대해서는 따로 얘기해 줄게.

흔히 이슬람교의 선교 방식을 '코란이냐, 칼이냐'라고 표현한단다. 이슬람교로 개종하지 않으면 무자비하게 죽였다는 말이야. 하지만 사실은 그렇지 않아.

이슬람교도들은 정복지 주민이나 포로들에게 개종을 하든지 납세의 의무를 지든지 둘 중 하나를 선택하게 했어. 세금을 내면 신앙의 자유를 얼마든지 허락했단다. 신앙의 자유에 대해 이슬람교도들은 기독교도보다 훨씬 너그러웠어.

신앙의 자유를 허락한 이슬람교

이슬람 제국의 번영

이슬람 제국의 영토

　드넓은 지역을 정복한 이슬람교도들은 여러 왕조를 세웠어. 다마스쿠스를 중심으로 하는 우마이야 왕조, 바그다드를 중심으로 하는 아바스 왕조, 이집트의 카이로를 중심으로 하는 파티마 왕조 등등.

　세운이가 좋아하는 만화 영화 '알라딘'은 《아라비안나이트》에 나오는 얘기 가운데 '알라딘과 이상한 램프'를 영화로 만든 거야. 《아라비안나이트》에는 아바스 왕조 시대의 바그다드를 무대로 한 얘기가 많아.

탁월한 문화의 창조자

이슬람교도들은 정복지의 문화를 파괴하지 않고 받아들여 종합적인 문화를 만들어 냈단다.

기독교도들이 고대 그리스의 문화를 이단으로 보고 배척한 것과 달리, 이슬람교도들은 고대 그리스의 문화를 받아들였어. 오리엔트 지방의 과학도 받아들였지.

바그다드에는 대학과 천문 관측소가 세워지고, 고대 그리스의 철학 책과 과학 책들이 아랍 어로 번역되었어. 그래서 900년 무렵의 이슬람 학자들은 플라톤, 아리스토텔레스 같은 고대 그리스 철학자들의 책을 아랍 어로 읽었단다.

철학자 이븐시나, 이븐루시드를 비롯해 각 분야에 뛰어난 학자들이 여럿 등장했고, 아랍 어로 쓰인 이들의 책은 훗날 라틴 어로 번역되어 서유럽 인들에게 읽혔어. 고대 그리스의 철학, 과학, 예술을 이슬람교도들이 계승, 보존, 발전시켜서 다시 서유럽 세

❓ 바그다드

알라딘이 나오는 《아라비안나이트》의 무대는 바그다드야. 바그다드는 아바스 왕조가 다스리는 아랍 제국의 수도였어. 바그다드에는 여러 나라 상인이 드나들며 장사를 하고, 대학과 천문 관측소가 있어서 학자와 학생들이 모여들었단다. 그 시절 바그다드는 중국 당나라의 장안, 동로마의 콘스탄티노플에 버금가는 세계적인 도시였어.

바그다드 시장 풍경
바그다드의 시장은 《아라비안나이트》에 자주 등장하는 곳이지. 사람들로 북적이고 있어.

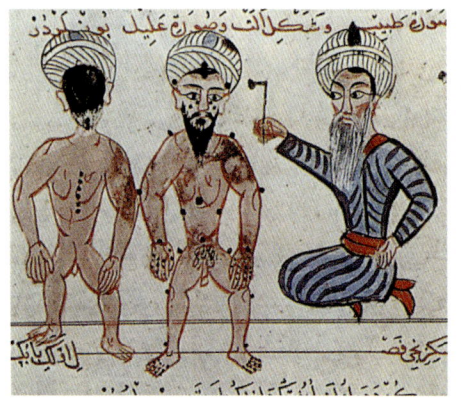

이슬람의 의학과 약학
위는 뜸으로 나병을 치료하는 모습, 아래는 약을 만드는 장면이야. 이슬람의 의학 수준은 당시 서양에서 가장 높았으며 유럽의 의학 발달에 큰 영향을 끼쳤어.

계로 전해준 거야.

이슬람교도들은 인도에서 '0'의 개념을 받아들여 아라비아 숫자에 의한 수 체계를 만들어 냈어. 그뿐 아니라 의학, 약학, 화학, 지리학, 건축, 천문학, 미술, 문학, 음악, 역사, 신학 등 여러 분야에서 탁월한 업적을 남겼어.

오늘날 영어로 대수학을 'algebra', 화학을 'chemistry'라 하는 것은 모두 아랍 어에서 나온 말이란다.

오늘 얘기는 이만 하기로 하자. '알라딘'에 나오는 자스민 공주처럼 예쁘고 총명한 세운이가 되어라.

이슬람의 천문학
천문 관측소에서 연구하고 있는 모습이야.

이슬람 제국의 번영

14 유럽, 나라 꼴을 갖추다

프랑크 왕 샤를마뉴
그는 로마 교황과 손잡고 부활한 서로마 제국의 황제가 되었어.

8세기 초, 지중해는 아랍의 바다였어. 지중해 남쪽 해안 지방 전체와 유럽의 이베리아 반도까지 온통 사라센의 땅이었으니까. 기독교를 믿는 유럽은 유럽이 송두리째 사라센 차지가 될지 모른다는 두려움에 떨었어.

이때 사라센과 싸워 이겨 그 맹렬한 기세에 찬물을 끼얹은 사람이 있단다. 바로 프랑크 왕 샤를마뉴(카롤루스)야. 샤를마뉴는 유럽의 구세주로 떠받들어졌어.

롤랑의 노래

샤를마뉴가 이베리아 반도에서 사라센과 싸울 때 있었던 이야기 하나 해 줄게. 샤를마뉴가 아끼는 부하 중에 롤랑이란 기사가 있었어. 롤랑은 샤를마뉴의 조카였어.

이베리아 반도를 지배하고 있던 사라센이 샤를마뉴에게 강화를 맺자고 제의해 왔어.

샤를마뉴 부하들의 의견은 둘로 갈라졌어. 롤랑은 강화에 반대했고, 롤랑을 미워하는 가느롱은 강화를 받아들이자고 주장했지.

오랜 싸움에 지친 샤를마뉴는 사라센의 제안을 받아들이기로 하고 가느롱을 휴전 회담 대표로 보냈단다. 가느롱은 이번 기회에 롤랑을 없애 버리려고 사라센 왕에게 말했어.

"롤랑이 자꾸 싸움을 선동하고 있습니다. 그를 없애야 안심할 수 있을 겁니다. 본국으로 돌아갈 때 롤랑의 부대를 맨 뒤로 돌려놓을 테니 그때 롤랑을 공격하십시오."

본국으로 돌아가던 샤를마뉴

둘로 갈린 의견

군은 피레네 산맥에 있는 롱스포 고개에 이르렀어. 그곳은 가파른 비탈 사이로 좁은 길이 나 있어서 군사들이 한 줄로 늘어서서 한 사람씩 지나갈 수밖에 없었어.

만약 적의 기습을 받는다면 전멸할 위험이 있었지. 후위대를 보내 뒤를 지켜야겠다는 샤를마뉴의 말에 가느롱이 재빨리 대답했어.

"그 일을 맡을 사람은 롤랑이 가장 적당합니다."

롤랑도 나섰어.

"폐하, 그 임무는 제가 맡겠습니다."

샤를마뉴는 롤랑을 매우 아꼈기 때문에 망설이다가 허락했어.

"만일 무슨 일이 생기면 뿔나팔을 불어라. 그럼, 즉시 달려가겠다."

기사 11명이 롤랑을 따라나섰어.

그동안 사라센 왕은 30만 대군을 이끌고 롱스포 고개에 이르렀단다. 롤랑의 후위대만 남은 것을 확인한 사라센은 일제히 공격을 했어. 롤랑의 군사는 힘을 다해 싸웠지만 어쩔 수가 없었지. 롤랑은 뿔나팔을 길게 불고는 적진으로 뛰어 들어가 싸우다 죽고 말았단다.

샤를마뉴가 달려왔을 때는 모두 죽은 뒤였어. 분노한 샤를마뉴는 배반자 가느롱을 처형하고 다시 이베리아 반도로 쳐들어가 승리를 거두었어.

샤를마뉴가 유럽의 구세주가 된 데는 롤랑 같은 용감한 전사들의 희생이 있었던 거야. 롤랑의 이야기는 전설처럼 전해 내려오다가 문학 작품으로 만들어졌단다. 서사시 '롤랑의 노래'가 그것이야.

다시 태어난 서로마 제국

프랑크 왕 샤를마뉴는 뛰어난 업적을 세웠기 때문에 대제라고 해. 대제는 위대한 왕이란 뜻이지.

프랑크 왕국이 탄생했을 때 서로마 제국은 이미 멸망한 뒤였어. 그런데 서로마 제국의 국교였던 기독교는 사라지지 않았어. 오히려 번영했단다. 로마의 대주교는 '교황'이란 칭호를 갖고 기독교 세계 전체를 지배했어. 교황은 동로마 제국 황제와 힘을 겨루었단다.

게르만 인들은 오래전부터 선교사들의 포교 활동으로 기독교로 개종한 상태였어. 대부분 로마 교회가 이단으로 여기는 아리우스파에 속했단다. 로마 교회는 아타나시우스파였거든.

그런데 프랑크 왕국은 다른 게르만 인들과 달리 아타나시우스파에 속함으로써 로마 교회의 지지를 얻었어.

그리고 로마 교회의 힘을 빌려 영토를 확장했단다. 그 결과 프

아헨 성당
서로마 제국의 황제가 된 샤를마뉴 대제는 아헨을 두 번째 로마로 삼고 싶어 했어. 샤를마뉴 대제는 죽어서 아헨 성당에 묻혔단다.

랑크 왕국은 유럽 최강의 왕국이 될 수 있었어.

 샤를마뉴 대제는 당시 교황이던 레오 3세와 극적인 타협을 했어. 로마 교황은 기독교도의 정신적 지도자로 자처하고 있었지만, 실제로는 동로마 제국 황제와 사사건건 부딪치는 형편이었어.

 교황이 동로마 제국 황제를 이기려면 동로마 황제만큼 강력한 힘을 가지고 자기를 지지해 줄 후원자가 필요했지. 가장 적절한 인물로 떠오른 것이 프랑크 왕 샤를마뉴였단다. 샤를마뉴 역시 유럽을 독차지하려면 교황과 손잡을 필요가 있다고 생각했어.

 이렇게 해서 샤를마뉴 대제와 교황 레오 3세가 손잡은 결과, 서로마 제국의 부활이 이루어졌단다. 멸망한 서로마 제국이 되살아난 거야.

 하지만 이름만 서로마 제국에서 빌렸을 뿐, 실제는 달랐어. 부활한 서로마 제국의 주인은 로마 인이 아니라 게르만 인이었지.

 800년 크리스마스 날, 교황 레오 3세는 샤를마뉴에게 서로마 제

로마 교회의 지지를 얻은 프랑크 왕국

국 황제의 제관을 씌워 주었어. 게르만 인인 프랑크 왕 샤를마뉴가 서로마 제국의 황제가 되었구나.

이후 게르만 문화와 로마 문화에 기독교가 융합된 중세 서유럽 문화가 만들어지게 돼.

프랑스, 독일, 이탈리아의 기원

샤를마뉴 대제가 죽은 뒤에 프랑크 왕국은 네 아들에게 나뉘어서 상속되었어. 자식들에게 유산을 고루 나

유럽 세계의 형성 프랑크 왕국은 셋으로 갈라졌고, 메르센 조약으로 오늘날의 프랑스, 독일, 이탈리아가 탄생하게 되었지.

누어 주는 것이 프랑크 족의 관습이었거든. 그럼 서로마 제국은 어찌 되었냐고? 장남 루트비히 1세가 물려받았지.

루트비히가 죽은 뒤, 왕국은 그의 세 아들 로타르, 루트비히 2세, 카를에게 분할 상속되었어. 장남 로타르는 프랑크 중부 지방과 이탈리아 일대, 그리고 서로마 제국의 황제 칭호를 물려받았어. 루트비히 2세는 프랑크 동부를 물려받고, 카를은 프랑크 서부를 각각 물려받았어. 세 형제는 자기가 상속받은 지역을 확실히 해 두기 위해 조약을 맺었어. 843년에 맺은 베르됭 조약이 그것이란다.

그리고 870년 다시 메르센 조약을 맺어 경계선을 확정했어. 이때 확정된 경계선이 오늘날 독일, 프랑스, 이탈리아의 기원이 되었단다.

노르만 인의 정복
노르만 인들은 영국을 정복하고, 지도자 윌리엄은 잉글랜드 왕이 되었어.

영토 분할이 끝나자 이번에는 이민족이 연달아 침입해 왔어. 북쪽에서는 바이킹이라고도 불리는 노르만 족이 침입해 왔고, 동쪽에서는 마자르 족이, 남쪽에서는 이슬람 세력이 밀어닥쳤어. 이민족의 침입이 지나간 곳은 농작물과 가축, 사람까지 살아남지 못했단다.

노르만 인은 지금의 노르망디가 있는 프랑스 북서부와 이탈리아 남부, 시칠리아를 차지하고 정착했어. 그리고 1066년 영국을 정복했지. 그 후 영국도 차츰 그 모습을 갖춰 가기 시작한단다.

상상해 봐. 여기저기에 여러 이민족들이 자리 잡으면서 나라들이 우후죽순처럼 생겨나는 모습을. 이때 유럽은 빠르게 변화하는 시대, 혼란스러운 시대였을 거야. 한동안 이런 시대가 계속된단다. 유럽 중세 사회의 독특한 질서인 봉건 제도는 바로 이 혼란한 시대에 완성되었어.

❓ 바이킹과 러시아

바이킹은 스칸디나비아 반도에 사는 사람들을 가리키는 말로, 노르만 인이라고도 해. 노르만 인은 9세기 무렵, 콘스탄티노플로 가는 교역로를 개척하려고 유럽을 흐르는 강을 따라 내려왔어. 그때 러시아 평원에는 슬라브 인이 작은 나라들을 세우고 살고 있었어. 노르만 인은 그중의 한 나라 키예프를 정복하고 키예프 루시라고 이름 붙였어. 이 키예프 루시가 점점 커져 나중에 러시아가 되었단다.

바이킹의 배
바이킹은 용감하고 항해술이 뛰어난 사람들이었어. 그들의 배는 매우 독특하게 생겼지.

15 유럽의 봉건 제도

엄마 이야기가 지루하고 골치만 아픈 건 아닌지 모르겠다. 유쾌한 역사 여행 안내자가 되기란 쉽지 않구나. 그래도 네게 편지를 쓰는 건 엄마에게 큰 기쁨이란다. 얘기를 계속하자꾸나. 지난번 편지에 이어서 오늘도 유럽 이야기야.

봉건 제도란 무엇?

유럽의 봉건 제도는 로마가 멸망한 뒤

무질서와 혼란, 폭력이 흘러넘치는 가운데 만들어졌어. 힘센 자가 무엇이든 차지하고, 더 힘센 자가 나타나 그를 때려눕히고 가진 것을 빼앗는 일이 되풀이되었지.

그리고 힘센 자는 성을 세우고 부하들을 이끌고는 근처 마을을 습격해 세력을 넓혔어. 이들을 영주라고 해.

때문에 힘없는 농민들은 이루 말할 수 없는 고통에 시달렸어. 결국 농민들은 거둬들인 곡식 중 일부를 영주에게 바치고 영주를 위해 일해 주는 대신, 다른 영주에게 시달리지 않도록 보호해 달라는 약속을 맺었어.

이와 비슷하게 작은 성의 영주는 필요할 때마다 군사를 보내 주기로 하고 자기보다 큰 성의 영주에게 보호를 요청했어. 이렇게 한 단계씩 더 큰 영주의 신하가 되어, 맨 꼭대기에 있는 왕에게까지 이르렀지.

유럽의 봉건 제도는 거대한 피라미드와 같아. 왕 또는 황제가 맨 꼭대기에 있고, 그 밑에 공작이, 그 밑에 후작이, 또 그 밑

봉건 제도

유럽의 봉건 제도
153

❓ 중세의 기사

기사는 왕, 제후, 영주 등을 섬기는 귀족 출신의 무사를 말해. 기사가 되려면 일고여덟 살 때부터 다른 기사들의 시중을 들며 예의를 배워야 했어. 기사도 정신은 주군에게 충성하는 것, 여성을 존중하고 보호하는 것, 기독교를 믿고 교회를 지키는 것 등이란다.

왕에게 충성을 맹세하는 기사

에 백작…… 하는 식이란다. 일반 기사는 지배 계급 중에서 제일 밑에 있었어. 그리고 거대한 피라미드 맨 밑바닥에는 농민이 있었지. 숫자로는 농민이 가장 많았어.

봉건 제도를 지탱하는 또 다른 축은 장원 제도야. 장원은 영주들이 자기 땅을 효율적으로 경영하기 위해 하나의 경작 단위로 만든 것을 말하는데, 농민은 장원 안에서 살면서 영주 소유의 땅에서 농사를 짓는 대신에 영주에게 세금과 자신의 노동력을 바치는 거야.

장원 안에서 영주의 권한은 절대적이었어. 일반 기사도 자기 영지를 가진 영주가 되면 영지 안에서는 왕 같은 존재로 떠받들어졌단다.

영주들과 기사가 하는 일은 싸움이었어. 싸움이 없을 때는 사냥을 하거나 모의 전투, 아니면 말 타고 벌이는 창 시합으로 시간을 보냈어.

절반은 노예, 절반은 농민

장원에 사는 농민들은 그곳에서 풀을 뜯고 있는 양이나 염소와 마찬가지로 그들이 경작하는 땅에 매여 있었어.

농민들은 자신들이 원하는 곳으로 이주할 권리도 없고, 농토를 경작하는 것도, 일을 쉬는 것도 자기 마음대로 할 수가 없었단다.

그들은 말 그대로 자유가 없는 사람들이었어. 그렇다고 그들이

농민의 생활

봄에는 밭갈이, 여름에는 양의 털 깎기, 가을에는 추수, 겨울에는 옷감 짜기와 장작을 패서 겨울날 준비를 한단다.

고대 노예와 같은 것은 아니었어. 노예 제도는 기독교가 유럽에 전해지면서 금지되었으니까.

어쨌든 농민들은 귀족을 위해 토지를 경작하고, 명령에 따라 귀족을 위해 일해야 했어. 그리고 정기적으로 빵과 고기를 성에 사는 영주에게 보내 영주의 식량이 떨어지지 않도록 해야 했지. 영주와 기사 들은 밭에서 일하지 않는다는 이야기는 앞에서 했지?

농민들이 져야 하는 세금과 부역은 아주 무거웠단다. 여기서 잠깐, 노르망디 지방에서 나온 기록을 읽어 볼까? 농민이 1년 동안 내야 하는 세금과 부역이 어느 정도였는지 알 수가 있어.

"5월에는 영주의 풀밭을 깎고 마른 풀을 나른다. 그다음에는 도랑을 친다. 8월에는 곡물을 거둬들이는 부역을 해야 하고, 9월에는 돼지세를 바쳐야 한다. 돼지 중 가장 좋은 두 마리는 영주에게 바치고 나머지는 한 마리당 각각 세금을 내야 한다. 10월에는 고정적인 지대를 내야 한다. 겨울이 다가오면 겨울 농사에 대비한 대대적인 부역을 해야 한다. 그리고 크리스마스가 다가오면 케이크와 암탉을 바쳐야 한다……."

그 밖에도 방앗간이나 농기구를 쓸 때 내는 사용료도 있었어. 방앗간이나 농기구는 영주 것이기 때문이야. 또 영지를 지나가려면 통행세를 내야 했고, 결혼하면 결혼세, 죽으면 사망세를 내야 했지. 영주의 여행비까지 부담해야 했어. 교회도 하나의 영주였

농노의 생활

단다. 그래서 농민들은 교회에 자기가 번 것의 10분의 1을 세금으로 바쳐야 했어.

중세 농민은 자유롭지 못했어. 농민의 삶과 죽음은 영주에게 달려 있었지. 마치 노예처럼 영주에게 매인 상태였어. 그래서 중세 농민을 가리켜 '농노'라고 한단다. 절반은 노예이고 절반은 농민이란 뜻이야.

평등, 자유 이런 생각들은 봉건 제도에서는 꽃필 수 없었단다. 일방적인 권리와 의무만 있었지. 봉사받을 권리와 봉사할 의무. 하지만 시간이 지나면서 자유의 불길이 서서히 낡은 봉건 제도의 틀을 불태우기 시작해. 그 불씨가 된 사람들이 수공업자와 상

도시의 상점
상업은 중세 도시의 활력소였어. 15세기 중엽의 상점 그림이야.

중세 도시
두 겹의 성곽으로 둘러싸여 있는 도시의 모습이야.

인 들이란다.

이들은 봉건 제도에 매이지 않은 사람들이었어. 혼란기에는 상업이나 수공업이 번성하기 어렵지만, 차츰 상업이 발달하면서 수공업자와 상인 들의 역할이 중요해졌어.

그러면서 작은 도시들이 들어서기 시작했단다. 쾰른, 프랑크푸르트, 함부르크가 대표적인 도시야.

처음에는 도시 역시 영주의 지배 아래 있었어. 영주는 시장세, 거래세, 통과세 같은 각종 세금을 거둘 수 있고, 또 도시가 생기면 땅값이 올랐기 때문에 도시에 매우 호의적이었지.

하지만 도시가 날로 번창하자 도시인들은 영주의 불필요한 간섭과 지배에서 벗어나고 싶어 했어. 결국 도시민들은 돈으로 혹은 무력으로 자유를 얻는단다.

엄마 생각에 철저한 주종 관계로 이루어진 중세 봉건 사회에서 자유로운 도시의 등장은 유럽이 근대 사회로 발돋움하는 중요한 신호탄이 아닐까 싶구나.

후삼국과 고려 시대

외국인들은 우리나라를 코리아(KOREA)라고 부른단다. 코리아란 이름은 '고려'에서 나왔어. 지금으로부터 약 1000년 전, 고려에 드나들며 장사하던 이슬람 상인들을 통해 고려의 이름이 서양으로 전해지면서 고려가 코리아가 되었다고 해.

이런 얘기도 있어. 중국 원나라에 온 서양 선교사 뤼브뤼크가 교황에게 편지를 쓰면서 압록강 너머에 '카울레'라는 나라가 있다고 한 데서 처음 알려졌다는 거야. 카울레가 코레, 코레가 코리아로 변했다나.

얼마 전, 아주 오래된 세계 지도가 발견되었어. 아랍의 지리학자 이드리시가 1154년에 만든 세계 지도인데 한반도가 또렷이 그려져 있고 'sila(실라)'라고 씌어 있어. 아마 이드리시는 신라가 있던 시절의 한반도를 알았던 모양이야.

이렇게 우리나라는 아주 오래전부터 세계 여러 나라와 깊은 관련을 맺어 왔단다. 자, 그럼 고려의 발자취를 더듬어 볼까?

다시 세 나라로

신라는 백제와 고구려를 무너뜨린 뒤, 약 200년 동안 번영했어. 신라 북쪽에는 발해가 있었단다. 신라는 대동강과 원산만을 잇는 선 남쪽에, 발해는 만주를 중심으로 옛 고구려 땅에 들어선 거야.

발해는 해동성국이라 일컬어질 만큼 수준 높은 문화를 자랑했어. 고구려를 이은 나라라는 자부심도 컸지.

신라 문화 또한 훌륭했어. 멋진 불교 예술품이 탄생하고 과학 기술이 발달했어. 석굴암, 불국사, 첨성대, 성덕대왕 신종이 모두 이때 만들어졌단다. 성덕대왕 신종은 에밀레종이라는 이름으로 더 잘 알

성덕대왕 신종
아기를 넣고 만들었다는 전설이 얽혀 있는 이 종은 신라의 전성기 때 만들어졌어. 경덕왕이 아버지 성덕왕의 업적을 기리기 위해 만들었지.

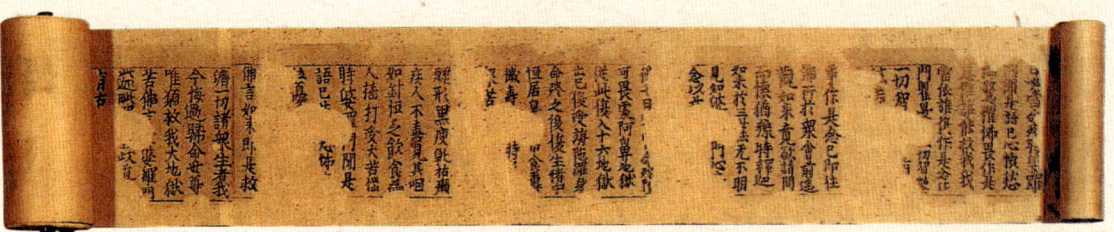

무구정광대다라니경
불경을 목판 인쇄한 거야. 불국사 석가탑 안에서 발견되었어.

려져 있지.

얼마 전, 불국사 석가탑을 수리하다가 오래된 인쇄물을 발견했어. 8세기 중반에 인쇄된 불경 '무구정광대다라니경'이야. 이것은 세계에서 가장 오래된 목판 인쇄물로 손꼽히고 있단다.

9세기 들어 신라는 차츰 흔들리기 시작했어. 각 지방에서 실력자들이 나타나 서로 싸웠지. 결국 세 나라로 갈라졌어. 마치 고구려와 백제가 다시 나타나 도로 삼국 시대가 된 것 같았어. 나라 이름도 후백제, 후고구려라 했어.

후백제는 견훤이 전주를 중심으로 세운 나라고, 후고구려는 궁예가 철원을 중심으로 세운 나라란다.

늙고 병든 신라는 속수무책으로 바라보기만 했어. 이때를 후삼국 시대라고 해. 900년 무렵의 일이니, 노르만 인이 유럽을 벌벌 떨게 만들던 때로구나. 중국에서는 당나라가 망하기 직전이고.

전쟁의 회오리바람이 불어닥쳤어. 그 회오

후삼국을 통일한 왕건

리를 잠재우고 평화를 가져온 사람이 왕건이란다. 궁예의 부하였던 왕건은 궁예를 몰아내고 후삼국을 통일하여 고려를 세웠어. 936년의 일이야. 수도는 개경(지금의 개성)에 두었어. 지금은 휴전선 너머에 있어 가 볼 수 없는 곳이구나.

불교를 믿는 나라

고려는 세력 있는 몇몇 귀족 집안이 정치와 사회의 중심을 이루었어. 귀족 말고는 농민, 수공업자, 상인 같은 평민이 있고 노비, 뱃사공, 마부, 광대 같은 천민이 있었어. 농민은 백정이라고도 해. 고려의 백정은 훗날 조선의 백정과는 전혀 달라. 조선의 백정은 천민에 속하지만 고려의 백정은 일반 농민이란다.

노비를 비롯해서 천민은 퍽 살기 어려웠어. 그래서 반란을 일으키기도 했어. 노비 만적을 알고 있니? "왕후장상의 씨가 따로 있느냐"면서 봉기했단다. 만적은 왕과 귀족이 될 사람이 따로 정해져 있는 것이 아니라는, 한마디로 평등 의식에 일찍 눈뜬 사람이 아니었나 싶구나.

고려는 유교의 정치사상을 받아들여 나라를 다스렸어. 중국에서 과거 제도를 들여와 실력 있는 인재를 뽑아 쓰고, 토지 제도를 마련했지. 이 토지 제도를 전시과라고 해.

가난한 사람을 위한 사회 제도도 만들었어. 나라에서 풍년 때 곡식을 저축해 두었다가 흉년이나 보릿고개 때 가난한 사람에게 빌려 주는 의창 제도, 곡식 값이 쌀 때 사 두었다가 비쌀 때 팔아 곡물 값을 적당하게 유지하는 상평창 제도, 기금을 만들어 그 이자로 공공사업을 해서 가난한 사람을 돕는 보 제도, 가난한 사람을 위한 의료 시설도 갖추었어. 대단하지?

고려는 정치사상으로는 유교를 받아들였지만 종교로는 불교를 믿었어. 나라에서 직접 큰 절을 짓고 불교 행사를 열었단다. 연등회, 팔관회는 나라가 여는 중요한 불교 행사였어.

스님은 매우 존경을 받았어. 왕족이 스님이 된 경우도 많아. 대각국사 의천이 그런 사람이란다. 문종의 넷째 아들이니 왕자 아니냐? 의천은 스님이 되어 중국에 유학을 다녀와서 천태종이란 불교 종파를 열었어.

용미리 석불
경기도 파주 용미리에 있는 고려 시대 불상이야. 이렇게 커다란 바위 벽에 새긴 불상을 마애불이라고 한단다.

청자의 기품, 대장경의 정성

고려 문화에는 두 가지 특징이 있어. 귀족 문화와 불교문화라는 특징이란다. 귀족 중심, 불교 중심 사회에서 나온 문화이기 때문이지. 대표적인 것이 상감 청자와 팔만대장경이야.

상감 청자는 중국 송나라에서 들어온 청자 기술을 발전시킨 거야. 상감이란 청자에 무늬를 새겨 넣는 고려만의 독특한 기술을 말해. 세계 어느 나라에도 없는 기술이란다.

상감 청자

속이 들여다보일 듯 맑고 그윽한 푸른빛은 또 어떻고. 청자는 기품 넘치는 귀부인 같아.

불교 경전을 한데 모은 것을 대장경이라고 해. 나라가 앞장서서 여러 번 대장경을 만들었어. 거란이 침입했을 때, 몽골이 침입했을 때도 만들었지. 전쟁 통에 싸울 생각은 않고 무슨 대장경을 만드느냐고?

그건 당시 사람들이 간절한 정성과 마음을 표현하는 방법이었어. 부처님 힘을 빌려 적을 막고자 하는 간절한 마음으로 정성껏 대장경을 만든 거란다.

몽골 침입 때 만든 대장경이 팔만대장경이야. 불경을 새긴 판목 수가 8만 1258장, 글자 수는 5000만 자가 넘는데, 틀린 글자는 딱 하나뿐이라는구나. 한 자 한 자 새길 때마다 절을 했다니 그 정성이 얼마나 대단했는지 알 만

해인사 장경각
팔만대장경을 보관해 놓은 장경각이야. 팔만대장경이 오늘날까지 보존될 수 있었던 것은 뛰어난 기술로 지은 장경각 덕분이야.

하지? 팔만대장경을 보관하는 해인사 장경각은 유네스코에 세계 문화유산으로 등록되어 있어.

불경을 자주 만들다 보니 인쇄술이 크게 발달했어. 나무판에 글자를 새겨 종이로 찍어 내는 목판 인쇄술, 금속으로 활자를 만들어 찍는 활판 인쇄술이 발달했단다.

고려의 금속 활자는 서양의 구텐베르크가 발명한 금속 활자보다 78년이나 앞선 거야.

그뿐 아니라, 고려 때는 중국을 통해서 이슬람 문화가 들어오고 화약 제조술, 천문학, 의학이 발달했단다.

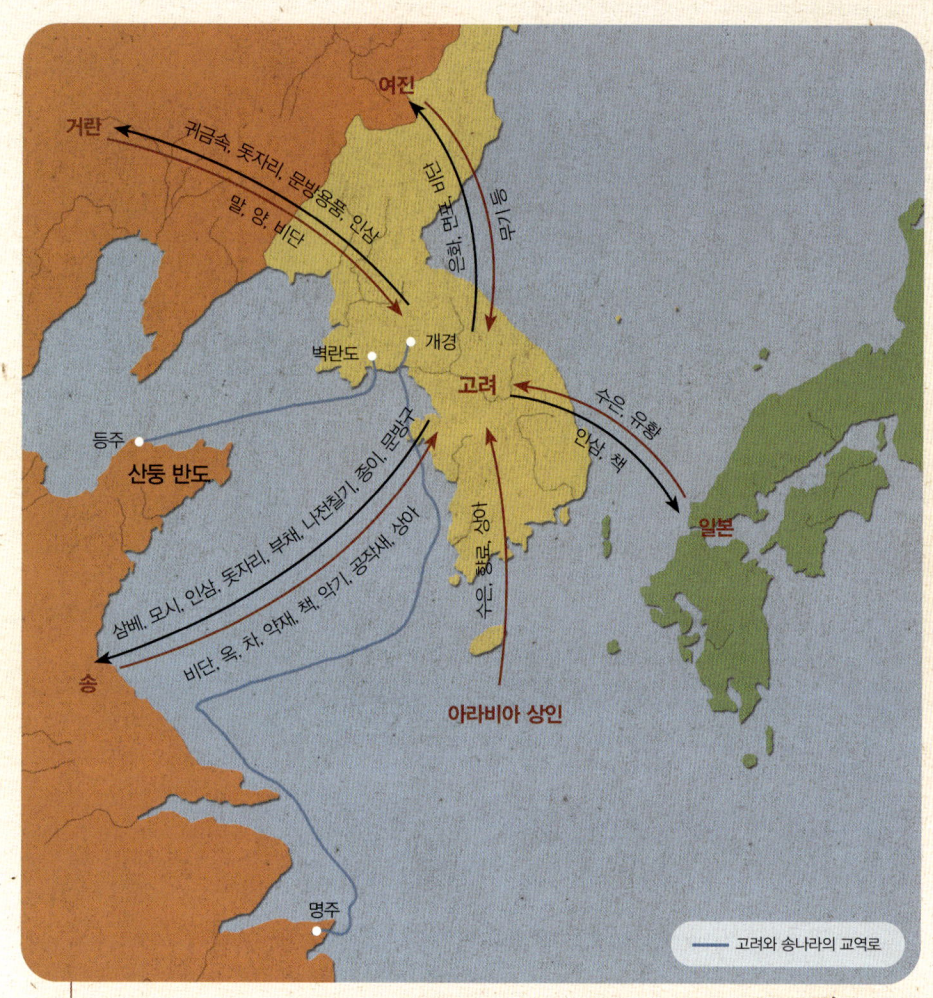

고려의 무역로와 주요 수출입품
고려는 외국과 활발하게 무역 활동을 했어. 아라비아 상인들도 고려에 다녀갔단다.

외적의 침입 앞에서

고려는 외적과 여러 번 싸워야 했어. 나라 전체가 멸망할 위기에 빠진 적도 있지. 거란이 침입했을 때는 수도 개경이 함락당하기도 했어. 거란은 발해를 무너뜨린 이들이야.

본래 몽골 초원에서 살던 거란은 동쪽으로 세력을 뻗쳐 926년

발해를 멸망시켰어. 발해에서 피난 온 사람들을 고려는 따뜻이 맞아들였지.

몽골 침입 때는 수도를 강화도로 옮기고 40여 년 동안 끈질기게 싸웠어. 누구보다 농민과 천민 들이 목숨 바쳐 싸웠단다. 몽골과 강화 맺는 데 반대하며 끝까지 저항한 삼별초가 유명해.

무려 40년 동안 싸웠지만 몽골은 고려를 수중에 넣지 못했어. 다른 곳에서처럼 새로운 나라를 세우고 몽골 인이 왕이 되어 다스리지도 못했지. 비록 고려 왕이 원나라 공주와 결혼하여 부마국(사위의 나라)이 되긴 했지만, 고려의 자주성은 흔들리지 않았어.

이런 일은 몽골이 지배하는 세계에서는 아주 특별한 경우란다. 고려가 워낙 끈질기고 치열하게 싸웠기 때문이야. 세계 최강을 자랑하던 몽골도 고려의 세찬 저항 앞에서는 어쩔 수 없었던 거지.

외적과 여러 번 싸우면서 고려는 잃어버린 고구려 옛 땅을 조금씩 되찾았어. 거란과 싸

몽골에 저항한 고려

공민왕 부부의 초상
공민왕과 왕비 노국대장공주의 초상이야. 노국대장공주는 원나라 공주였지만 공민왕과 뜻이 잘 맞았단다.

후삼국과 고려 시대

❓ 삼별초

삼별초는 본래 도둑을 잡기 위해 만든 야별초에서 시작되었어. 야별초의 인원이 늘어나자 둘로 나누어 좌별초와 우별초라고 했지. 그러다가 몽골과 싸울 때 포로가 되었다가 도망하여 돌아온 사람들로 신의군이 만들어지면서 좌별초, 우별초와 함께 삼별초가 된 거란다. 삼별초는 고려 정부가 몽골과 강화를 맺기로 결정하자 이에 반발하여 배중손 등을 중심으로 반란을 일으켰단다. 이후 삼별초는 3년 동안이나 진도, 제주도 등으로 근거지를 옮겨 가며 몽골군에게 끈질기게 대항했어.

진도 남도석성
삼별초가 진도에 머물 때 근거지로 삼은 곳이야. 현재의 성은 조선 시대에 다시 쌓은 거란다.

우면서 압록강 근처를 되찾았고, 공민왕은 원나라를 몰아내고 함경도 대부분을 되찾았어. 또 공민왕은 왜구의 소굴 대마도도 정벌했단다.

공민왕은 원의 간섭을 물리치고 개혁 정치를 편 훌륭한 왕이야. 공민왕이 키운 새로운 인재들을 사대부라고 해. 이들이 훗날 조선을 건국한단다.

16 십자군 전쟁의 참모습

지금까지 엄마는 세운이에게 인류가 걸어온 길에 대해 이야기했어. 구부정한 모습으로 먹을 것을 찾아 헤매던 까마득한 옛날부터 시작해서 시간으로 치면 수백만 년이란 긴 시간이 되는구나. 그동안 엄마가 말한 수많은 나라 이름과 사람 이름을 다 기억할 필요는 없어.

역사는 외우는 공부가 아니라 생각하고 느끼는 공부라고 한 말 기억나니?

엄마는 세운이가 역사라는 강물이 크고 작은 소용돌이를 일으

키면서 쉼 없이 힘차게 달려가는 그 흐름을 느낄 수 있었으면 좋
겠구나.

"하느님이 원하신다!"

밀레니엄(millennium)이란 말 들어 봤지? 밀레니엄은 라틴 어로 '1000년'이란 뜻이야. '1000'을 뜻하는 라틴 어 밀레(mille)와 '해' 또는 '년'을 뜻하는 라틴 어 아누스(annus)에서 나온 말이지. 그러니까 지금 우린 기원후 두 번째 밀레니엄을 막 지난 지점에 서 있는 거지.

1000년을 눈앞에 두었을 때의 일이란다. 유럽의 기독교도들 사이에는 1000년이 되는 해에 세계가 종말을 맞을 거라는 믿음이 퍼져 있었어. 그들에게 밀레니엄은 종말의 해였지.

종말에는 구원이 따르기 마련이야. 세상은 종말을 맞을지라도 구원받을 자는 구원받는다고 당시 기독교도들은 믿었어.

그러고 보니 밀레니엄에는 사람들의 소망이 담겨 있는 것 같아. 살기 힘든 세상은 사라지고 구원받을 사람들끼리 더 나은 세상에서 행복하게 살고 싶다는 소망 말야.

그때 유럽은 사정이 별로 좋지 않았어. 그래서 가난한 사람들은 밀레니엄에 기대와 희망을 걸었단다. 전 재산을 털어 살던 땅을

떠나 성지 예루살렘으로 가는 사람들이 줄을 이었어. 세상의 종말, 종말 뒤에 올 새 세상을 성지에서 맞으려고 했지.

하지만 종말은 오지 않았어. 예루살렘으로 갔던 사람들은 실망했단다. 게다가 그때 예루살렘은 이슬람교도의 지배 아래 있었기 때문에 기독교도들이 느낀 절망은 더 컸단다.

기독교도들은 분노와 수치스러움을 느끼며 유럽으로 돌아왔어. 성지 예루살렘을 이교도의 손에서 구해 내야 한다는 생각이 퍼져 나갔지.

결국 유럽은 예루살렘을 구하기 위한 전쟁을 선포했단다. 십자군 전쟁은 그렇게 해서 시작되었어.

십자군은 말 그대로 십자가를 앞세운 군대야. 구원을 상징하는 십자가를 앞세웠으니, 십자군은 성스러운 군대여야 하고 십자군의 전쟁은 성스러운 전쟁이어야 하지 않겠니?

그런데 실제 모습은 전혀 달랐단다. 전쟁에는 으레 참혹한 광경이 따르게 마련이지만, 세계 역사상 십자군 전쟁처럼 성스러운 이름 뒤에 속된 욕심이 숨어 있던 전쟁이

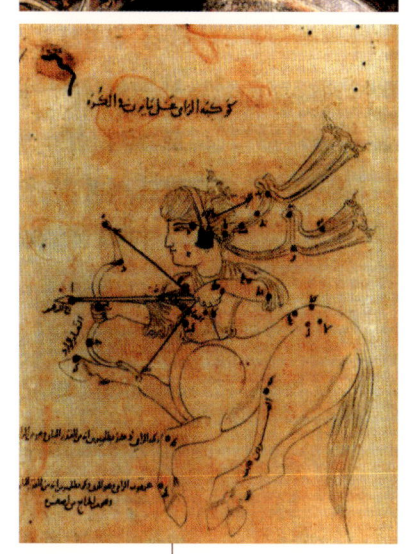

기원후 1000년 무렵
1000년 무렵의 세계는 어떠했을까? 당시의 작품들을 통해 짐작해 보자. 위부터 제자의 발을 씻겨 주는 예수를 그린 이탈리아 오트란토의 성 피에트로 성당의 그림, 별자리를 그려 놓은 이슬람의 책 《항성에 관한 해설서》, 인도의 돌에 새긴 부처상이야. 모두 기원후 1000년 무렵에 만든 것이란다.

없고, 신의 이름을 빌려 그토록 잔인한 살육과 약탈이 판친 전쟁은 아마 없을 거야.

전쟁이 시작된 빌미는 성지 예루살렘이었어. 오늘날 예루살렘은 기독교도의 성지로 널리 알려져 있지만, 실제로는 유대 인이 존경하는 왕 다윗의 유적과 이슬람교의 창시자인 무함마드의 유적이 있는 곳으로 기독교, 유대교, 이슬람교 공동의 성지란다. 이슬람교도는 물론이고 기독교도, 유대 인의 참배 행렬이 끊이지는 곳이었지.

회의장에 도착하는 교황 우르반 2세
우르반 2세는 클레르몽 회의에서 열정적인 연설로 십자군 원정을 개시했어.

그런데 11세기 중반 셀주크 튀르크 족이 이슬람 제국의 새로운 강자로 떠오르면서 사정이 달라졌어.

셀주크 튀르크는 기독교도와 유대 인의 예루살렘 순례를 금지시키고, 더 나아가 지중해 기독교 세력의 근거지인 동로마 제국을 위협했단다.

이렇게 되자 서유럽 기독교도들 사이에는 성지를 이교도의 손에서 되찾아야 한다는 목소리가 높아졌어. 그리고 셀주크 튀르크의 위협에 두려움을 느낀 동로마 제국 황제 알렉시우스 1세는 서유럽 기독교도들의 우두머리인 로마 교황 우르반 2세에게 도움을 청했어. 힘을 합쳐 이슬람 세력을 물리치자고 말야.

교황 우르반 2세는 1095년 11월 클레르몽에서 회의를 열어 유럽 각국의 왕과 영주 들을 불러 모았어. 웅변을 아주 잘했던 교황은 셀주크 튀르크의 위협을 설명하고, 이슬람교도의 승리는 기독교도 전체의 불명예라고 열변을 토했지.

그리고 이슬람교도의 손에서 성지를 되찾기 위해 십자군을 보내자고 외쳤어. 이 전쟁은 성스러운 전쟁이며, 싸우다 죽는 자는 천국에 가서 보상받을 거라면서 말이야.

회의에 참석한 사람들은 교황의 웅변에 감격해서 입을 모아 외쳤다는구나.

"하느님이 원하신다!"

그런데 십자군 전쟁이 일어나게 된 데는 성지 탈환이라는 종교적 이유 말고 다른 이유가 숨겨져 있었어.

첫째는 상업과 관계 있는 이유였지. 상인들, 특히 베네치아나 제노바같이 막 커 가던 항구 도시에 사는 상인들은 전쟁이 일어나길 바랐어. 예루살렘

십자군 전쟁의 시작

십자군 전쟁의 참모습

❓ 이슬람 제국의 새 강자, 셀주크 튀르크

십자군 전쟁 무렵, 이슬람 제국의 사정을 알아보자. 제국의 수도는 바그다드. 아바스 가문 출신의 칼리프가 다스리고 있었어. 그런데 이때 칼리프는 아무 힘이 없는, 이름뿐인 우두머리였어. 바그다드의 진짜 주인은 칼리프가 아니라 셀주크 튀르크였단다. 허수아비나 다름없던 칼리프는 셀주크 튀르크 족장에게 술탄이란 칭호를 주었어. 그래서 술탄이 나라를 다스리게 되었지. 십자군이 싸운 상대는 바로 술탄과 그 부하들이었어.

셀주크 튀르크 전사

을 드나들며 장사를 하던 이들에게 사람들의 왕래를 가로막는 셀주크 튀르크는 훼방꾼으로밖엔 여겨지지 않았거든.

두 번째 이유는 로마 교황 우르반 2세의 야심이었어. 교황 우르반 2세는 전쟁을 기회로 동로마 제국의 그리스 정교를 굴복시키고, 기독교 세력을 통일할 속셈을 갖고 있었단다.

당시 기독교는 동로마 제국의 그리스 정교와 서유럽의 로마 가톨릭으로 완전히 갈라져 있었어. 게다가 동로마 제국의 그리스 정교는 로마 가톨릭을 아주 무시하고 있었단다.

로마 교황은 기회만 있으면 동로마 그리스 정교의 콧대를 꺾어 무릎 꿇게 만들고 싶어 하던 참이었지. 그런데 때마침 동로마 제국 황제가 도움을 청했으니 내심 잘됐다 싶었을 거야.

하지만 그 당시 평범한 사람들은 십자군 전쟁에 이런 이유들이 숨어 있는 줄 전혀 몰랐어. 전쟁에 참가한 병사들도 물론 알지 못했지.

1차 십자군의 진격로

　모두들 종교적 열정에 사로잡혀서 성지 예루살렘을 되찾는 성스러운 전쟁이라는 교황의 말을 그대로 믿었단다.

잔인한 십자군, 어이없는 십자군

　이렇게 시작된 십자군 전쟁은 무려 150여 년 동안 계속되었어. 그동안 모두 여덟 번에 걸쳐 십자군이 파견되었지. 하지만 성지 탈환에 성공한 건 1차 십자군뿐이었어.

십자군은 잔혹한 학살을 서슴지 않았어. 예루살렘을 정복한 1차 십자군은 이슬람교도라면 남녀노소를 가리지 않고 모조리 죽여 버렸어. 십자군에 따라갔던 어떤 성직자는 자기가 본 것을 다음과 같이 적어 놓았단다.

"거기에는 너무도 처참한 광경이 벌어져 있었다. 큰 거리와 광장에는 사람의 머리며 팔다리가 산더미처럼 쌓여 있었다. 십자군은 시체를 아랑곳하지 않고 전진했다. 신전과 벽은 물론 기사가 잡은 말고삐까지 피로 붉게 물들었다."

이것이 정말 하느님이 원한 것이었을까? 그 성직자는 계속해서 이렇게 적었어.

예루살렘 점령
1차 십자군은 예루살렘을 점령했지만, 얼마 안가 도로 밀려났어.

"오랫동안 성지 순례를 방해했던 자들로 더럽혀졌던 이곳이 그들의 피로 씻겨야 한다는 신의 심판은 정당할 뿐 아니라 찬양되어야 한다."

십자군은 자기들이 저지른 학살을 정당한 신의 심판이요, 명예라고 생각한 모양이야.

예루살렘을 차지하는 데 성공한 십자군은 예루살렘에 왕국을 세우고 개선했어. 그런데 이슬람교도에게 예루살렘을 금방 도로 빼앗겨 버렸단다. 교황은 연달아 십자군을 파견했어.

전쟁 기간 중 십자군은 예루살렘뿐 아니라 곳곳에서 잔인한 살육을 서슴지 않았을 뿐만 아니라 어이없는 일도 많이 저질렀어.

심지어는 이슬람교도와 싸우러 간 십자군이 상인들의 부추김을 받고는 재물에 눈이 어두워 같은 기독교도인 동로마 제국의 콘스탄티노플을 공격해 라틴 제국을 세운 일도 있어.

십자군 전쟁

후퇴하는 십자군
술탄 살라딘의 공격을 받고 십자군이 후퇴하고 있어. 왼쪽에서 세 번째 관 쓴 사람이 살라딘이야.

봉건제를 뒤흔든 십자군 전쟁

십자군 전쟁은 결국 실패로 끝났어. 그렇지만 십자군 전쟁은 먼 거리 무역이나 상업 교통로의 발달을 이끌었고, 이슬람 세계의 앞선 과학 기술과 지식이 서유럽에 퍼지는 계기가 되었단다.

십자군 전쟁의 참모습

십자군에 참가한 기사
십자군 기사와 그 아내를 위한 기념비야.

뿐만 아니라 서유럽 사람들은 더 이상 교회와 교황을 무조건 믿고 따르는 마음을 갖지 않게 되었어. 그에 따라 막강했던 교회와 교황의 권위가 많이 약해졌지.

그리고 영주와 기사 들이 경제적으로 몰락하면서 힘이 약해지고 왕과 상인 들의 힘이 아주 세어졌단다.

그러고 보면 십자군 전쟁은 중세 유럽이 갖고 있던 힘을 최후로 터뜨린 사건이요, 봉건 제도의 기초를 뒤흔들어서 다음에 올 새로운 사회를 준비하는 서곡이라고 할 수 있을 것 같구나.

유럽에 대한 위협은 밖에서도 다가오고 있었어. 칭기즈 칸이 이끄는 몽골이 거대한 검은 구름처럼 밀려와 유럽의 동쪽 지평선을 뒤덮은 거야. 십자군과 이슬람교도 양쪽 다 밀려드는 몽골을 두려운 눈으로 바라보았어. 칭기즈 칸과 몽골에 대해서는 다음 편지에서 얘기해 주마.

17. 칭기즈 칸이 세운 세계 제국

유럽까지 정복한 칭기즈 칸

몇 년 전 일이란다. 미국의 유명한 잡지 《타임》에서 기원후 1000년 이래 세계 역사에 영향을 미친 중요한 사람 100명을 뽑아 발표했어.

1등이 누구였는 줄 아니? 칭기즈 칸이었어. 미국인도 유럽 인도 아닌, 아시아의 몽골 초원에서 태어난 칭기즈 칸을 1등으로 뽑은 거야.

그 이유가 뭘까? 아마 칭기즈 칸이 서양에 준 충격이 막강했기 때문일 거라고 엄마는 생각해.

칭기즈 칸은 유럽의 동부 지역까지 정복해서 아시아에서 유럽에 걸친 대제국을 건설했거든. 아시아 인이 유럽을 정복하다니, 그들의 자존심이 적잖이 상했기 때문에 오래 기억하는 것 아닐까?

아시아와 유럽을 아우르는 대제국

원래 몽골 족은 몽골 초원에 살고 있던 수많은 부족들 가운데 하나였어. 그런 몽골이 중국을 차지하고 나아가 유럽 전체를 두려움에 떨게 만들면서 세계사에 이름을 떨치게 된 건, 몽골 족의 용맹함 때문이기도 하지만, 뛰어난 지도자 칭기즈 칸이 있었기 때문이라고 할 수 있을 것 같구나.

칭기즈는 몽골 말로 '절대적인 힘'이란 뜻이고, 칸은 '군주'라는 뜻이야. 칭기즈 칸의 본래 이름은 테무친. 언제 태어났는지는 정확히 알려져 있지 않은데, 1162년 어느 봄날이었을 거라고 추측돼.

테무친의 아버지 에스게이는 부족장이었어. 그렇지만 테무친이 어렸을 적에 타타르 인에게 독살당했지.

아버지가 세상을 떠난 뒤 테무친은 몇 번이나 죽을 고비를 넘기며 어른이 되었고, 다른 부족과 수없이 싸운 끝에 초원에 뿔뿔이 흩어져 살던 여러 부족을 하나로 통일하고 초원의 지배자가 되었단다.

그리고 1206년에는 칸이 되었지. 이때부터 칭기즈 칸이라 불리게 된 거야.

칭기즈 칸은 날랜 기마병을 중심으로 군대를 재정비했어. 그의 목표는 금나라 정복이었지. 금나라는 그때 만주와 중국의 황허 이북을 지배하고 있었어. 황허 이남에는 송나라가 있었고.

금나라는 틈만 있으면 몽골로 쳐들어와 닥치는 대로 사람을 죽이고 괴롭혔지. 칭기즈 칸은 언젠가 금나라에 복수하리라고 벼르던 터였어.

1211년 봄, 칭기즈 칸은 군대를 거느리고 출정했어. 초원과 사막을 건너고 만리장성을 넘어 황허 이북을 수중에 넣고, 4년 뒤인 1215년 5월 마침내 금나라의 수도 베이징(북경)을 함락해 버렸어. 그 뒤 금나라는 수도를 남쪽으로 옮겨 좀 더 버티다가 1234년 완전히 멸망했단다.

칭기즈 칸은 베이징을 함락한 다음에는 서쪽의 중앙아시아로 말

성을 공격하는 몽골군
몽골군은 날랜 기마 전사들이었지만 성을 공격하는 기술도 뛰어났어.

머리를 돌렸어. 그때 중앙아시아에서는 호라즘이 가장 강력한 나라였어. 호라즘은 이슬람교를 믿었고, 교역 활동으로 매우 부유했단다. 사마르칸트, 부하라 같은 풍요로운 도시를 가진 나라였지.

그런데 칭기즈 칸이 처음부터 무력으로 호라즘을 공격한 건 아냐. 칭기즈 칸은 450명에 이르는 대규모 사절단을 호라즘에 파견했어. 사이좋게 지내자고 말이야. 그런데 호라즘 왕은 사절단을 첩자로 몰아 몽땅 죽여 버렸어. 그러자 분노한 칭기즈 칸이 호라즘 총공격에 나선 거야. 1219년의 일이란다.

호라즘의 군대는 몽골군의 적수가 되지 않았어. 몽골군은 호라즘의 요새 오토랄을 여섯 달 만에 함락했고 사마르칸트를 닷새 만에 무너뜨렸어.

호라즘의 영토는 몽골 기마병의 말발굽 아래 남김없이 짓밟혔어. 몽골군이 휩쓸고 지나간 곳은 폐허로 변했어. 남자들은 죽고 여자와 어린이 들은 포로로 끌려갔지.

호라즘을 정복한 칭기즈 칸은 아시아의 주인이 되었어. 하지만 제아무리 뛰어난 영웅이라도 영원히 살 수는 없는 법이야. 칭기즈 칸은 전쟁 중에 세상을 떠났단다. 1227년 그의 나이 66살 때 죽었다고 하는데, 그의 무덤이 어디에 있는지는 아직 정확히 몰라.

전하는 얘기로는, 칭기즈 칸이 죽었을 때 몽골군은 전쟁

칭기즈 칸
몽골 족을 통일하고 정복 전쟁에 나선 그는 전쟁 중 세상을 떠났어.

을 중단하고 귀국하면서 자기 죽음을 비밀로 하라는 칭기즈 칸의 유언을 지키려고 장례 행렬을 본 '살아 있는 모든 것들'을 죽여 버렸다고 해. 그래서일까? 칭기즈 칸의 죽음은 수수께끼에 덮여 있단다.

중국의 주인이 된 몽골

칭기즈 칸이 남긴 제국은 몽골의 풍습에 따라 네 명의 아들에게 나뉘어서 상속되었어. 서유럽의 프랑크 족

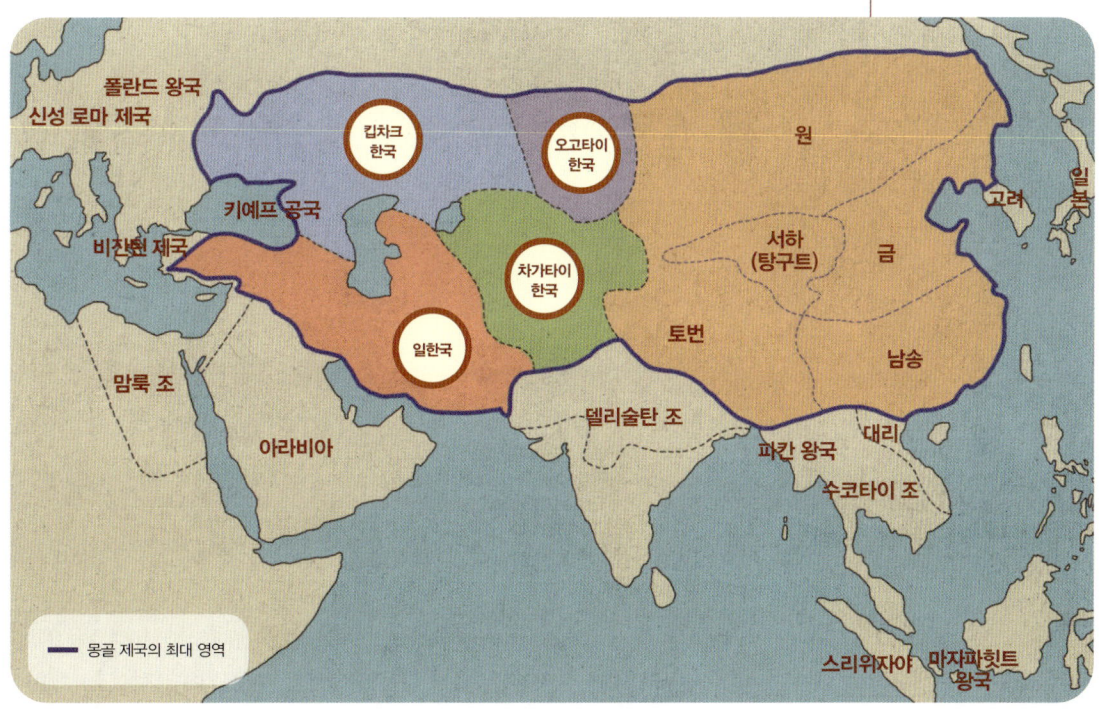

몽골 제국의 최대 영토
몽골 제국은 아시아에서 동유럽에 이르는 광대한 영토를 차지했어.

칭기즈 칸의 아들 오고타이
오고타이한국을 세운 오고타이가 각국의 사신들을 만나는 장면이야. 가운데 앉은 사람이 오고타이란다.

처럼 몽골 족도 분할 상속이 풍습이었거든. 주치, 차가타이, 오고타이, 툴루이 네 아들은 드넓은 제국을 넷으로 나누어 각각 다스렸단다.

칭기즈 칸의 후예들은 잠시 중단했던 정복 전쟁을 다시 시작했어. 바로 이때, 고려도 몽골의 침입을 받게 돼.

세계 최강의 몽골군을 맞아 우리 조상들이 나라를 지키기 위해 얼마나 훌륭하게 맞서 싸웠는지 얘기했지?

몽골군은 1236년 러시아의 볼가 강을 건너 키예프와 모스크바를 무너뜨리고, 카르파티아 산맥을 넘어 다뉴브 강을 건너서 동유럽의 헝가리로 쳐들어갔어. 뿐만 아니라 페르시아의 바그다드도 정복했지.

폭풍처럼 밀어닥치는 몽골군의 기세에 유럽 인들은 변변한 대응 한번 못하고 삽시간에 무너지고 말았으니, 당시 유럽 인들의 몽골군에 대한 공포가 얼마나 컸을지 짐작이 가지 않니?

그 후 칭기즈 칸의 후예들은 정복한 땅에 4개의 한국(칸국)을 세웠어. 페르시아 일대를 차지한 일한국, 볼가 강 하류를 중심으로 러시아 일대를 차지한 킵차크한국, 사마르칸트와 중앙아시아 일대를 차지한 차가타이한국, 수도 카라코룸을 중심으로 몽골 본토에 자리 잡은 오고타이한국이 그것이란다.

한때 칸 자리를 두고 친족 간에 싸움이 벌어지기도 했지. 그러다가 막내 툴루이의 셋째 아들인 쿠빌라이가 칸의 자리를 이어받으면서 안정을 되찾았단다.

쿠빌라이는 1271년 수도를 카라코룸에서 베이징으로 옮기고, 나라 이름을 원(元)이라 고쳤어. 초원의 유목민으로 출발한 몽골이 중국 대륙의 주인이 된 거야.

사람들은 몽골, 하면 보통 파괴와 약탈, 잔인함을 떠올리곤 해. 워낙 넓은 영토를 점령했고, 수많은 나

사냥에 나서는 쿠빌라이 칸
쿠빌라이 칸은 나라 이름을 원이라 고치고, 수도를 베이징으로 옮겼어.

원나라를 세운 쿠빌라이

길 떠나는 이븐바투타
이븐바투타는 북아프리카에서부터 아라비아 반도, 동유럽, 인도, 동남아시아, 중국까지 여행했어. 그리고 《여행기》를 썼지. 그의 《여행기》에는 14세기 세계의 모습이 자세히 담겨 있단다.

라와 민족을 멸망시켰기 때문이겠지.

그런데 다른 한편으로 몽골 족은 다양한 문화와 종교에 대해 퍽 너그러웠단다. 문화와 역사, 종교가 서로 다른 여러 지역을 다스려야 했기 때문에 지역의 특성을 인정해 주었던 거야.

그뿐 아니라 몽골 족은 정복한 지역의 문화를 적극 받아들였어. 이슬람교, 라마교, 가톨릭 등 다양한 종교를 받아들였고, 통치 이념으로는 송나라의 성리학을 받아들였어. 언어는 몽골 어를 공용어로 하고 파스파 문자라는 새로운 문자를 만들어 썼지.

몽골 족의 대제국은 동양과 서양의 문화가 만나 상호 영향을 주고받는 데에도 크게 이바지를 했단다.

유럽의 가톨릭 선교사들이 원나라에 와서 활약했고, 유럽과 이슬람 세계의 과학 기술이 동쪽으로 전해지고 아시아의 문화가 유럽에 알려졌어.

《동방견문록》을 쓴 이탈리아 인 마르코 폴로, 이슬람 세계의 유명한 여행가 이븐바투타 같은 외국인들이 원나라를 끊임없이 찾았단다.

❓ 원나라에 간 마르코 폴로

마르코 폴로는 이탈리아의 베네치아 사람이야. 아버지와 삼촌하고 원나라에 갔지. 베네치아를 출발하여 중앙아시아를 가로질러 원나라 수도 베이징에 이르는 데 꼬박 3년이 걸렸다고 해. 원나라 황제는 마르코 폴로를 아끼고 사랑했단다. 마르코 폴로는 약 17년 동안 원나라에서 살았어. 베네치아로 돌아올 땐 배를 타고 동남아시아와 인도를 거쳐 콘스탄티노플을 지나 돌아왔단다. 고향을 떠난 지 24년 만이었어. 그런데 돌아온 지 몇 년 뒤, 베네치아와 제노바 사이에 전쟁이 벌어졌고 마르코 폴로는 포로가 되었어. 감옥에서 마르코 폴로는 자신이 보고 들은 동양에 대해 얘기했지. 함께 갇혀 있던 사람이 그 얘기를 받아 적었어. 이렇게 해서 세상에 나오게 된 책이 《동방견문록》이란다.

마르코 폴로

18 러시아의 발전

세운이 네가 세상에 태어난 지 1년 반쯤 되었을 때야. 미국과 견주며 세계 현대사의 주역 노릇을 해 온 소련이 사라졌단다. 정확히 말하면 소비에트 연방이 해체되었지. 1991년 12월 8일이었어.

소련은 1917년 세계 최초로 사회주의 혁명이 성공하면서 태어난 나라였어. 너와 네 친구들에게 소련은 그리 중요한 나라가 아닐 테지만, 엄마와 비슷한 나이거나 그 윗세대에게 소련은 매우 중요한 나라였단다.

사회주의를 대표했던 소련은 자본주의를 대표하는 미국과 경쟁하며 20세기를 사상의 대결 시대로 만들었어. 남과 북으로 갈려 있는 우리나라는 그 사상의 대결 한복판에 서 있었지. 그러다 보니 소련을 미국만큼이나 중요한 나라로 생각하지 않을 수 없었어.

하지만 너도 보았지? 2000년 6월 15일, 남한과 북한의 지도자들이 평양에서 만나 사상의 차이를 넘어 화합과 통일을 다짐하는 성명서를 발표하지 않았니? 이제 20세기와 같은 사상의 대립 시대는 막을 내린 것 같구나.

오늘은 사회주의 혁명 전의 소련 역사를 알아보는 게 어떻겠니? 혁명 전의 소련은 차르라고 하는 황제가 다스리는 러시아 제국이었어. 그럼, 시간을 거슬러 올라가 러시아의 탄생부터 살펴보자.

크렘린 궁의 성당
러시아의 수도 모스크바에 있는 크렘린 궁 안의 성당이야. 이반 3세가 이탈리아 건축가를 초빙하여 짓게 했단다.

러시아가 된 루시

러시아 역사의 주인공은 슬라브 인이야. 슬라브 인은 기원전 10세기부터 우크라이나의 삼림 지대와 늪 지대에서 농사를 지으며 살았어.

그런데 기원후 2세기부터 5세기에 걸쳐 고트 족에게 밀리고 훈 족에게 쫓겨나게 돼.

고트 족은 너도 알다시피 게르만 족의 일파고, 훈 족은 로마 제국을 벌벌 떨게 한 용맹한 부족이지.

슬라브 인은 고트 족과 훈 족에게 쫓기면서 셋으로 갈라졌어. 서쪽으로 간 집단은 유럽으로 들어가 지금의 폴란드, 체코슬로바키아 인이 되고, 남쪽으로 간 집단은 발칸 반도에 머물러 살면서 세르비아, 크로아티아, 슬로베니아, 불가리아 인이 되었어.

바이킹

동쪽으로 간 집단은 러시아 평원에 정착했지. 러시아 평원에 살게 된 이들이 바로 러시아 역사의 주인공이야. 이들은 9세기 무렵, 러시아 평원에 크고 작은 나라를 세웠는데, 이 나라들을 공국이라고 해.

그때, 스칸디나비아 반도에서 내려온 바랴기 인이 침입해 왔어. 바랴기 인은 언젠가 말했던 바이킹이란다. 러시아 어로 바이킹을 바랴기라고 하거든.

882년 바랴기 인 올레크가 키예프 공국을 차지하고 '키예프 루시'라 했어. 루시는 또 뭐냐고? 바랴기 인의 일파를 일컫는 이름이란다.

이 '루시'가 나중에 '러시아'로 바뀌게 돼. 18세기 초, 표트르 대제 때 루시가 러시아로 바뀌었지.

키예프 루시는 약 350년 동안 찬란한 문화를 꽃피웠어. 동로마 제국으로부터 그리스 정교를 받아들이고, 그와 함께 비잔틴 문화를 담뿍 받아들였어. 하지만 번창하던 키예프도 권력 다툼이 벌어진 데다가, 몽골군의 침입을 받아 차츰 힘이 약해졌어.

'타타르의 멍에'를 걷어 낸 모스크바

키예프의 뒤를 이어 강자가 된 것이 모스크바란다. 모스크바는 이때부터 약 600년 동안 러시아의 중심이 돼. 엄마가 이 얘기를 하고 있는 지금도 모스크바는 러시아 공화국의 수도란다.

우그라 강변의 이반 3세 군과 몽골군
강 양쪽에 각각 진을 치고 마주 보고 있어. 여기서 몽골군이 물러감으로써 러시아는 타타르의 멍에를 벗게 되었지.

모스크바는 본래 모스크바 강가에 자리 잡은 작은 마을이었어. 강가의 작은 마을에서 출발한 모스크바가 어떻게 대제국의 중심이 되는지 살펴보자.

조금씩 나라의 틀을 갖추어 가던 러시아는 몽골의 지배를 받게 되었어. 칭기즈 칸의 손자 바투가 이끄는 몽골군이 러시아와 동유럽 일대를 정복하고 세운 킵차크한국의 지배를 받았지.

몽골의 지배는 200년이 넘도록 계속되었어. 러시아 인들은 몽골의 지배를 '타타르의 멍에'라고 했어. 얼마나 지긋지긋했으면 '멍에'라고 했겠니.

러시아가 '타타르의 멍에'를 벗어던진 것은 1480년 모스크바 대공 이반 3세 때였어. 대공은 공국을 다스리는 통치자를 가리키는 이름이야.

이반 3세는 뛰어난 정치가이면서 드높은 야망을 지닌 인물이었어. 그는 빠른 속도로 영토를 확장하고 세력을 다졌어. 그런 다음, 그때까지 바쳐 오던 킵차크한국에 대한 충성을 거부했단다.

그러자 킵차크한국은 모스크바를 공격했어. 이반 3세는 모스크바 남쪽에 있는 우그라 강변에 진을 치고 이들을 맞았지.

양쪽 군대는 이렇다 할 싸움 없이 서로 마주 본 채 겨울을 넘겼어. 그런데 겨울이 끝날 무렵, 킵차크한국군은 조용히 철수했어. 이렇게 해서 '타타르의 멍에'는 끝이 났단다.

'타타르의 멍에'를 벗은 러시아

쌍두 독수리
머리가 둘 달린 쌍두 독수리는 러시아 황실의 문장이야.

쌍두 독수리와 '차르'

몽골군이 물러간 뒤 이반 3세는 모스크바를 중심으로 하여 러시아를 통일하는 데 온 힘을 기울였어. 발트 해 연안에서 우랄 산맥에 이르는 러시아 북부와 동부를 통일했지. 1485년의 일이야.

뿐만 아니라 이반 3세는 동로마 제국의 마지막 황제 콘스탄티누스 11세의 조카딸과 결혼했어. 그때는 동로마 제국이 이미 멸망한 뒤였지.

이반 3세는 콘스탄티누스 11세의 조카딸과 결혼하고서 멸망한 동로마 제국의 후계자로 자처했어. 그리고 모스크바를 '제3의 로마'라고 했단다. '제2의 로마'는 동로마 제국의 수도 콘스탄티노플이었지.

이반 3세는 동로마 제국의 모든 것을 본떴어. 동로마 제국의 상징인 머리 둘 달린 독수리 상을 본떠 쌍두 독수리 문장을 만들어 사용했어. 문장이란 한 집안이나 왕실을 상징하는 표지를 말해. 마치 걸 스카우트나 아람단을 상징하는 배지처럼 말이야.

또한 이반 3세는 자신을 '차르'라고 부르게 했어. 차르는 동로마 제

이반 3세 때의 크렘린 궁
이반 3세는 크렘린 궁을 에워싸는 성벽을 쌓고 망루를 세우게 했어. 이 성벽은 지금도 남아 있단다.

국의 황제를 일컫던 호칭이란다. 또 궁중 의식을 동로마 제국 식으로 장엄하게 바꾸었어.

이렇게 러시아 전제 정치의 기반을 닦은 이반 3세는 훗날 이반 대제라고 불렸어.

이반 4세
이반 뇌제라고도 불려. 뇌제는 천둥처럼 무서운 황제라는 뜻이야. 드넓은 시베리아를 정복해 러시아 영토로 만들었단다.

드넓은 벌판 시베리아로

모스크바에서 동쪽으로 달려가면 우랄 산맥이 있어. 산맥을 넘으면 광활한 벌판이 펼쳐지지. 시베리아라고 하는 곳이야. 가도 가도 끝이 안 보이는 벌판이란다.

시베리아가 러시아의 영토가 된 것은 이반 3세의 손자 이반 4세 때였어. 이반 4세는 천둥처럼 무서운 차르였어. 그래서 별명이 '뇌제'란다. '천둥 같은 황제'란 뜻이야.

이반 4세는 카자흐 부대를 우랄 산맥 너머로 보내 광활한 벌판 시베리아를 정복하게 했어. 러시아의 시베리아 정복은 미국의 서부 개척과 비슷한 점이 많아. 넓

러시아의 발전
195

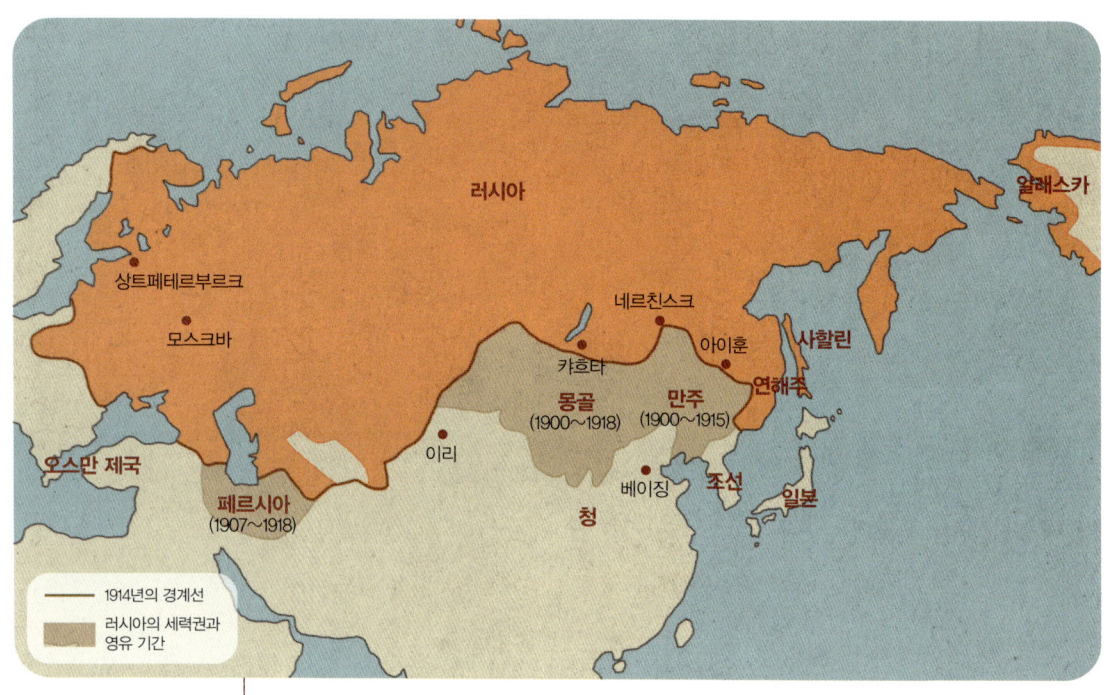

러시아의 발전
러시아는 유럽에서 아시아 끝까지 걸치는 넓은 땅을 가진 나라가 되었어.

은 땅, 풍부한 천연 자원, 개척 정신으로 무장한 개척자들…….

그러나 속도는 러시아가 미국보다 훨씬 빨랐어. 카자흐들은 단숨에 시베리아를 가로질러 태평양까지 도착했단다.

시베리아에는 족제비, 담비, 비버 같은 동물이 많았어. 러시아인들은 그 동물들로 털가죽을 만들어 외국에 내다 팔았어. 아주 인기가 좋았지. 시베리아에는 금과 은도 많았어. 시베리아는 점점 발전했어.

한때 시베리아는 죄수를 유배시키는 유배지가 되기도 했어. 혹독한 추위와 광막한 벌판이 죄수들에겐 심한 형벌이 되었던 거야.

러시아의 이름난 작가나 정치가 중에는 시베리아에 유배된 적이 있는 사람이 꽤 많단다.

러시아는 서쪽의 발트 해로부터 시베리아를 지나 동쪽 태평양에 이르는 넓은 땅을 가진 나라가 되었어. 그리고 약 150년 뒤 표트르 대제 때부터 유럽과 어깨를 겨루는 강대국으로서 국제 무대에서 활약하게 된단다.

? 표트르 대제

표트르 대제는 1689년 차르로 즉위했어. 그는 서유럽으로 진출하리라 결심하고 유럽 여행을 다녀왔어. 그곳 사정을 알아보려고 말야. 표트르 대제는 유럽에서 보고 들은 것을 그대로 따라 했단다. 특히 유럽 강대국들이 바다를 주름잡는 것을 보고는 해군이 중요하다는 사실을 깨달았어. 그런데 러시아는 땅덩어리는 크지만 북극해 말고는 나아갈 바다가 없었단다. 하지만 북극해는 별로 쓸모없는 바다였어. 표트르 대제는 북서쪽에 있는 발트

해, 남쪽에 있는 크리미아 반도를 향해 밀고 나갔어. 그리고 발트 해로 나가는 네바 강 하구에 유럽식 신도시를 건설했어. 신

도시의 이름을 상트페테르부르크라 짓고 새 수도로 삼았지.

일하는 황제, 표트르 대제
유럽에 간 그는 조선소에서 직접 일을 하며 배 만드는 법을 배웠어. 그리고 러시아로 돌아와 혁신적인 개혁을 추진했지.

19 중세 유럽의 몰락

콘스탄티노플에 모여드는 사람들

지난번 편지에서, 러시아의 차르 이반 3세가 동로마 제국 마지막 황제의 조카딸과 결혼하고 동로마 제국의 후계자라 자처했다고 했을 거야.

오늘은 오랫동안 유럽 문화의 마지막 보루이자 수호자로서 풍요와 화려함을 자랑한 동로마 제국의 수도 콘스탄티노플에 대해 살펴보자꾸나.

동로마 제국의 수도, 콘스탄티노플

비잔티움이라 불리던 콘스탄티노플은 395년 로마 제국이 동, 서로 분열한 뒤 동로마 제국의 수도가 되었어. 동로마 제국은 6세기 중반 유스티니아누스 1세 때 가장 전성기를 누렸어. 유스티니아누스 황제는 성 소피아 사원을 짓고 법률을 정비하는 등 로마 제국의 영광을 되살리기 위해 노력했지.

서로마 제국이 게르만 족에게 멸망당한 뒤에도 동로마 제국은 1000년 동안 계속 번영했어. 로마 제국의 고유한 문화를 간직한 가운데 그리스 문화를 받아들여 독특한 문화를 이룩했지. 이것을 비잔틴 문화라고 한단다.

특히 콘스탄티노플은 아시아와 유럽이 만나는 곳에 위치한 탓에 동방 무역과 세계 무역의 중심지로 발달했어. 인구가 40만에서 50만 명을 헤아리는 유럽 최대의 도시였지. 뿐만 아니라 그리스 정교의 중심지인 동시에 비잔틴 문화의 중심지로서 내로라하는 학자와 예술가들이 모여들어 활약했어.

우리나라 서울이 수도의 자리를 지켜 온 것은 조선 시대부터 오늘에 이르기까지 약 600년 동안이야. 그런데 콘스탄티노플은 서울보다 두 배쯤 오래 동로마 제국의 중심이었으니 콘스탄티노플이 간직한 문화가 얼마나 깊고 풍부한 것이었는지 조금은 짐작할 수 있겠지?

성 소피아 사원

유스티니아누스 1세가 콘스탄티노플에 세운 기독교 사원으로 동로마 제국의 자랑거리였어. 콘스탄티노플이 이슬람교도인 오스만 튀르크의 손에 들어간 뒤에는 이슬람 사원으로 쓰였지. 안으로 들어가면 거대한 둥근 지붕과 섬세한 모자이크 그림들이 매우 아름답단다. 콘스탄티노플은 오늘날 터키의 이스탄불이야.

하지만 1000년의 역사를 자랑하던 동로마 제국도 황제들의 무능과 귀족들의 사치와 부패 등으로 서서히 힘을 잃게 되었지.

그리고 영토도 점차 축소되어 현재의 터키가 있는 발칸 반도 한 모퉁이를 가까스로 차지하고 있다가 1453년 이슬람교도들의 공격을 받아 멸망하고 말았단다.

유럽 사람들은 정말 충격받았을 거야. 기독교도의 천년 제국이 이슬람교도에게 무너졌으니.

그럼 콘스탄티노플을 무너뜨린 이슬람교도는 누구일까?

 오스만 튀르크였어. 튀르크의 한 파인데, 강대한 제국을 세우고 콘스탄티노플을 공격했지. 오스만 제국의 통치자는 술탄 무함마드 2세였어. 튀르크는 뭐고 술탄은 또 뭐냐고? 차근차근 설명할 테니 들어보렴.

 튀르크는 원래 중앙아시아의 알타이 산맥 근처에서 유목 생활을 하던 유목민이었어. 그 조상들은 기원전 2000년 무렵부터 아시아 동북부 초원에 퍼져 살았지.

 중국 고대 역사에 자주 등장하는 흉노족도 튀르크 족의 한 갈래

유스티니아누스 1세

신하들과 함께 있는 동로마 제국의 황제 유스티니아누스 1세의 모습이야. 이탈리아의 라벤나에 있는 산 비탈레 성당의 모자이크란다.

라고 해.

중앙아시아에는 튀르크 족이 세운 나라들이 여러 개 있었어. 돌궐, 위구르, 키르기스, 카를룩, 오우즈……. 모두 낯선 이름들이지?

그 여러 나라를 하나로 통일한 것이 셀주크 튀르크란다. 이 역시 튀르크의 한 파인데, 지도자의 이름을 따서 셀주크 튀르크라고 해.

셀주크 튀르크가 몰락한 뒤에 세력을 잡은 것이 앞에서 말한 오스만 튀르크야. 술탄은 '권력을 행사하는 통치자'라는 뜻을 지닌 호칭이지.

튀르크 족이 처음부터 이슬람교를 믿은 것은 아니야. 본래는 하늘을 섬겼어. 몽골 족처럼 말이야. 그러던 튀르크 족이 이슬람교를 믿기 시작한 건 7세기 중엽부터였어.

이슬람교 하면 보통 아랍 인을 떠올리지만, 십자군 전쟁 이후

유럽을 위협한 이슬람교도는 아랍 인이 아니라 튀르크였단다. 십자군 전쟁도 셀주크 튀르크와 싸운 것이었어. 기억하지?

오스만 튀르크의 술탄 무함마드 2세는 콘스탄티노플을 정복한 뒤, 도시 이름을 이스탄불로 바꾸었어. 지금의 터키 공화국은 바로 오스만 튀르크의 후손들이 사는 나라란다. 터키 공화국의 최대 도시인 이스탄불이 옛날의 콘스탄티노플이야.

성을 공격하는 오스만 튀르크 콘스탄티노플을 정복한 오스만 튀르크는 더 서쪽으로 나아가 헝가리를 공격했어. 헝가리의 베오그라드 성을 포위하고 있는 장면이야.

흑사병
페스트라고 해. 이 병에 걸리면 피부가 검게 변하여 죽기 때문에 흑사병이라고 했어. 흑사병으로 유럽 인구의 3분의 1이 줄었단다.

민족 의식의 등장

여기서 잠시 콘스탄티노플이 무너질 무렵 서유럽에서는 무슨 일이 벌어지고 있었는지 알아볼까?

이 무렵 서유럽은 전쟁보다 더 무서운 흑사병에 시달리고 있었어. 흑사병은 쥐가 옮기는 전염병인데, 병에 걸리면 피부가 시꺼멓게 변해서 죽기 때문에 흑사병이라고 불렀단다.

흑사병은 무시무시한 속도로 번져 갔어. 흑사병 때문에 유럽 인구의 3분의 1이 줄어들었다고 하니, 유럽 인이 느꼈을 공포가 얼마나 컸겠니.

흑사병이 도는 동안 한편에서는 영국이 프랑스와 한판 전쟁을 벌이고 있었어. 14세기 초부터 15세기 중반까지 무려 100년 동안이나 말야. 물론 매일같이 전투가 있었던 건 아니지만, 이 전쟁을 백년 전쟁이라고 한단다.

백년 전쟁은 프랑스 왕위를 둘러싼 싸움이었어. 전쟁 초기에는 영국이 우세해서 프랑스의 수도 파리를 포함해 프랑스 영토의 대부분을 차지했단다. 최후의 승리를 거두기 위해 영국은 프랑스의 마지막 근거지인 오를레앙 성을 포위했어. 프랑스의 운명은 바람 앞의 등불 같았지.

백년 전쟁

영국과 프랑스의 약 백 년에 걸친 전쟁에서 영국이 우세했지만 최후의 승리는 프랑스가 거두었어. 오른쪽이 영국군, 왼쪽이 프랑스군이야.

 이때 기적처럼 등장한 인물이 잔 다르크란다. 잔 다르크는 신의 계시를 받았다면서 절망에 빠져 있던 프랑스 사람들에게 자신감을 불어넣어 주고 힘껏 싸우라고 격려했어.

 잔 다르크를 앞세우고 프랑스 사람들은 영국을 몰아냈단다. 이

중세 유럽의 몰락

화형당하는 잔 다르크
프랑스의 승리에 결정적인 역할을 한 잔 다르크는 영국군의 포로가 되었어. 그리고 마녀라는 죄명으로 화형당했지.

잔 다르크

렇게 해서 백년 전쟁은 끝났지만 잔 다르크는 마녀로 몰려 화형당하고 말았어.

영국이 잔 다르크를 포로로 잡아 로마 교회에 넘겨주고, 교회로 하여금 마녀라고 판결하게 한 거야. 잔 다르크가 화형당한 것은 1430년, 콘스탄티노플이 함락되기 23년 전이었어.

백년 전쟁은 봉건 시대의 막을 내리는 전쟁이었어. 이 전쟁으로 영주와 기사 들은 몰락했어.

그런가 하면 전쟁을 겪으면서 사람들은 어렴풋하게나마 민족과 나라의 존재를 깨닫게 되었단다.

그때까지는 영국인, 프랑스 인, 독일인이 서로 다르다는 생각을 하지 않았어. 그저 같은 기독교도라고 생각했을 뿐이야. 오히려 기독교도와 이슬람교도를 구별하는 생각이 훨씬 강했지.

그런데 백년 전쟁을 치르면서 종교보다도 같은 나라, 같은 민족이라는 사실이 더 중요하다는 생각을 갖게 되었단다. 바꿔 말하면, 애국심을 갖게 된 거야. 잔 다르크는 싹트는 애국심의 상징이라고 할 수 있어.

새로운 시대의 시작

이처럼 콘스탄티노플이 함락될 때, 유럽에서는 봉건 제도가 무너져 가고 그 틈에서 새로운 질서의 싹이 돋고 있었어.

콘스탄티노플 함락은 낡은 봉건 제도가 막을 내리고 새로운 시대가 시작되는 것을 상징하는 사건이야. 그래서 콘스탄티노플이 함락된 날, 중세 유럽도 최후를 맞았다고 하는 거란다. 알겠니?

콘스탄티노플이 이슬람교도들의 손에 점령되자 콘스탄티노플에서 활약하던 학자, 예술가 들은 서유럽으로 갔어. 보물처럼 값진 비잔틴 문화를 안고 이들이 서유럽에 도착했을 때, 마침 서유럽에서는 새로운 기운이 싹트고 있었어.

❓ 장미 전쟁

백년 전쟁에서 진 영국에서는 왕위를 둘러싸고 요크, 랭커스터 두 집안 사이에 또 싸움이 벌어졌어. 두 집안 모두 장미를 문장으로 삼고 있었지. 요크의 문장은 하얀 장미, 랭커스터의 문장은 빨간 장미. 그래서 이 싸움을 장미 전쟁이라 한단다. 장미 전쟁으로 영주들이 많이 죽었어. 십자군에 나가 죽은 영주도 많았지? 그래서 장미 전쟁이 끝났을 때 영주들은 예전처럼 강한 힘을 발휘하지 못하게 되었단다. 그렇지만 영주의 힘이 약해졌다고 해서 일반 백성들의 힘이 강해진 건 아냐. 강해진 건 왕이었어. 백성들의 생활은 전과 다름없었어.

비잔틴 예술
타일 조각에 그림을 그려 맞춘 모자이크화야. 화려하고 예쁘구나. 모자이크화는 비잔틴 예술의 특징이란다.

　중세 기독교 문화를 벗어나 고대 그리스와 로마의 문화를 새롭게 보려는 기운이었지. 이 기운은 다음 순간 르네상스로 꽃피게 된단다.

　콘스탄티노플에서 건너간 동로마 제국의 문화유산은 막 피어오르던 르네상스의 기운에 큰 힘이 되었을 거야. 그리고 보면 콘스탄티노플 함락은 르네상스의 출발을 도와준 셈이구나.

르네상스에 대한 좀 더 자세한 이야기는 다음에 하자꾸나.

20 아메리카 문명

아메리카의 고대 문명

아메리카 인디언의 조상은 아시아에서 간 사람들이라고 해. 지금 아시아와 북아메리카 사이에는 바다가 가로놓여 있어. 그런데 약 2만 년 전에는 바다가 아니라 육지로 연결되어 있어서 아시아 사람들이 북아메리카로 건너갔다는구나. 그러고 보니 아메리카 인디언은 아시아 인과 참 비슷하게 생겼어.

인디언은 유럽 인들이 도착하기 전까지 아메리카의 주인이었어. 나름의 독특한 문명을 발달시키면서 살고 있었지. 그 문명을 무너뜨린 것이 유럽 인이야.

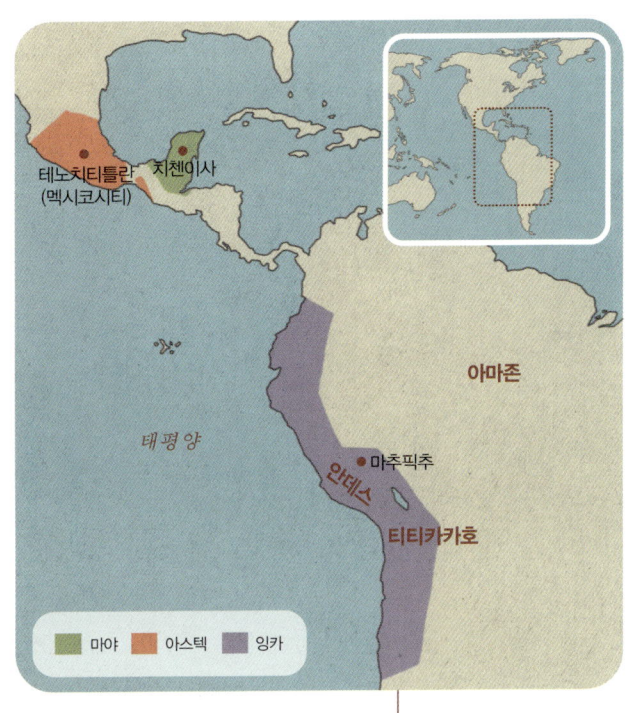

마야, 잉카, 아스텍 문명
세 문명은 각각 그 시기와 지역이 다르단다.

마야와 아스텍

시간을 거슬러 올라가 아메리카 문명의 역사를 더듬어 보자. 유럽과 아시아에 각각 나름의 문명이 발달했듯이, 아메리카에서도 문명이 일어났어.

문명은 크게 두 곳에서 일어났단다. 중앙아메리카의 멕시코 고원에서 일어난 마야 문명과 아스텍 문명, 그리고 남아메리카의 안데스 산맥 일대에서 일어난 잉카 문명.

그중 먼저 발달한 곳은 멕시코 고원의 마야 문명이었어. 마야 문명이 언제 시작되었는지 정확히 알 수는 없지만, 기원후 1, 2년 무렵에 벌써 도시가 여럿 있었다는 기록이 있단다.

신전인 돌 계단 피라미드를 중심으로 한 국가가 생겨나고 사람들은 귀족, 신관, 평민, 노예 등 4계급으로 나뉘어 있었어.

아메리카 문명

211

전사의 신전
마야 문명이 꽃피었던 멕시코의 치첸이사에 있어. 기둥 천 개의 신전이라고도 하는데, 줄지어 서 있는 기둥에는 마야 인들의 모습이 새겨져 있단다.

 또한 마야 인들은 놀라우리만큼 정확한 천문학을 발전시켰고, 흙으로 만든 토기를 사용하고 금, 은, 동으로 섬세한 장식품을 만들었지. 조각도 잘했어. 또 상형 문자를 만들어 쓰고, 달력을 만들어 농사짓는 데 이용하는 등 매우 발달한 문명을 갖고 있었단다.
 마야 인들의 뒤를 이어 멕시코 고원에서 문명의 꽃을 피운 것은 아스텍 인들이야. 아스텍 인들은 13세기 무렵 도시를 건설하기 시작해 15세기 전반에는 중앙아메리카 대부분을 차지하는 제국을 이루었어.

아스텍 인들은 태양신을 믿었어. 태양신뿐 아니라 비, 바람, 대지의 신도 섬겼어. 모두 농사와 관련 깊은 신이로구나.

아스텍 인들은 신에게 제사를 드릴 때 사람을 제물로 바쳤어. 대개 전쟁 포로나 죄인이 제물이 되었지. 사람을 제물로 바치다니, 끔찍하다고? 하지만 아스텍 인들은 그것을 지극히 자연스러운 일로 생각했단다. 그건 죽음에 대한 생각이 달랐기 때문이야.

아스텍 인들은 죽은 다음에도 영혼은 계속 살아남는다고 생각했어. 그래서 육신은 그리 중요한 게 아니니까 제물로 바치는 것이 끔찍하게 잔인한 짓이라고는 전혀 생각하지 않았지.

아스텍 제국의 수도 테노치티틀란은 호수 한가운데 자리 잡은 아름다운 도시였어. 20만~30만 명의 인구를 지닌 대도시였지. 도시 각 지역에는 공중화장실이 설치되어 있고, 호수의 물을 육지로 끌어들여 식수로 사용하는 뛰어난 지혜도 갖고 있었단다.

콜럼버스가 서인도 제도에 도착했을 때, 아스텍 제국은 번영의 절정에 달해 있었어. 그러나 약 30년 뒤, 아스텍 제국은 유럽 인 앞에서 와르르 무

태양의 돌

아스텍 인들이 태양신에게 바치기 위해 만든 것이야. 날짜와 연도가 표시된 달력이기도 해. 한가운데 태양신이 있고, 그 주위를 네 개의 과거의 태양이 둘러싸고 있어. 아스텍 인들의 천문학과 우주관이 표현된 작품이란다. 원래는 화려한 색이 입혀져 있었는데 오랜 시간이 흐르면서 색이 사라졌다고 해.

아스텍의 여신 코욜조흐퀴
달의 여신 코아틀리쿠의 딸이야. 아스텍 인들은 여러 신과 여신을 믿었어.

계단 논
산악 지대에 계단 논을 만들고 물을 끌어올려 농사를 짓는 방식은 잉카 시대부터 내려왔어. 사진은 잉카 제국이 있던 페루의 계단 논이란다.

너지고 만단다. 아스텍 제국을 무너뜨린 것은 에스파냐의 코르테스였어.

거대한 도시 테노치티틀란도 무너졌어. 태양신을 모시는 신전이 있던 자리에 에스파냐 인들은 성당을 세웠어. 오늘날 멕시코의 수도인 멕시코시티는 옛날 테노치티틀란이 있던 자리에 들어선 거야.

신 같은 왕, 잉카

중앙아메리카의 멕시코에서 마야 문명이 번영할 무렵, 남아메리카의 안데스 고원에서는 잉카 인들이 문명을 발달시키고 있었어. 그리고 10세기 이후에는 지금의 페루와 콜롬비아, 칠레 일대를 아우르는 제국을 이루었어. 잉카란 '신 같은 왕'이라는 뜻이야. 제국의 수도는 쿠스코.

잉카 문명은 높은 산악 지대에 자리 잡고 있었

잉카 문명

어. 산악 지대에 물을 끌어올려 농사짓기란 쉽지 않았겠지?

그런데도 잉카 인들은 완벽하리만큼 훌륭한 관개 시설을 만들어 농사를 지었단다. 또 잉카 인들은 집 짓고 길 닦는 데 선수였어. 특히 돌을 깎아 집 짓는 기술이 아주 발달했지.

잉카 인들이 산꼭대기에 건설한 도시가 지금까지 남아 있어. 마추픽추가 대표적인데, 그토록 높은 곳에 어떻게 돌로 건물을 짓고 길을 닦았는지 정말 신기하기만 하단다.

마추픽추 잉카 인들은 세밀한 무늬를 수놓은 화려한 빛깔의 옷감을 짜고, 토기와 금, 은, 동으로 만든 그릇을 사용했어.

뿐만 아니라 의술이 발달해서 뇌 수술까지 거뜬히 해냈다는구나. 잉카 인들의 글자는 '키푸'라고 하는데, 노끈에 매듭을 지어 뜻을 나타낸단다.

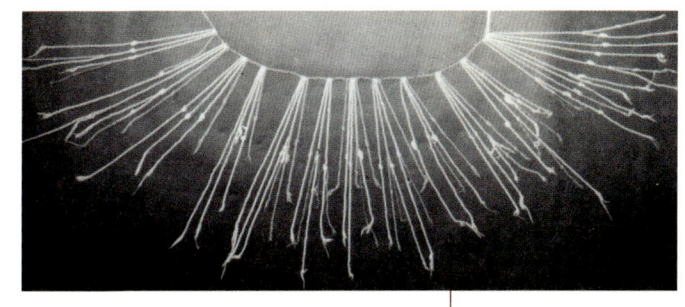

키푸
끈에 매듭을 지어 뜻을 나타냈어.

이렇게 찬란한 문명을 자랑하던 잉카 제국도 유럽 인의 총 앞에 힘없이 무너졌어. 에스파냐 인 피사로가 잉카를 무너뜨린 사람이란다.

1532년 200명이 채 안 되는 병사를 이끌고 잉카 제국에 도착한 피사로는 속임수를 써서 잉카 제국의 왕을 사로잡았어. 신과 같은 왕이 사로잡히자 잉카 인들은 두려움에 떨었어.

한동안 피사로는 왕을 앞세워 제국을 다스리며 막대한 재물을 빼앗았단다. 그러다가 왕을 죽여 버리고 잉카 제국을 에스파냐 것으로 만들어 버렸어.

❓ 아스텍과 잉카의 예술

아스텍 제국과 잉카 제국이 남긴 예술품은 오늘날 박물관에 남아 있어. 훌륭한 전통을 간직한 예술품들이란다. 특히 잉카의 금 세공품은 아주 훌륭해. 조각품 중에는 돌에 새긴 뱀이 멋있지. 나머지 작품들은 아마도 사람의 두려움을 표현한 것인가 봐. 소름이 끼칠 만큼 무섭게 보인단다.

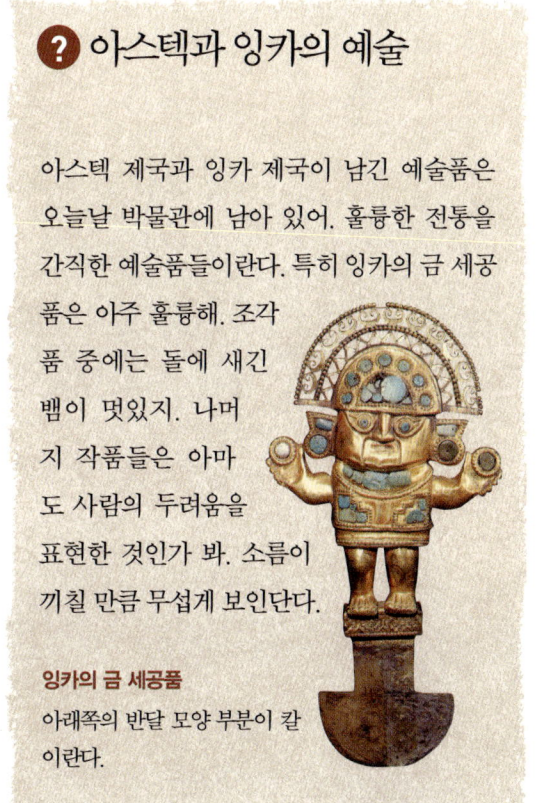

잉카의 금 세공품
아래쪽의 반달 모양 부분이 칼이란다.

아메리카 문명

아메리카 인들의 저항

아스텍 제국과 잉카 제국을 점령한 에스파냐의 정복자들은 원주민의 땅을 마음대로 나눠 갖고 원주민을 동원해 강제 노동을 시켰어. 많은 원주민들이 심한 강제 노동과 영양실조로 죽어갔단다.

원주민들의 불만은 높아만 갔지만 에스파냐 인들은 눈도 깜짝하지 않았지. 결국 더 이상 참을 수 없었던 원주민들은 1780년 반란을 일으켰단다. 반란은 순식간에 번져 수십만 명의 원주민들이 가세했어. 하지만 총을 앞세운 에스파냐의 잔인한 진압으로 반란은 8만 명의 원주민들이 학살당하면서 실패로 끝나고 말았어.

반란은 실패로 끝났지만 이들의 저항 정신은 훗날 남아메리카에서 일어난 독립 운동에 큰 영향을 미치게 된단다.

아스텍의 최후
독수리가 아스텍의 마지막 황제 목테수마를 데려가는 이 그림은 유럽에서 큰 인기를 끌었다고 해.

21 새 항로 발견과 대항해 시대

　서유럽이 새 힘으로 가득 차오르고 있을 때, 동쪽에서 유혹의 손길이 다가왔어. 황금의 유혹이야. 마르코 폴로나 다른 여행가들이 인도나 중국에 다녀와 전하는 얘기에 유럽 사람들은 무척 흥분했단다. 그곳에 황금이 헤아릴 수 없을 만큼 많다는 소문이 퍼졌거든. 유럽 사람들은 너도나도 동양으로 가려고 바다로 나섰어.

　오스만 튀르크가 콘스탄티노플을 함락시킨 것이 바로 이때였어. 유럽에서 동쪽으로 가는 바닷길과 뭍길이 모두 오스만 튀르크 손안에 들어갔지.

오스만 튀르크는 무역을 별로 장려하지 않았어. 그래서 유럽 상인들은 화가 났지. 황금을 차지하려는 모험가들 역시 분개했어. 이들은 마침내 황금의 나라 동양으로 가는 새로운 바닷길, 새 항로를 찾아 나섰단다.

인도로 가는 길

요즘은 초등학생이면 누구나 지구가 둥글게 생겼으며 지구가 태양 둘레를 돈다는 사실을 알고 있지? 그런데 약 500년 전만 해도 그걸 아는 유럽 인들은 드물었단다.

만약 누군가가 지구는 둥글게 생겼으며 태양 둘레를 돈다고 생각하거나 드러내 놓고 말하면, 교회가 가만두지 않았기 때문이야. 그건 세상을 창조한 신의 섭리에 맞지 않다고 생각한 탓이지.

그러나 제아무리 교회가 무섭게 굴어도, 지구가 둥글다고 믿는 사람은 자꾸 늘어갔어. 지구가 둥글면 배를 타고 동쪽이 아니라 서쪽으로 가도 중국이나 인도에 도착하겠구나, 이렇게 생각하는 사람들이 나타났

크리스토퍼 콜럼버스
아메리카에 도착한 그는 죽을 때까지 자신이 도착한 곳이 인도라고 믿었단다.

인도를 찾아 떠난
콜럼버스

지. 크리스토퍼 콜럼버스도 그중 한 사람이었단다.

콜럼버스는 바르톨로뮤 디아스와는 반대로 서쪽을 항해하여 대서양을 가로지를 생각을 했어. 바르톨로뮤 디아스는 포르투갈 출신으로 1486년 아프리카 해안을 더듬어 내려가 아프리카의 남쪽 끄트머리에 불쑥 내민 곶까지 항해하는 데 성공한 인물이란다.

에스파냐 여왕 이사벨라가 콜럼버스의 계획을 적극 지지해 주었어. 드디어 1492년 8월 3일, 이사벨라 여왕의 환송을 받으며 콜

콜럼버스와 원주민의 만남
네덜란드의 삽화가 테오도르 드브리가 그린 그림이야. 아메리카 원주민들은 콜럼버스를 환영하고 따뜻이 맞아 주었어. 콜럼버스의 아메리카 발견은 유럽 인들의 관점에서 발견일 뿐, 아메리카에는 오래전부터 이미 수많은 사람들이 살고 있었다는 것을 잊지 말렴.

럼버스는 산타마리아호를 비롯해 배 세 척을 이끌고 에스파냐의 팔로스 항구를 떠났어.

"바다 건너에 인도가 있다!"

콜럼버스는 지옥불이 타오르는 낭떠러지를 만날지 모른다는 두려움을 품은 선원들을 격려하고 안심시켰어.

출발한 지 69일, 일행은 육지에 닿았어. 콜럼버스는 몹시 기뻐하며 그곳에 산살바도르('성스러운 구세주'라는 뜻)라는 이름을 붙였어.

콜럼버스는 그곳이 인도라고 확신했지. 하지만 사실은 인도가 아니라 북아메리카 근처의 섬, 지금의 바하마 제도였단다.

콜럼버스는 이곳에 요새를 쌓고 정복 사업을 시작했어. 원주민들은 그에게 면화를 바쳐야 했고, 강제로 금광에 끌려가 죽도록 일해야 했지. 3년에 걸친 콜럼버스의 정복 사업으로 원주민의 약 3분의 1이 죽거나 또는 에스파냐에 노예로 팔려 갔다는구나.

한편, 콜럼버스가 인도에 도착했다는 소식에 충격을 받은 포르투갈도 인도 항해길 개척을 서둘렀어. 그 결과 6년 뒤인 1498년, 포르투갈 사람 바스쿠 다가마는 희망봉을 돌아 인도양을 건너 인

도의 코지코드(캘리컷)에 도착했단다.

그가 인도양을 무사히 건너는 데는 한 인도인 선원의 도움이 컸어. 사실 인도양은 중국인, 아랍 인, 인도인들에겐 아주 익숙한 바다였어. 그들은 오래전부터 인도양을 오가며 무역을 해 왔거든. 다만 유럽 인들이 몰랐을 뿐이지.

바스쿠 다가마가 인도의 코지코드에 도착할 즈음, 콜럼버스는 아메리카 대륙의 온두라스와 베네수엘라 일대를 탐험하고 있었어. 그는 죽을 때까지 자신이 '인도'에 도착했다고 믿었단다.

나중에 이탈리아의 탐험가 아메리고 베스푸치가 이곳이 인도가

아메리고 베스푸치

콜럼버스가 도착한 곳은 이탈리아의 탐험가 아메리고 베스푸치의 이름을 따서 아메리카라고 불리게 되었어. 테오도르 드브리의 그림이란다.

새 항로 발견과 대항해 시대

223

아니고 유럽 인이 전혀 모르는 새 땅임을 알아내면서 비로소 새 땅은 그의 이름을 따서 '아메리카'라 하게 되었어.

3년 걸린 세계 일주

콜럼버스가 도착한 곳이 인도가 아니라는 사실이 밝혀지자, 에스파냐는 다시 인도 항해길을 찾아 나섰어. 이번엔 마젤란이 앞장섰단다. 포르투갈 사람이지만 에스파냐에서 살고 있던 마젤란은 배 다섯 척과 선원 240여 명을 이끌고 에스파냐를 떠났어. 1519년 9월이었지.

콜럼버스와 마찬가지로 서쪽을 향해 대서양을 가로지른 이들은 남아메리카의 리우데자네이루를 거쳐 대륙의 남쪽 끝에 이르렀단다. 대륙의 남쪽 끝과 섬 사이로 난 좁은 물길을 헤치고 나간 이들은 그곳에 '마젤란'이란 이름을 붙였어. 오늘날 마젤란 해협이라고 하는 곳이야.

해협을 벗어나자 처음 보는 광활한 바다가 펼쳐졌어. 대서양에 비해 너무도 잔잔한 바다를 보고

항해를 떠나는 마젤란
마젤란은 유럽 인으로서 처음으로 태평양을 항해한 사람이야. 그는 필리핀에서 죽었지만, 남은 일행은 지구를 한바퀴 돌아 출발지로 돌아왔어.

마젤란은 '태평양'이라 이름 붙였지. 그러나 이 바다가 얼마나 무서운 바다인지 곧 알게 된단다.

마젤란 일행은 북서쪽으로 방향을 잡고 나아갔어. 무시무시한 항해였어. 보이는 건 사방에 가득 찬 물뿐, 어디에도 육지는 없었어. 식량이 떨어지고 괴혈병이 돌아 선원들은 하나둘 쓰러져 갔지.

처음 보는 망망대해를 헤쳐 가는 심정이 어땠을까? 두려우면서도 몹시 설레지 않았을까? 콜럼버스나 마젤란의 모험심과 도전 정신만큼은 배워야 할 것 같구나.

그렇게 바다를 떠돈 지 4개월, 마젤란 일행은 마침내 육지를 발견했어. 필리핀 근처의 마리아나 제도였어. 그러니까 남아메리카 남쪽 끝에서 태평양을 가로질러 아시아의 필리핀에 도착한 거야.

필리핀에 상륙한 마젤란 일행은 원주민에게 식량을 내놓고 기독교로 개종하라고 요구했어. 친절하게 마젤란 일행을 맞았던 원주민들은 마젤란 일행이 너무 거칠게 나오자 저항하기 시작했어.

결국 마젤란 일행과 원주민 사이에 전투가 벌어졌고, 마젤란은 죽고 말았단다. 마젤란이 죽은 뒤 살아남은 선원들은 배 두 척에 나눠 타고 고향을 향해 길을 재촉했어. 인도양을 건너고 아프리카 희망봉을 돌아서 가는 멀고 먼 항해였지.

1522년 9월 8일 에스파냐의 세비야 항구에 낡은 배 한 척이 도착했단다. 배 이름은 비토리아. 3년 전 마젤란과 함께 떠났던 다섯 배 중 하나였어. 지구를 한 바퀴 도는 세계 일주에 성공한 거란다. 처음 출발했던 240여 명의 선원 가운데 비토리아호를 타고 돌아온 사람은 18명뿐.

그렇지만 이들이 싣고 온 향료는 아주 비싼 값에 팔려서 항해 비용을 다 내고도 남았어. 비토리아호의 세계 일주 성공으로 유럽인들은 그제야 지구가 둥글다는 것을 확신하게 되었단다.

비토리아호의 세계 일주 성공

새 항로의 주인은 유럽 인

유럽 인들의 새 항로 발견을 가리켜 세계사에서는 '지리상의 발견'이라고 해. 하지만 이것은 어디까지나 유럽 인의 관점으로 볼 때 '발견'이야.

콜럼버스가 도착하기 전부터 아메리카 대륙에는 사람이 살고 있었으며 고유의 문명을 자랑하고 있었어. 필리핀도 마찬가지야. 마젤란의 도착과 상관없이 존재하고 있었지.

유럽 인들은 자기들에게 낯선 세계에 도착하면 마음대로 이름을 붙이곤 했어. 한 예로, 1787년 우리나라 동해에 도착한 프랑스

그때의 세계 지도

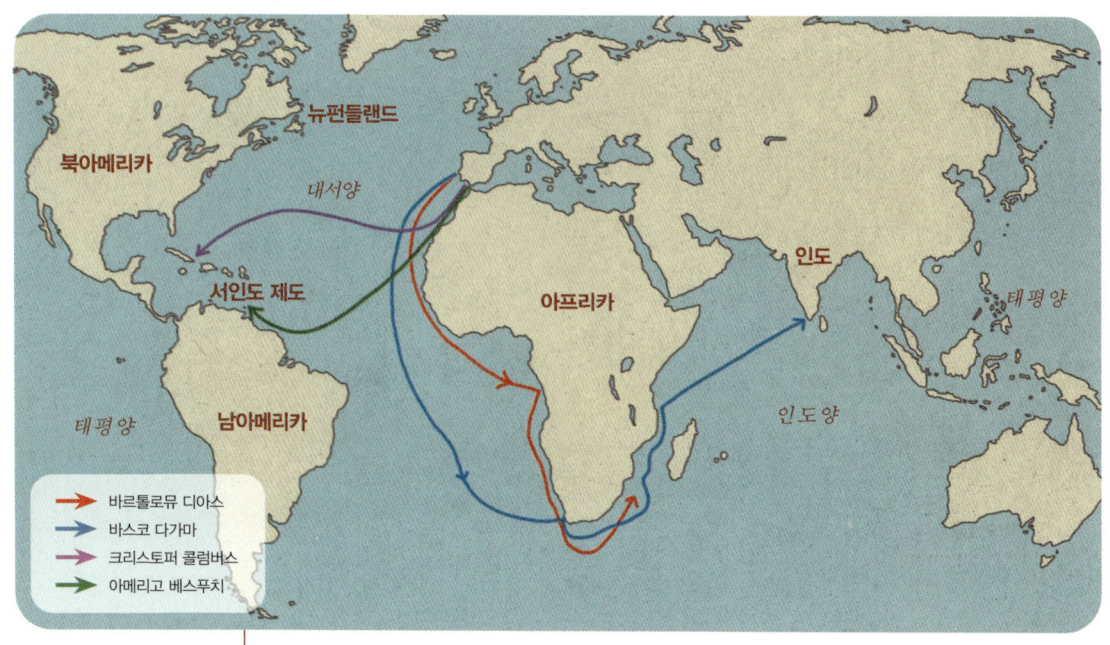

유럽 인의 새 항로 개척

탐험대 라페루즈 일행은 울릉도를 '발견'하고서 같이 간 프랑스 학자의 이름을 따서 다줄레 섬이라고 이름 붙였다는구나.

어쨌든 새 항로 발견으로 유럽 사회는 커다란 변화를 겪게 된단다. 아메리카 대륙으로부터 어마어마한 양의 금과 은이 쏟아져 들어오는 바람에 물가가 치솟고, 상공업자들은 갈수록 부자가 되었어.

왕은 상공업자들과 손잡고 식민지 건설을 지원해서 많은 이득을 얻었어. 앞서 말한 포

식민지 개척에 나선 유럽 인들

인도로 가는 새로운 항로를 찾으려는 유럽 인들의 노력이 빚은 결과는 세계 역사에서 중요한 전환점이 되었어. 식민지와 식민지 지배자의 탄생이 그것이지. 사진은 아메리카의 아스텍을 공격하는 에스파냐인 코르테스의 모습이야.

르투갈과 에스파냐 말고도 영국, 네덜란드, 프랑스 등 유럽 각국의 왕들은 저마다 식민지 건설에 열을 올렸어.

식민지 건설은 원주민에게는 살던 땅에서 하루아침에 쫓겨나 유럽 인의 노예가 되는 것을 뜻했지. 유럽 인들은 원주민의 땅을 마음대로 빼앗고 원주민에게 강제 노동을 시키는 한편, 원주민들의 문화와 전통을 무시한 채 자신들의 종교인 기독교로 개종하라고 강요했어.

지리상의 발견과 뒤이은 식민지 건설은 유럽 인들에게 막대한 이익을 안겨 주었지만 그 때문에 아시아와 아메리카, 아프리카의 원주민은 삶의 터전을 파괴당했다는 사실을 잊지 말렴.

❓ 교황의 선물

새 항로 개척으로 '발견'한 식민지를 둘러싸고 에스파냐와 포르투갈은 치열한 경쟁을 벌였어. 경쟁이 심해지자 교황 알렉산더 6세가 두 나라를 화해시키려고 나섰어. 교황이 준 화해의 선물이 무엇이었는 줄 아니? 지도에서 대서양에 있는 아소로스(아조레스) 제도 서쪽 480킬로미터 지점에 남북으로 죽 선을 긋고, 포르투갈은 그 동쪽을, 에스파냐는 서쪽을 가지라고 나누어 주었단다. 거기 살고 있는 원주민들은 전혀 생각하지 않고 순전히 마음대로 말이야. 교황의 선물 덕분에 포르투갈은 아프리카와 아시아를 차지하고, 에스파냐는 아메리카 대부분을 차지하게 되었어.

신세계 분할
교황이 식민지를 나눠 주기 위해 대서양에 그은 선이 보이는 최초의 지도야.

22 르네상스, 천재들의 시대

〈모나리자〉
르네상스를 대표하는 그림이야. 레오나르도 다빈치의 작품이지. 프랑스 루브르 미술관에 있어.

〈모나리자〉를 본 적 있니? 신비한 미소와 차분하고 단아한 자태, 맑고 투명한 피부를 지닌 아름다운 여인을 그린 레오나르도 다빈치의 그림이란다. 레오나르도 다빈치는 르네상스를 대표하는 인물이고, '모나리자'는 르네상스를 대표하는 미술 작품이야.

르네상스는 프랑스 어로 '부흥', '재생'이란 뜻이야. 잃어버린 것, 사라져 간 것을 되살려 낸다는 뜻이지. 그런데 되살려 내기가 새로운 것을 탄생시키는 결과를 낳았다면 이상한 일일까?

14세기에 시작된 르네상스가 바로 그런 결과를 가져왔단다. 잃어버린 고대 문화를 되살려 내는 것으로 시작되었는데 어느 틈엔가 새로운 문화를 탄생시켰어.

보티첼리의 〈봄〉
보티첼리는 메디치 집안의 후원을 받은 화가였어. 그의 대표 작품인 〈봄〉과 〈비너스의 탄생〉은 메디치 집안을 위해 그린 작품이란다.

신이 아닌 인간을 중심으로

르네상스는 '자유로운 인간'을 꿈꾸었어. 봉건 제도와 교회로부터 벗어난 자유로운 인간 말이야. 각자 지닌 개성을 마음껏 발휘하고, 기독교가 가르쳐 온 신 중심의 사고방식에서 벗어나, 인간을 중심에 놓고 생각하려는 것이 르네상스의 정신이었어.

르네상스는 14세기에 이탈리아에서 시작되었어. 왜 하필 이탈리아였을까? 그건 이탈리아 도시의 상인들이 동방 무역으로 막대한 부를 쌓은 것과 아주 밀접한 관련이

피렌체

피렌체는 꽃이라는 뜻이란다. 이름에 걸맞게 르네상스가 꽃핀 곳이고, 르네상스의 천재로 일컬어지는 레오나르도 다빈치와 미켈란젤로가 태어난 곳이야.

있단다. 동방 무역의 중심지였던 밀라노, 피렌체, 베네치아의 상인들이 특히 그랬지.

그중에서 막대한 돈과 함께 권력까지 거머쥔 이들이 등장했는데 피렌체의 부자 메디치 집안이 바로 그런 경우야.

메디치 집안은 피렌체 전체를 좌지우지할 정도로 막강한 힘을 갖고 있었어. 내로라하는 예술가, 학자 들이 메디치 집안의 보호를 받으려고 모여들었단다.

요즘은 예술가나 학자가 하나의 직업이고 그 직업으로 충분히 생활할 수가 있지만, 과거에는 그렇지 못했어. 부자나 권력자의 보호와 지원을 받아야 했지.

때문에 레오나르도 다빈치를 비롯해서 르네상스 때 활약한 인물들은 대부분 도시의 대상인과 가까운 사이였단다.

상인의 처지에서 보면, 르네상스가 꿈꾸는 '자유로운 인간'이야말로 자기들의 바람과 잘 맞는 것이었어. 상인들 역시 영주의 간섭을 받지 않고 자유롭게 마음껏 돈을 벌고 싶어 했으니까. 그래서 상인들은 르네상스를 아낌없이 지지하고 후원했단다.

피렌체는 학문과 예술의 중심지로 이름을 날리게 되었어. 고대 그리스의 아테네에 견주어질 정도로 말이야.

뛰어난 인재들이 활약한 르네상스

자화상
레오나르도 다빈치의 자화상이란다. 그는 예술가이자 과학자, 발명가였어.

르네상스가 낳은 천재, 레오나르도 다빈치

이탈리아에서 시작된 르네상스는 유럽 전체로 퍼져 나갔어. 15세기 말부터 16세기

르네상스, 천재들의 시대
233

헬리콥터

비행기

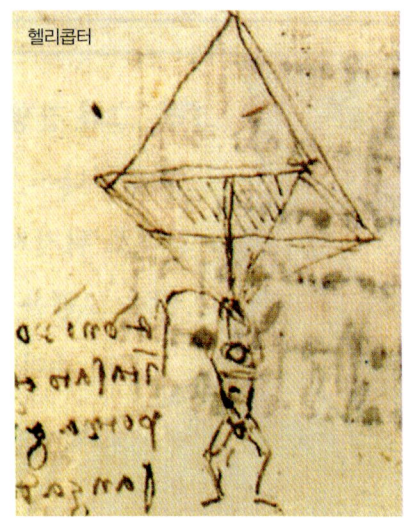

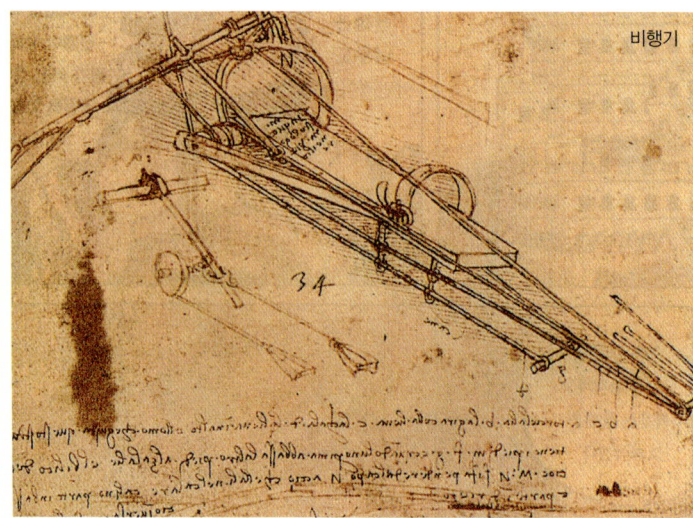

식물

해부도

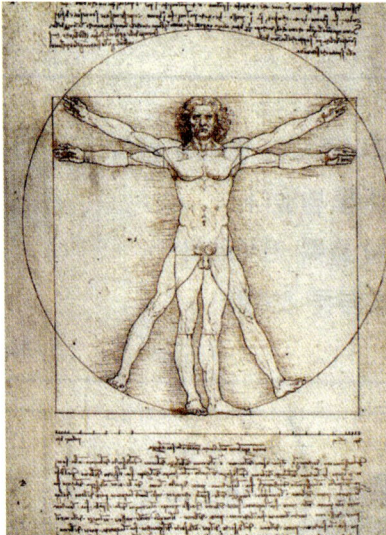

인체 비례도

레오나르도 다빈치 스케치
그의 정확하고 상세한 스케치는 오늘날에도 연구에 쓰일 정도야.

    초를 가리켜 르네상스의 절정기라고 한단다. 이 무렵 이탈리아 도시들은 위대한 예술가들을 많이 탄생시켰어.

    그중에서도 레오나르도 다빈치, 라파엘로, 미켈란젤로 세 사람이 손꼽히는데, 레오나르도 다빈치는 오늘날 '르네상스가 낳은 천재'라고 일컬어진단다.

다빈치는 예술가일 뿐 아니라 과학자, 발명가이기도 했어. 그의 머리는 상상력으로 가득 차 있었지. 자동차, 비행기, 헬리콥터, 비행선, 대포, 전차 등등 현대인이 사용하는 기계들을 그는 벌써 생각해 내고 스케치까지 남겼단다.

다빈치는 자신의 연구 결과를 기록으로 남겼는데, 그 기록은 오랫동안 빛을 보지 못하다가 19세기 말에 들어서야 널리 알려졌어. 그 기록은 오늘날 23권의 책으로 남아 있지. 그는 생전에 이런 말을 했다는구나.

"자연은 그대가 세계에서 무언가를 발견하도록 가만히 지켜보고 있다."

다빈치 외에도 문학, 미술, 건축, 조각, 철학, 정치사상 등 각 분야에서 뛰어난 인재들이 활약했어.

화가이자 조각가였던 미켈란젤로는 99살까지 그림을 그렸다고 해. 미켈란젤로는 '그림은 손으로 그리는 것이 아니라 머리로 그리는 것'이라고 말했어.

그림 그리기를 좋아하는 세운이는 아마 이 말의 뜻을 금

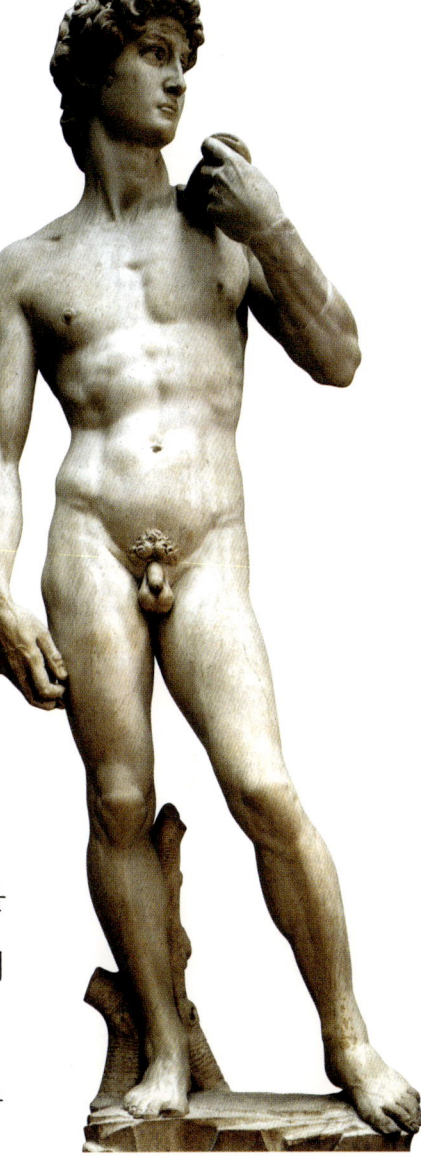

다비드 미켈란젤로의 작품이지. 《성경》에 나오는 다윗을 주인공으로 삼고 있어. 피렌체 아카데미아 미술관에 있단다.

르네상스 천재들의 시대

마키아벨리
이탈리아의 정치가였던 마키아벨리는 정치에서 목적을 달성하기 위해서는 수단과 방법을 가리지 않아야 한다고 말했어.

방 이해할 거야. 그림은 생각과 상상력으로 그리는 것이라는 뜻이겠지?

　문학 쪽은 어땠을까? 《신곡》을 쓴 단테, 《돈 키호테》를 써서 중세 기사의 몰락을 풍자한 에스파냐의 세르반테스, 《햄릿》을 쓴 영국의 셰익스피어가 있구나. 이들은 라틴 어로 작품을 쓰는 것이 일반적이던 당시의 분위기에 맞서서 용감하게 자기 나라 언어로 작품을 썼어.

　철학과 정치사상 면에도 큰 변화가 일어났지. 교회의 권위에 도전하는 비판적인 글들이 연달아 발표되었어.

　토머스 모어의 《유토피아》, 에라스뮈스의 《우신예찬》을 꼽을 수 있겠구나.

　'나는 생각한다. 그러므로 나는 존재한다.'는 유명한 말을 남긴 프랑스 철학자 데카르트, 《수상록》을 쓴 몽테뉴, 《군주론》을 쓴 이탈리아의 마키아벨리도 있어.

　"군주는 인간인 동시에 야수로, 사자인 동시에 여우로 행동하는 법을 체득해야 한다. 자신의 이익에 상반될 때는 약속을 지키지 말아야 하며 지킬 수도 없다. 정직은 언제나 불리하다. 반면 자비롭고 청렴하며 인도적이고 신앙이 돈독한 것처럼 보이면 유익하다. 덕망으로 위장하는 것만큼 유익한 일은 없다."

《군주론》의 한 대목이야. 좀 심하다고? 마키아벨리는 당시 군주들의 잘못된 태도를 꼬집고 싶었던 것 아닐까?

혼란기에 태어난 새로운 가치관

유명한 예술가와 학자 들의 이름과 작품을 죽 늘어놓고 보니 르네상스는 예술과 학문이 만발한 평화로운 시대 같구나. 하지만 사실은 그렇지 않단다.

르네상스가 태어난 시대는 평온한 시대가 아니라 극심한 혼란기였어. 당시 유럽 인들은 흑사병 때문에 무시무시한 죽음의 공포를 실컷 맛보았고, 기나긴 전쟁을 치렀으며, 큰돈을 번 몇몇 상인을 제외하고는 대부분 심한 가난 속에서 살고 있었어.

굶주림, 흑사병, 전쟁……. 그 속에서 봉건 제도와 기독교 신앙이 주던 안락함이 서서히 무너져 내리고 있었어. 르네상스는 이렇게 혼란스럽고 황폐한 시대에 태어났어.

중세 내내 지속되어 온 봉건 제

극심한 혼란기에 태어난 르네상스

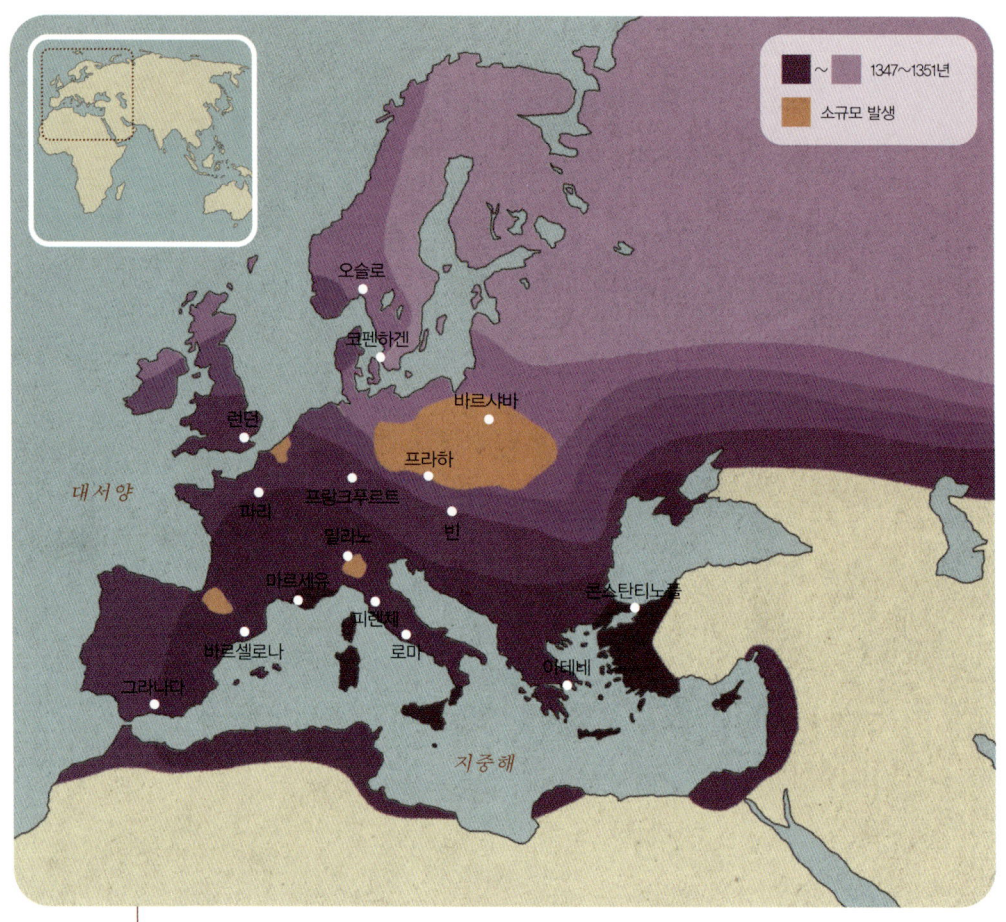

흑사병의 전파

도와 신앙이 무너져 내리자, 뭔가 이상으로 삼을 만한 모범이 필요했을 거야. 사람들은 고대 그리스와 로마에서 그 모범을 찾으려 했어. 중세의 인간과는 전혀 다른 인간, 봉건 제도도 없고 기독교 신앙도 없는 세상에서 사는 인간의 모습을 찾고자 했지.

이렇게 출발한 르네상스는 그때까지 남아 있던 고대의 문화유산을 새로운 눈으로 바라보기 시작했어. 그 결과, 르네상스는 고대의 부흥, 재생이 아니라 새로운 미래를 향한 운동이 된 거야.

❓ 구텐베르크의 활판 인쇄술

인쇄술이 발달하기 전에는 일일이 손으로 써서 책을 만들었단다. 시간과 노력이 무척 많이 들고, 잘못 쓰는 경우도 있었지.

초기의 인쇄술은 석판 인쇄와 목판 인쇄였어. 그런데 독일 사람 구텐베르크는 어떻게 하면 좀 더 편리하고 빠르게 책을 많이 만들 수 있을까 궁리한 끝에, 활판 인쇄술을 발명했지. 글자를 한 자씩 떼어 내어 몇 번이고 판을 짤 수 있도록 한 것이 활판 인쇄술이야. 활판 인쇄술은 르네상스가 꽃피는 데 중요한 몫을 했단다.

구텐베르크 《성경》
구텐베르크 인쇄기로 인쇄한 《성경》이야. 인쇄술 덕분에 《성경》을 많은 사람이 읽을 수 있게 되었어.

23 종교 개혁

개신교와 가톨릭이 어떻게 다르냐고 언젠가 네가 물었지? 그때 엄마는 종교 개혁 이전의 기독교를 가톨릭이라 하고, 종교 개혁을 거쳐 새롭게 탄생한 기독교를 개신교라 한다고 대답했어. 아주 복잡한 문제인데, 지나치게 간단히 대답하고 말았구나. 오늘은 그때 미처 못한 종교 개혁에 대한 이야기를 자세히 해 주마.

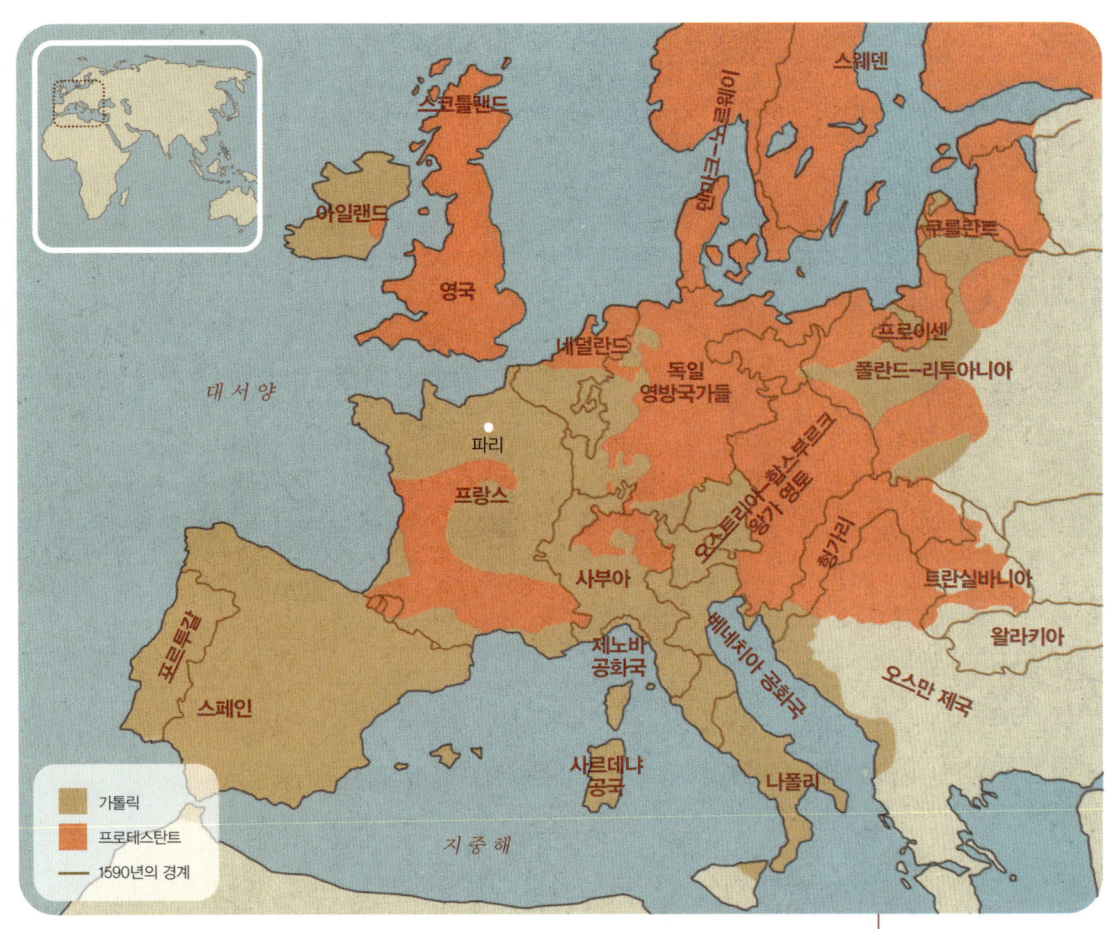

불만과 의심의 대상이 된 교회

종교 개혁은 로마 가톨릭 교회의 부패에 저항하는 운동이야. 동시에, 유럽 여러 나라 왕들이 로마 교황의 간섭으로부터 벗어나고자 한 운동이기도 해. 유럽의 왕들은 교황이 자기 나라 정치에 간섭하는 데 분개하고 있었거든.

당시 교회는 신의 이름을 앞세워 사람들을 지배하고 있었어.

종교 개혁 시대의 유럽

프로테스탄트는 개신교를 말해. 가톨릭을 구교, 프로테스탄트를 신교라고 하기도 하지.

로마에 있는 교황은 기독교도 전체를 지배하려 들었고, 성직자들은 타락해 부정부패를 일삼으며 사치스러운 생활을 하고 있었지. 그 결과 교회는 많은 사람들에게 불만과 의심의 대상이 되어 버렸단다.

이런 상황에서 종교 개혁의 불길을 댕긴 사람은 독일의 성직자 마르틴 루터였어. 그리고 그 도화선이 된 것은 교황의 면죄부(면벌부) 판매를 비판하는 '95개조 반박문'이었고.

면죄부가 뭐냐고? 교황이 파는 증표인데, 이 증표를 사는 사람은 죄를 용서받고 천당에 갈 수 있다고 했어. "돈이 상자 안에서 땡그랑 하는 소리를 내는 순간 영혼은 연옥의 불꽃 속에서 빠져나오게 된다."고 설교하면서 사람들에게 면죄부를 팔았단다. 세상에, 돈 주고 산 증표 따위로 천당에 가다니! 엄마도 루터처럼 화가 나는구나.

그런데 말이다, 면죄부는 사실은 성 베드로 사원을 지을 비용을 마련하기 위해서 교황이 짜낸 생각이었단다. 그렇지만 아무것도 모르는 사람들은 천당에 간다는 교황의 말만 믿고 너도나도

면죄부 판매

면죄부를 샀어.

이 꼴을 본 마르틴 루터는 자기가 나가는 교회에 면죄부 판매가 잘못된 것임을 조목조목 따지는 글을 써 붙였단다. 95개 조항으로 된 이 글을 '95개조 반박문'이라고 해. 1517년의 일이야.

루터의 반박문은 삽시간에 퍼져 나가 독일 국경을 넘어 유럽 전체에 알려졌어. 로마 교회는 당황했지. 교황은 사람을 보내 루터를 파문하겠다고 위협했어. 파문이란 성직자의 자격을 빼앗고 기독교 세계에서 내쫓는다는 뜻이야.

마르틴 루터

그러나 루터는 굴복하지 않았어. 계속해서 로마 교회의 사치와 부패를 공격했지. 루터는 인간의 구원은 교회나 교황을 통해서가 아니라 각자의 믿음과 신의 은총으로만 이루어진다고 주장했어. 그리고 믿음의 근거는 바로 《성경》이라고 했지.

루터의 이런 주장들은 로마 교황이 누리고 있는 절대적인 권위에 정면으로 도전하는 것이나 다름없었어. 루터의 주장대로라면 각자의 믿음이 중요하지 교황이나 면죄부는 전혀 중요하지 않은 것이 되고 말기 때문이야.

결국 1521년 교황은 루터를 파문했단다. 독일 황제 겸 신성 로마 제국 황제인 카를 5세도 루터를 더 이상 보호하지 않겠다고 선

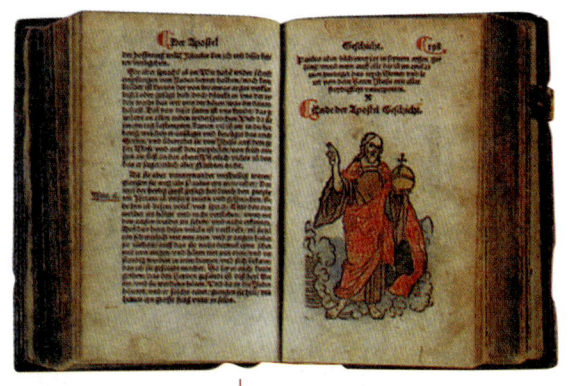

루터가 번역한 성경
1534년에 간행된 루터 번역의 《신약성서》란다. 라틴 어 《성경》뿐이던 그때, 루터는 좀 더 많은 사람들이 읽을 수 있게 하려고 《성경》을 모국어인 독일어로 번역했어.

언했어.

  이때 루터를 도와준 사람이 작센의 대영주 프리드리히였어. 루터는 그의 영지에 숨어 지내면서 《성경》을 독일어로 번역하는 일에 몰두했어.

  세운이도 《성경》을 읽어 보았지? 지금은 누구나 《성경》을 읽을 수 있지만, 그때만 해도 라틴 어로 쓰인 《성경》밖에 없었기 때문에, 《성경》을 읽을 수 있는 사람은 라틴 어 공부를 많이 한 성직자나 학자 들뿐이었어.

  지금처럼 학교 교육이 널리 퍼진 시절이 아니었기 때문에 대부분의 사람들은 라틴 어는커녕 자기 나라 글도 제대로 읽고 쓸 줄 모르는 게 보통이었지. 루터는 《성경》을 독일어로 번역하여 라틴 어를 모르는 독일 사람들도 《성경》을 읽을 수 있게 하고 싶었던 거야.

  루터의 주장과 생각은 사람들의 지지를 받으며 널리 퍼져 나갔어. 농민들이 가장 열렬하게 지지했지. 농민들은 교회와 성직자의 횡포에 오랫동안 시달려 왔기 때문에, 루터를 자신들의 대변자로 생각했거든.

농민 전쟁과 루터

중세 농민들은 영주의 지배 아래서 반은 노예처럼 살았다고 했지? 교회와 성직자들도 농민들을 지배하기로는 영주나 마찬가지였어. 오랫동안 묵묵히 참아 오던 농민들은 마침내 저항하기 시작했단다.

1525년 독일 농민들은 몇 가지 요구 사항을 내걸고 봉기했어. 농민들이 주장한 것은 농노제 폐지, 사냥과 고기잡이의 자유, 세금 증대 거부, 영주 마음대로 하는 처벌 금지, 과부와 고아 약탈

농민 전쟁

금지 등등이었어. 이러한 농민들의 봉기를 역사에서는 독일 농민 전쟁이라고 해.

　농민들은 루터가 자기들을 지지해 줄 거라고 굳게 믿었어. 그러나 루터의 생각은 달랐어. 그는 농민들의 비참한 처지에 동정을 보내긴 했지만, 농민들이 힘을 합쳐 저항하는 데는 조금도 찬성하지 않았지. 더구나 농노제를 없애자는 데는 극력 반대했단다. 루터는 농노제를 당연한 것으로 생각했거든. 루터는 이렇게 말했어.

　"지상의 왕국은 불평등 없이는 존재할 수 없다. 어떤 사람은 지주고 나머지는 농노여야 하며, 어떤 사람은 왕이고 나머지는 신하여야 한다."

　그리고 저항하는 농민들을 가차 없이 죽여 버리라고 영주들에게 충고했어. 루터의 충고대로 영주들은 농민군을 무자비하게 짓밟았고, 농민 전쟁은 얼마 안 가 끝나고 말았어.

　세운이는 좀 혼란스러울지도 모르겠구나. 개인의 신앙의 자유와 권리를 주장한 루터가 어째서 농민들에게는 그토록 냉정했는지 이해하기 어려울지도 몰라.

　루터가 주장한 자유와 권리는 가난하고 배운 것 없는 농민들과는 별 상관없는 것이었던 모양이야. 농민들은 주어진 삶에 묵묵히 순종하고 따르면 되는 것이지 영주에게 저항한다는 건 있을 수 없는 일이라고 루터는 생각한 것 아닐까?

농민들에게 등을 돌린 루터는 영주들의 지지를 받으며 종교 개혁을 계속했어.

종교 개혁은 독일에서만 일어난 것이 아니야. 스위스에서는 츠빙글리, 프랑스에서는 칼뱅이 종교 개혁에 앞장섰단다.

그중 프랑스의 칼뱅은 지독하리만큼 엄격해서, 규율과 가르침을 따르지 않는 사람을 고문하고 화형시키기도 했지. 하지만 사업에 관한 한 아주 너그러웠어. 사업으로 이익을 얻는 것을 축복해 주고 신용 거래를 장려했지.

그래서 상인들은 칼뱅의 가르침을 믿으며 마음 편히 돈벌이에 열중했단다. 칼뱅의 가르침은 당시 발달하던 무역과 산업에 잘 어울렸어.

한편 영국에서는 엘리자베스 여왕의 아버지 헨리 8세가 영국 국교회를 세워 로마 교황으로부터 독립했어. 영국 국교회는 오늘날 성공회라고 한단다.

종교 개혁의 목소리가 갈수록 커지고 따르는 사람들이 늘어나자, 영주들은 1555년 아우크스부르크에서 회의를 열고 루터의 개혁을 공식적으로 인정해 주었어.

그 뒤부터 루터파를 신교 또는 개신교, 프로테

칼뱅
프랑스의 종교 개혁가야. 그의 주장은 특히 상인들에게 인기가 높았어.

독일의 삼십년 전쟁
신교와 구교로 갈라져 1618년부터 약 30년 동안 싸웠어.

스탄트라 하고 가톨릭을 구교라고 부르게 되었지. 프로테스탄트란 '항의하는 사람'이라는 뜻이란다. 가톨릭의 잘못에 항의하는 사람이란 뜻이겠지?

유럽 여러 나라 왕들은 저마다 신교 또는 구교 중에서 하나를 택해 자기 나라 사람들에게 믿게 했어. 그 뒤 오랫동안 유럽에서는 신교를 믿는 나라와 구교를 믿는 나라 사이에 종교 전쟁이 벌어지고, 왕이 신교도인가 구교도인가에 따라 수많은 희생자가 생기기도 했어.

1572년의 성 바돌로매 축일 밤, 파리에 모인 신교도 수천 명을 구교도들이 무참하게 죽여 버린 사건은 신교와 구교의 대표적인 충돌이야.

오늘날 유럽 인이 누리고 있는 개인의 신앙의 자유는 오랜 시간에 걸쳐 수많은 사람들의 희생 위에 이루어진 것이라는 사실을 기억해 두렴.

❓ 농민의 대변자, 토마스 뮌처

토마스 뮌처는 루터에게 감명받아 성직자가 된 사람이야. 그런데 그는 루터와는 다르게 농민 전쟁을 지지하며 그 일에 앞장섰어. 뮌처는 모든 사람이 평등한 하느님 나라를 죽은 다음의 천국이 아니라 현실 사회에 세워야 한다고 주장하면서 또 다른 종교 개혁을 일으켰지. 그가 일으킨 종교 개혁을 '재세례파 운동'이라고 한단다. 뮌처는 농민군과 함께 싸우다가 잡혀 1525년 처형당했어.

프랑켄하우젠 전투
농민군의 지도자 토마스 뮌처는 이 전투 후 붙잡혀 처형당했어.

조선의 건국과 발전

세계사 속 한국사 03

조선을 건국한 이성계

〈용의 눈물〉이란 드라마가 있었지? 조선 건국을 다룬 드라마였어. 세운이와 나란히 앉아 텔레비전을 보던 생각이 나는구나. 그때를 추억(?)하면서 오늘은 우리나라 역사를 짚어 보자.

서유럽에서 르네상스가 시작되고, 중국에서는 몽골 족의 원나라가 무너지고 명나라가 들어섰을 때, 우리나라에서는 고려가 망하고 새로운 나라 조선이 일어섰단다.

조선 건국의 주역은 이성계와 그를 지지하는 무장들 그리고 신진 사대부들이었어.

신진 사대부란 성리학을 공부해 과거 시험에 합격하여 실력으로 관리가 된 사람들을 말해. 정도전, 조준, 권근, 남은 등이 그런 사람들이지.

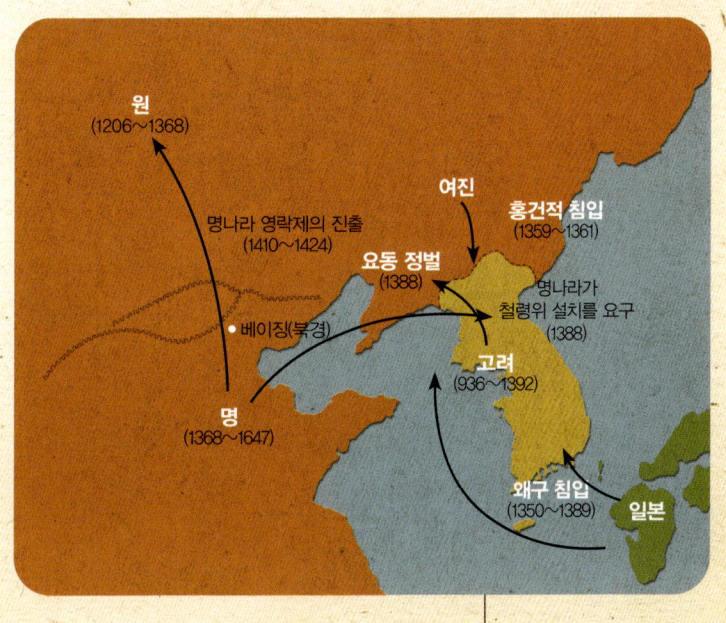

14세기 말의 동아시아

이성계는 보잘것없는 집안 출신이지만 외적을 물리쳐 큰 공을 세운 장군이었어. 이성계는 신진 사대부와 손잡고 고려를 무너뜨렸단다.

이성계는 왕위에 오른 뒤에도 나라 이름을 한동안 고려라 하고 모든 제도를 고려 것 그대로 따랐어. 아마도 왕위에 오르면서 수많은 피를 흘렸기 때문에 민심을 잡으려고 그랬을 거야. 그러나 왕이 된 이듬해, 이성계는 나라 이름을 조선으로 바꾸고, 1394년에는 수도를 한양으로 옮겼어. 한양이 지금의 서울이라는 건 알고 있지?

세 번째 왕 태종 이방원은 태조 이성계의 다섯째 아들로서 수많은 적을 물리치고 왕이 되었어. 태종은 왕권을 강화하고 안정시키는 데 큰 몫을 했단다.

태종의 아들 세종이 이룬 훌륭한 업적은 아버지 태종이 닦아 놓은 안정된 기초가 있었기 때문에 가능했단다.

성리학과 한글

조선은 고려와 달리 성리학의 나라야. 고려 사람들의 세계관과 인생관, 생활 규범을 이끈 것은 불교였지? 조선에서는 성리학이 불교를 대신해 그 자리를 차지하게 돼.

성리학은 유교의 한 파인데, 중국 송나라 때의 학자 주희가 체계화한 학문이지. 그래서 주자학 또는 송학이라고도 한단다.

성리학이 우리나라에 들어온 것은 13세기 고려 말이야. 그때 막 세력을 키우고 있던 신진 사대부가 성리학을 적극 받아들였어. 그리고 고려를 무너뜨리고 새 왕조를 연 신진 사대부는 성리학을 정치 이념으로 삼고 사회 규범의 근거로 삼았지. 삼강오륜과 충효 사상이 성리학의 근본 윤리야.

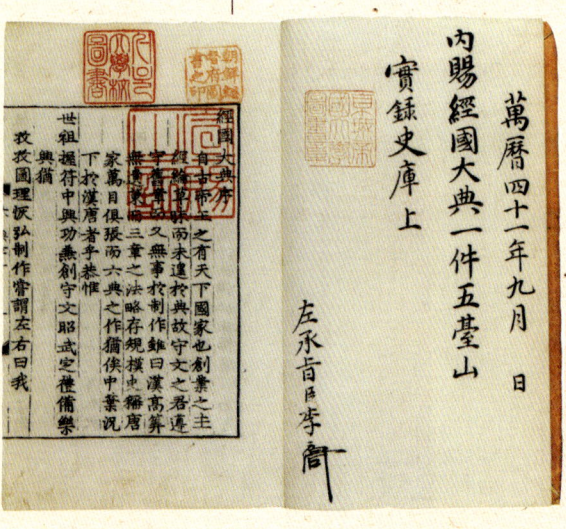

《경국대전》
조선 왕조의 기본이 되는 법전이야. 성종 때 완성되었어.

성리학 사상을 법으로 만들어 놓은 것이 《경국대전》이란다. 《경국대전》은 조선 시대의 대표적인 법전이야. 1485년 성종 때 완성되었지.

그런데 일반 백성이 성리학에서 말하는 윤리를 완전히 제 것으로 받아들이는 데는 시간이 많이 걸렸어. 왜냐하면 백성들에게는 성리학의 윤리가 꽤 낯선 것이었거든. 백성들은 예부터 전해 내려오는 풍습과 관습을 훨씬 소중하게 여겼단다.

지배층 사이에서만 지켜지던 성리학의 윤리가 일반 백성에게 널리 퍼져 누구나 지키게 된 건 100년도 더 지난 임진왜란 후부터란다. 지금도 충과 효를 강조하는 성리학 윤리는 여전히 우리 사회에 영향을 끼치고 있어.

조선이 낳은 또 하나 중요한 업적으로 한글을 꼽을 수 있을 거야. 한글이 없었다면 지금 우리는 남의 나라 글자를 빌려다 쓰고 있겠지?

한글은 1443년 세종 때 만들어졌어. 세종은 수많은 훌륭한 업적을 남겼는데, 한글 창제만큼 우리 역사에 큰 영향을 끼친 것도 없지 않나 싶구나.

한글의 본래 이름은 훈민정음이야. '백성을 가르치는 바른 소리'라는 뜻이지. 훈민정음은 성리학의 민본 사상을 바탕에 깔고 있어. 민본 사상이란, 백성이 근본이라는 생각이란다. 백성을 가르

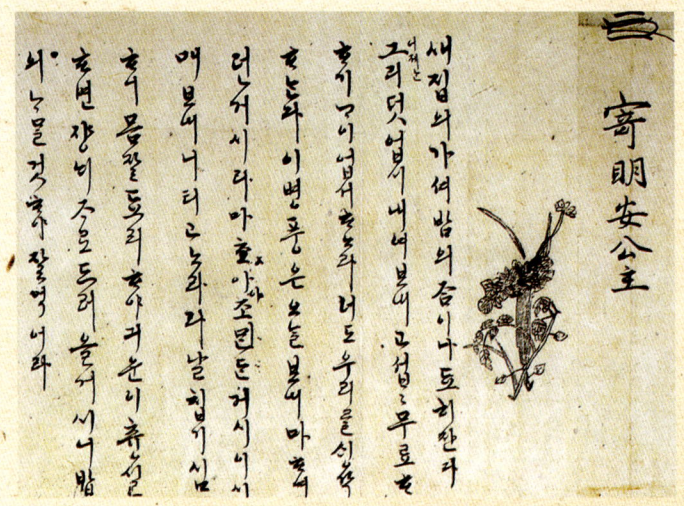

한글 편지
조선 18대 왕 현종이 시집 간 딸에게 보낸 편지란다. "새 집에 가서 밤에 잠이 나 잘 잤느냐……. 너도 우 리를 생각하느냐……."라 고 씌어 있어.

치고 교화해야 바른 정치를 할 수 있다는 생각이지.

그리고 보면 훈민정음은 조선의 정치 이념인 성리학이 낳은 작품이라고 할 수 있겠구나.

하지만 조선 시대에 훈민정음은 별로 귀한 대접을 받지 못했어. 궁녀나 양반 부녀자들 사이에 편지글로 쓰일 뿐, 양반 관리들은 여전히 한자를 고집했지.

훈민정음을 한글이라 하게 된 것은 언제부터냐고? 500년쯤 뒤 우리나라가 일본의 식민지가 되었을 때, 우리말과 우리글이 소중하다는 것을 깨닫게 되면서부터란다.

1928년 조선어학회가 훈민정음 반포 기념일을 한글날이라고 하면서부터 한글이란 이름을 갖게 되었어.

전쟁의 회오리바람

16세기 말부터 17세기 중반까지 약 50년 동안, 조선은 여러 차례 큰 전쟁을 치렀어.

왜란 두 번, 호란 두 번인데, 왜란은 일본과 싸운 전쟁이고 호란은 청나라와 싸운 전쟁이야. 왜란과 호란은 퍽 중요한 사건이니 좀 더 자세히 알고 넘어가자꾸나.

1592년 임진년 4월, 일본군 약 20만 명이 부산 앞바다에 나타났어. 임진왜란이 시작된 거야. 일본군은 한 달 만에 한양을, 두 달 만에 평양을 함락시켰어. 선조 임금은 북쪽으로 북쪽으로 황급히 피난을 떠나야 했어.

바람 앞의 등불처럼 위태로운 나라를 구한 것은 의병들이었어. 한 지역에 사는 농민, 양반, 노비 들이 모여 의병을 만들고 명망 높은 선비가 의병장을 맡았지. 그때 바다에서 이순신 장군이 이끄는 수군이 승전고를 울렸어. 신출귀몰하는 거북선이 일본군의 간담을 서늘하

〈부산진순절도〉
임진왜란의 첫 번째 전투가 벌어진 부산진 싸움을 그린 그림이란다.

울돌목
다리가 걸려 있는 좁은 바다가 이순신이 승리를 거둔 울돌목이야. 물살이 소용돌이치면서 거세게 흐르기 때문에 울돌목이라고 해.

게 했단다.

　명나라가 보낸 원군이 도착한 뒤, 일본과 평화 회담이 시작되었어. 그러나 회담은 깨어지고 일본군은 다시 침입해 왔어. 1597년 정유년의 일로, 이를 정유재란이라고 해.

　일본군은 경상도와 전라도 일대를 점령했지. 그 무렵, 일본의 통치자 도요토미 히데요시가 병으로 세상을 떠났어. 일본군은 철수했고, 철수하는 일본군을 뒤쫓던 이순신 장군은 노량 해전에서 전사하고 말았단다.

왜란이 남긴 상처는 몹시 컸어. 전쟁으로 주변 나라들의 정세도 크게 바뀌게 돼. 일본에서는 도쿠가와 이에야스가 정권을 잡고, 명나라는 만주에서 일어난 청나라에게 무너지게 된단다.

그런데 조선은 일본과 7년에 걸친 전쟁이 끝난 지 30년 만에 또 전쟁의 회오리에 휩쓸리게 돼. 만주에서 일어난 청나라가 쳐들어온 거야. 1627년과 1636년 두 차례에 걸쳐 쳐들어왔는데 앞의 것을 정묘호란, 뒤의 것을 병자호란이라 한단다.

청나라는 명나라를 총공격하기 전에 먼저 조선을 친 것이었어. 인조 임금은 강화도로 피난 가서 청나라에 '형제의 나라'가 되겠다고 약속했지.

두 번째로 쳐들어온 청나라는 남한산성에 피난 가 있던 인조에게 항복을 받았어. 인조의 맏아들 소현 세자를 비롯해 수많은 사람들이 인질로 청나라에 끌려갔단다. 그 후, 청은 명을 멸망시키고 베이징을 수도로 삼았어.

왜란과 호란은 백성

신기전 화차
임진왜란 때 사용한 신기전 화차는 오늘날의 로켓에 비유될 정도로 뛰어난 무기였어.

호병도 청나라 병사들의 모습이야. 18세기 화가 김윤겸의 그림이란다.

의 생활을 말할 수 없이 황폐하게 만들었어. 전쟁이 할퀴고 간 상처는 몹시 깊었지.

조선 사회는 왜란과 호란을 겪으면서 크게 달라졌어. 달라지되, 전쟁으로 나라가 흔들리기보다는 도리어 지배 체제가 강화되었단다. 아마 전쟁이 남긴 상처를 치유하려고 애쓴 결과가 아닐까 싶구나.

일하는 농민들 김홍도의 벼 타작 그림이야. 열심히 일하는 농민들과 한가로운 양반의 모습이 잘 그려져 있어.

양반의 쌍놈의 시대

조선 시대 사람들은 양반과 천민으로 크게 나뉘었어. 좀 더 잘게 나누면 양반, 중인, 상민, 천민 네 가지 신분으로 나뉘었지. 유럽에서는 귀족과 영주, 농노로 신분이 나뉘었지?

양반은 나라에 대한 의무의 일부를 면제받는 특권층이고, 상민은 생산을 도맡아 하는 동시에 세금을 내야 했어. 상민의 대부분은 농민이지. 천민인 노비는 '살아 있는 도구요 재산'으로 취급되었어. 한마디로 주인이 마음대로 사고팔 수 있다는 뜻이야.

양반과 쌍놈

호패
조선 시대의 신분증이야. 마치 지금의 주민등록증과 같아. 지금의 주민등록증은 누구 것이든 다 똑같지만, 조선 시대의 호패는 신분에 따라 달라. 양반은 상아나 뿔로 만든 호패, 상민은 나무로 만든 호패를 찼어.

  특수한 직업인 백정, 재인(광대)은 법으로는 천민이 아니지만 실제로는 천민 대우를 받았어.

  신분 제도는 엄격해서 함부로 바꾸지 못하고, 신분이 다른 사람들끼리는 결혼할 수 없게 되어 있었어. 하지만 18세기 들어

조선의 건국과 발전

❓ 조선의 3대 도적

홍길동은 연산군 때 이름을 날린 도적이고, 임꺽정은 그보다 약 50년 뒤에 사람들의 간담을 서늘케 한 도적, 그로부터 약 130년 뒤 활약한 장길산은 조선 후기를 대표하는 도적이란다. 세 도적 중에 홍길동과 임꺽정은 잡혔지만 장길산은 끝내 잡히지 않고 자취를 감췄어. 세 도적의 공통점은 지배층은 이들을 극악무도한 강도 취급을 했지만, 백성들은 힘없는 자기들을 대신해서 싸워 주는 통쾌한 의적으로 여겼다는 점이야. 광해군 때의 개혁 사상가 허균은 실제의 홍길동을 모델 삼아 소설 《홍길동전》을 썼단다.

《홍길동전》
허균의 《홍길동전》은 한글이 아니라 한문으로 썼으며, 나중에 한글로 번역되었을 거라고 추측하는 학자들도 있어.

신분 제도가 흔들리면서 돈을 주고 호적이나 족보를 사서 양반 노릇을 하거나, 나라가 재정 마련을 위해 발행한 공명첩(돈 내고 벼슬을 산 증서), 납속첩(곡식을 내고 벼슬을 산 증서)을 사서 합법적으로 양반이 되는 경우가 많아졌단다.

24 산업 혁명과 자본주의

다시 유럽으로 가자. 14세기부터 유럽에서는 세계 역사를 바꿔 놓은 중요한 사건들이 잇달아 일어났어. 전에 말한 지리상의 발견, 르네상스, 종교 개혁이 바로 그런 사건들이란다.

오늘 얘기할 산업 혁명 역시 아주 중요한 사건이야. 어쩌면 현대 사회를 이해하는 데 가장 중요한 사건이 될지 모르겠구나.

산업 혁명의 무대는 영국이야. 지도에서 영

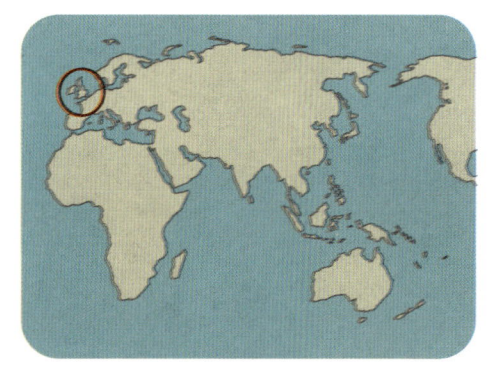

국을 찾아보렴. 유럽에서는 도버 해협이라는 좁은 물길을 건너면 바로 도착하게 되는 자그마한 섬나라야. 이 작은 섬나라에서 인류의 생활을 크게 바꿔 놓은 거대한 혁명이 일어나, 유럽으로 퍼져 나간 거란다.

지금 너와 엄마도 혁명의 시대에 살고 있어. 컴퓨터가 일으킨 정보 혁명의 시대지. 집배원 아저씨가 며칠 만에 배달해 주던 편지 대신에 이메일로 눈 깜짝할 사이에 친구에게 소식을 보내는가 하면, 책상 앞에 앉아서 인터넷으로 지구 반대편의 정보를 알 수 있지 않니.

컴퓨터도 인공위성도 모르고 자란 엄마에게 이런 변화는 참 신기하면서도 당황스러운 것들이란다. "엄만 그것도 몰라?" 하고 가끔 네게 무시(?)당하면서도, 엄마는 하루가 다르게 변하는 세상에 적응하려 애쓰고 있어.

산업 혁명 시대에 살았던 사람들 역시 지금 엄마처럼 너무 빠른 변화 앞에서 충격과 자극을 동시에 느꼈을 거야.

좀 더 빨리, 좀 더 많이

산업 혁명은 옷에서부터 시작되었단다. 좀 더 정확히 말하면, 면화에서 실을 뽑아 옷감을 짜는 면직물 공업에서 시작됐어.

당시 영국에서는 기술자가 자기 집에서 간단한 도구를 이용해 손으로 옷감을 짜거나, 일꾼 몇 사람을 모아 함께 옷감을 짜는 것이 보통이었어. 이러한 방식을 어려운 말로 공장제 수공업(매뉴팩처)이라고 해.

제니 방적기

공장에서 실 뽑는 일을 하던 제임스 하그리브스는 딸이 걸려 넘어지면서 쓰러진 물레를 보고 아이디어를 떠올려 방적기를 만들었어. 그리고 딸의 이름을 따서 제니 방적기라 했단다.

필요한 옷감은 자꾸 많아지는데 이런 방식으로는 필요한 만큼 빨리 옷감을 만들어 낼 수가 없었어. 그래서 사람들은 궁리했지. 좀 더 빨리, 좀 더 많이 만들어 내려면 어떻게 해야 하나 하고 말야.

그 결과 탄생한 것이 '기계'란다. 물론 전에도 기계 비슷한 것이 있기는 했어. 그건 아주 간단하고 조그만 도구였지. 새로 탄생한 기계는 이전의 도구와는 비교할 수 없을 만큼 거대하고 복잡한 것이었단다.

최초의 기계는 1733년 랭커셔에 사는 직포공(옷감 짜는 기술자) 존 케이가 발명한 자동 베틀이었어. 그때까지는 사람이 한 손에 북을 들고 세로로 맨 날실 사이로 북을 일일이 통과시키며 옷감을 짜야 했지. 그런데 존 케이는 북에 줄을 달아 자동으로 왕복하게 했어. 그 결과 옷감 생산량이 두 배로 늘어났단다. 같은 시간에 전보다 두 배나 많은 옷감을 짜게 된 거야.

방적 공장
1850년대 영국의 방적 공장 풍경이야. 산업 혁명의 영향으로 여성들은 농사와 집안일뿐만 아니라 공장에서도 일하게 되었어.

그러자 이번엔 실이 모자라게 되었어. 실이 있어야 옷감을 짜지 않겠니?

이 문제를 해결한 게 하그리브스가 만든 '제니 방적기'야. 제니 방적기는 동시에 8개의 추를 움직여서 한 번에 많은 실을 뽑을 수 있는 기계란다. 존 케이가 자동 베틀을 발명한 지 31년 뒤인 1764년에 만들어졌지.

그리고 아크라이트는 제니 방적기를 수력으로 움직이게 했고, 뒤를 이어 1779년에는 크럼프턴이 제니 방적기와 수력 방적기의 장점을 살려 뮬 방적기를 만들었어.

그런데 수력을 이용한 기계들은 얼마 안 가 곤란한 문제에 부딪히게 되었어. 수력을 이용하려면 물이 있는 강가에 공장을 세워야 했거든. 따라서 교통이 불편하고, 물이 많고 적음에 영향을 받을 뿐 아니라, 공장을 마음대로 넓힐 수도 없었어.

그래서 수력을 대신할 새로운 동력으로 등장한 것이 증기 기관이란다. 증기 기관을 발명한 사람은 제임스 와트.

그의 발명은 면직물 공업뿐 아니라 제철, 석탄 공업에까지 널리

대규모 공장 지대

사용되었어. 증기 기관 덕택에 대규모 공장이 세워지게 되었지.

교통수단의 발달

기계 공업의 발달과 함께 교통수단도 발달하기 시작했어. 예전의 말이나 마차로는 공장에서 쓸 원료와 다 만들어진 물건을 실어 나를 수가 없었거든. 한꺼번에 많은 양을 멀리까지 실어 나를 수 있는 새로운 교통수단이 필요했어.

기관차
1825년 조지 스티븐슨은 아들과 함께 '로켓호'라는 증기 기관차를 만들었어. 그 뒤로 각국에서 앞다퉈 기차를 운송 수단으로 삼게 되었어.

기선
1807년 미국의 로버트 풀턴은 로버트 리빙스턴과 함께 증기 기관으로 움직이는 배를 만드는 데 성공했어. 배 이름은 클러몬트호.

그래서 증기 기관을 이용한 새로운 교통수단이 등장했단다. 기관차와 기선이 바로 그거야. 영화에서 하얀 연기를 푹푹 내뿜으며 달려가는 기관차를 본 적 있지?

기관차는 1814년 스티븐슨이 발명했어. 스티븐슨의 기관차는 90톤이 넘는 열차를 끌고 리버풀에서 맨체스터까지 시속 16~23킬로미터로 달렸단다. 시속 16~23킬로미터는 지금 같아서는 너무 느린 속도지만, 당시엔 놀라운 일이었지. 그 기관차의 이름이 무엇이었는 줄 아니? 로켓호였어.

기선을 발명한 사람은 미국의 풀턴이야. 그는 스티븐슨의 기관차보다 먼저 기선을 발명해서 허드슨 강을 시속 4노트로 달리고, 1819년에는 대서양을 29일 만에 건넜단다.

콜럼버스가 대서양을 건너는 데 69일이 걸렸지? 콜럼버스가 탔던 배는 커다란 돛을 단 범선이었어. 증기 기선은 29일 만에 건넜으니 시간을 절반 이상 단축한 셈이구나.

교통이 발달하면서 사람들의 생활은 전보다 편리해졌어. 사람들은 식료품과 일용품을 손쉽게 구할 수 있게 되고, 먼

거리를 빠르고 편안하게 여행할 수 있게 되었지.

이렇게 교통수단의 발달은 사람과 물자의 교류를 더욱 촉진시켜 산업 혁명의 발걸음을 한층 빠르게 했단다.

산업 혁명과 자본주의

산업 혁명은 전에는 없던 새로운 질서를 만들어 냈어. 큰돈을 갖고 공장이나 회사를 세워 그 주인이 된 사람들과, 공장이나 회사에서 일하면서 일한 대가를 받아 생활하는 사람들을 중심으로 하는 질서야. 이 새로운 질서를 어려운 말로 자본주의라고 해. 공장이나 회사 주인을 자본가라 하고, 일한 대가인 임금을 받아 생활하는 사람을 노동자라고 해.

기계 공업에 밀려 일감을 잃은 수공업자나 가난한 농민 들이 노동자가 되었어. 가난한 집 아이들은 요즘 아이들이 유치원에 다닐 나이부터 공장에 다녔단다.

자, 이제 산업 혁명이 무엇인지, 산업 혁명이 사람

조선소
영국 뉴캐슬 지방의 어느 조선소 풍경이야. 노동자들이 활기차게 일하고 있어.

가난한 노동자들

❓ 노동자의 생활

산업 혁명 당시 노동자들의 생활은 참 힘들었어. 임금은 아주 적고 일하는 시간은 하루 종일이다시피 했어. 더구나 공장의 환경은 지독히 더럽고 비위생적이었단다. 그래서 노동자들은 건강을 해쳐 일찍 죽는 사례가 많았어. 1840년 영국 리버풀에 사는 노동자들의 평균 수명이 열다섯 살이었다니, 그 생활이 어땠는지 알 만하지? 믿어지지 않는다고? 그럼 1860년의 한 영국 관리의 말을 들어 보자.
"노팅엄의 레이스 공장에 고용된 어린이들은 더러운 침대에서 자다가 새벽 2시, 3시, 4시면 두들겨 깨우는 소리에 일어나야 한다. 밤 10시, 11시, 12시까지 혹사당하는 이 아이들의 손발은 야위고 가슴은 움푹 꺼지고 얼굴엔 핏기가 없다. 아이들은 돌처럼 무표정하고 인간다운 데가 전혀 없다."

공장에서 일하는 아이들
공장 주인들은 값싼 노동력을 얻기 위해서 아이들을 고용했어. 그림 속의 아이는 무슨 이유인지 얻어맞고 있구나. 1848년의 그림이야.

의 생활을 어떻게 바꿔 놓았는지 알았지? 영국에서 시작된 산업 혁명은 유럽으로 퍼져 나갔고, 유럽 여러 나라는 제각기 산업 혁명을 치르며 자본주의 사회로 변화했어. 또 자본주의는 세계로 퍼져 나갔지. 지금 우리는 자본주의 사회에 살고 있어.

25 아메리카 독립

> 미국은 지금 세계에서 가장 부유하고 강한 나라야. 그렇지만 출발할 땐 유럽의 한 식민지에 불과했어. 오늘은 식민지였던 미국이 독립국이 되기까지의 얘기를 들려주마.

필그림 파더스

지금부터 약 400년 전, 영국을 떠난 배 한 척이 대서양을 가로질러 북아메리카 그러니까 지금의 미국 동쪽 해안에 도착했어. 배 이름은 메이플라워.

배에 탄 사람들은 모두 102명이었는데, 이들은 영국 왕 제임스 1세의 정치를 피해서 고국을 떠난 사람들이었어. 대개는 청교도, 즉 '퓨리턴'들이었지.

퓨리턴이란 칼뱅이 창시한 개신교를 믿는 사람들을 말해. 제임스 1세는 영국 국교인 성공회를 지지하고 퓨리턴을 억눌렀어. 그래서 이 사람들은 자유롭게 살고 싶어 아메리카로 떠난 거야.

북아메리카에 도착한 청교도

메이플라워호에 탄 사람들은 오늘날 신앙의 자유를 찾아 떠난 사람들이라는 뜻으로 '필그림 파더스(philgrim fathers)'라고 한단다.

새로운 땅에서 첫발을 떼기란 쉽지 않았어. 그해 겨울, 추위와 굶주림으로 절반 정도가 죽어 갔단다. 살아남은 사람들은 원주민인 인디언들에게 옥수수와 담배 기르는 법을 배우면서 새 땅에 적응해 갔지.

메이플라워호의 뒤를 이어, 유럽을 떠나 북아메리카로 이주하는 사람들이 자꾸 늘었어. 이주하는 이유는 갖가지였어. 신앙의

인디언과 함께한 추수감사절

그림 오른쪽에 인디언들이 보이지? 필그림 파더스들이 아메리카에서 맞은 첫 번째 추수감사절에 인디언들을 초대했단다. 인디언들은 필그림 파더스들이 추위와 굶주림으로 죽어 갈 때 이들을 구해 주었어.

자유를 찾아 떠난 사람, 혁명을 피해 떠난 귀족, 부자가 될 꿈에 부푼 사람, 모험심에 불타는 젊은이…….

이들은 북아메리카 동쪽 해안에 도착해서는 식민지를 세웠어. 북아메리카 동쪽 해안에는 여러 종류의 식민지가 들어섰지. 가톨릭교도가 세운 식민지, 왕당파 귀족들이 세운 식민지, 퀘이커교도의 식민지 등등.

그런데 식민지 이주민들이 늘어나면서 원주민인 인디언과 충돌이 잦아졌고, 인디언들은 백인들에게 밀려 서쪽으로 쫓겨났어. 마치 손님에게 주인이 내쫓긴 꼴이구나.

한편 메이플라워호가 도착했을 무렵, 아프리카에서 노예 상인에게 붙잡혀 온 흑인들도 도착했어. 흑인들이 끌려간 곳은 북아메리카 남부에 있는 버지니아, 캐롤라이나, 조지아 같은 곳의 커다란 농장이었어. 이들 농장의 주인은 백인이었지.

북부에는 흑인 노예가 별로 없었단다. 왜냐하면 북부에는 노예가 필요할 만큼 커다란 농장이 없었기 때문이야. 다시 말해, 남과 북의 경제가 달랐던 것이지. 남과 북의 이런 차이는 훗날 남북 전쟁의 원인이 된단다.

보스턴 티 파티

영국은 아메리카 식민지에 대해 너그러운 편이었어. 그런데 18세기 중반에 들어 태도가 바뀌었어. 돈이 모자랐기 때문에 식민지에서 세금을 거둬들여 부족한 돈을 메우려고 한 거야.

영국은 식민지에 여러 가지 세금을 매겼는데, 그중에서 제일 악명 높은 것이 인지세였어. 인지세는 신문, 책, 광고, 온갖 증서에 인지를 사서 붙이게 한 거야.

식민지 사람들은 분개한 나머지 회의를 열고, 영국 의회에 대표도 보내지 않는데 세금을 낼 이유가 없다고 결의했어. "대표 없이는 과세 없다."는 유명한 말이 이때 생겼단다.

결국 인지세는 얼마 못 가 폐지되고 말았어. 그 뒤 문제가 된 건 차였어. 홍차 말이야. 영어로 티(tea)라고 하지? 발그레한 빛깔에, 설탕을 넣지 않고 마시면 쌉싸래한 맛이 나는 홍차를 너도 마셔 봤을 거야.

영국인들은 홍차를 몹시 좋아했단다. 식민지 사람들도 홍차를 좋아했어. 그래서 홍차 무역은 중요한 사업이었지.

그런데 1773년 영국은 동인도 회사로 하여금 차를 독점 판매하게 했어. 동인도 회사는 영국의 식민지 무역을 도맡아 하는 회사야. 그러자 그때까지 차 무역으로 큰 수입을 올리던 식민지 사람들은 하루아침에 일자리를 잃게 됐어.

식민지인들은 거세게 반발했지만 영국은 들은 체도 안 했지. 식민지인들의 불만은 높아갔고, 결국 사건이 벌어졌어.

1773년 12월, 차를 실은 동인도 회사의 배가 보스턴 항구에 도착하자 식민지인들은 인디언으로 변장하고 배에 올라가 차를 몽땅 바다에 던져 버렸단다.

식민지인들은 이 사건을 '보스턴 티 파티'라고 했어. 얼마나 통쾌하고 신났으면 파티라고 했겠니.

보스턴 티 파티

아메리카 식민지를 공격하는 영국
1775년 영국 배들이 아메리카 동쪽 해안에 나타났어. 싸움의 결과는 영국의 패배였단다.

이 사건 이후 영국과 식민지는 사이가 매우 악화되었고, 1775년 4월에는 드디어 무력 충돌이 벌어졌어. 식민지 아메리카의 독립 전쟁이 시작된 거란다.

고난의 독립 전쟁

독립 전쟁이 일어날 때 식민지 사람 모두가

〈독립선언서〉 서명식
다섯 명의 기초의원이 의회에 독립선언서를 제출하고 있어. 오른쪽부터 벤저민 프랭클린, 토머스 제퍼슨, 로버트 리빙스턴, 로즈 셔먼, 존 애덤스란다.

일치단결하여 독립군 편이었던 건 아니야. 약 3분의 1만 독립을 주장하는 독립파를 지지했고, 나머지는 영국을 지지하거나 중립을 지켰단다.

하지만 독립 전쟁을 치르면서 식민지인들의 마음속에서는 자유와 평등, 그리고 민주주의 정신이 자라나 커져 갔고, 독립을 지지하는 사람들의 수도 늘어나게 되었어.

전쟁 중인 1776년 7월 4일 발표된 〈독립선언서〉는 나중에 3대 대통령이 된 토머스 제퍼슨이 썼는데, 그 무렵 유럽에 널리 퍼진

계몽주의의 영향을 받아 자유와 평등 그리고 인권에 대한 미국인들의 요구를 아주 잘 드러내고 있단다.

그런데 모든 인간은 평등하다는 정신 아래서 자유, 평등, 독립을 목표로 투쟁하던 미국 식민지인들이지만 원주민인 인디언과 억지로 끌려온 흑인 노예들의 자유와 평등에 대해서는 무관심했다는 사실도 함께 알아 두면 좋겠구나.

독립 선언이 발표되고 이듬해 1777년에 1차 대륙 회의가 열렸어. 이 회의에서는 버지니아를 비롯해 13개의 식민지들이 연합할 것을 결정했고, 2차 대륙 회의에서는 식민지 독립군의 총사령관에 조지 워싱턴을 추대했단다.

조지 워싱턴

그런데 그때 독립군은 싸울 장비조차 제대로 갖추지 못한 상태였어. 전체 숫자가 1만 2000명 정도인데, 그중 군화를 가진 병사는 900명뿐이고, 소총과 모포를 가진 병사는 세 명에 한 명꼴이었다는구나. 그렇지만 독립에 대한 뜨거운 열정으로 용감하게 싸웠단다.

아메리카 독립

❓ 토머스 페인

독립 전쟁이 시작되자 식민지 아메리카는 영국에 계속 충성하려는 충성파와 독립하려는 독립파로 갈라졌어. 이때 식민지인을 감동시켜 독립 전쟁에 나서게 한 책이 있었어. 토머스 페인이 쓴《상식》이라는 책이야. 독립의 필요성을 주장한 이 책은 나오자마자 50만 부가 팔렸다고 해. 그때 아메리카 인구가 300만 정도였으니까 6분의 1이《상식》을 사 읽은 셈이지.《상식》은 미국 독립 전쟁이 낳은 베스트셀러였어.

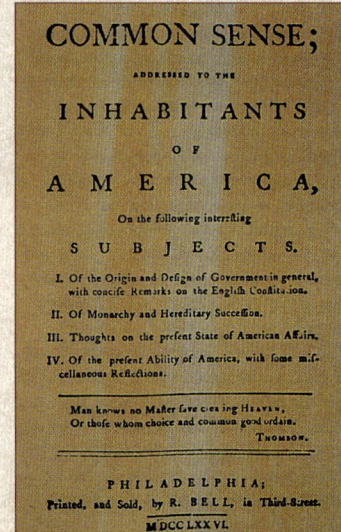

《상식》
《상식》은 식민지인들의 독립심에 불을 지폈어.

워싱턴 장군이 이끄는 독립군은 처음에는 고전했지만 차츰 우세를 보였어. 그러자 이때다 싶어 프랑스가 식민지 편을 들었어.

프랑스는 영국과 오랫동안 라이벌이었는데 이번 기회에 영국을 누를 생각을 한 거야. 영국과 경쟁해 오던 에스파냐도 식민지 편을 들어주었어.

미국 독립군과 영국군의 밀고 밀리는 공방전은 1778년 6월 미국 독립군이 필라델피아에서 영국군에게 큰 승리를 거둠으로써 독립군에게 유리해지기 시작했고, 1782년 마침내 미국 독립군의 승리로 전쟁은 막을 내렸단다.

🟫 새로운 나라 미국

영국의 지배에서 벗어난 식민지는 아메리카 합중국이란 이름으로 독립국이 되었어. 합중국이란,

실려 가는 흑인 노예
노예 사냥꾼에게 잡힌 아프리카 인들은 배에 실려 아메리카로 끌려갔어. 그리고 백인들의 노예가 되었지.

여러 식민지가 모여 이룬 나라라는 뜻이야. 우리는 보통 미국이라고 하지.

미국은 새로운 나라였어. 미국에겐 유럽이나 아시아처럼 과거가 없었어. 왕도 영주도 귀족도 없었지. 자본주의가 성장하는 데 방해가 되는 걸림돌이 거의 없었다는 뜻이야. 그래서일까, 미국은 아주 빠른 속도로 강대국으로 성장했단다.

하지만 미국이 이룬 자유와 평등, 민주주의와 부유함 뒤에는 흑인 노예, 인디언 들의 피와 눈물이 감춰져 있다는 사실을 잊지 않기를 바란다.

26 유럽의 시민 혁명

〈베르사유의 장미〉라는 만화가 있었어. 프랑스 혁명 때 단두대에서 죽은 왕비 마리 앙투아네트가 주인공이지.

참 재미있는 만화이긴 하지만, 만화나 소설은 재미있게 하려다 보니 역사 사건이나 인물을 사실과는 다르게 그리는 경우가 많다는 점을 염두에 두고 봐야 한단다.

마리 앙투아네트와 남편 루이 16세가 단두대에서 죽어야 했던 것은 왕정을 없애려는 프랑스 인들의 바람이 몹시 컸기 때문이야. 그만큼 당시 왕들의 횡포와 무능함은 지긋지긋한 것이었거든.

말 난 김에 오늘은 프랑스 혁명에 대해 알아보자꾸나.

그런데 프랑스에서 혁명이 일어나기 전, 영국에서 먼저 왕을 몰아내는 혁명이 일어났어. 그러니 프랑스 혁명에 대해 알아보기 전에 영국 혁명부터 살펴보자. 두 혁명의 같은 점과 다른 점을 비교해 보는 것도 좋겠지?

의회, 왕에게 도전하다

"왕은 법의 지배를 받지 않는다. 왕은 곧 법이다."

영국 왕 제임스 1세가 한 말이야. 왕은 절대적인 권한을 갖고 있으며, 그 절대적인 권한은 신이 준 것이라는 주장이지. 그러면서 제임스 1세는 의회를 무시하는 정치를 했어.

왕과 의회의 대립은 제임스 1세의 아들 찰스 1세 때 더욱 심해졌어. 결국 찰스 1세를 지지하는 왕당파와 의회를 지지하는 의회파 사이에 전쟁이 벌어지고 말았어. 1642년의 일이란다.

전쟁은 무려 8년을 끌었단다. 처음에는 왕당파가 우세했지. 왕당파는 귀족, 성직자 들이었고 의회파는 농민, 상인, 공장주, 지주 들이었어. 왕당파는 봉건 제도를 지지하는 사람들이고 의회파는 그에 반대하는 사람들이었지.

왕과 의회의 대립

올리버 크롬웰

종교로 보면 왕당파는 가톨릭이나 영국 국교를 믿었고, 의회파는 개신교의 한 파인 청교도였어. 메이플라워호를 타고 아메리카로 건너간 필그림 파더스들이 청교도였던 거 기억나지?

의회파 중에 가장 뛰어난 활약을 펼친 사람이 올리버 크롬웰이야. 크롬웰은 철기군이라는 군대를 이끌었는데 철기군의 활약은 눈부셨단다. 이들은 기도를 올리고 찬송가를 부르면서 돌격했어.

의회파와 왕당파 사이의 치열한 전투 끝에 최후의 승리를 거둔 쪽은 의회파였어.

그 결과 찰스 1세는 처형되었지. 왕이 처형되다니, 예전 같으면 상상조차 할 수 없는 일이야. 의회의 힘이 그만큼 커졌다는 뜻 아니겠니.

그 후 영국 의회는 왕정을 폐지하고 공화정을 시작했어. 예전에 왕이 앉았던 자리에 의회가 앉게 된 거야. 종교로 말하면, 청교도가 권력을 쥔 셈이지.

그런데 크롬웰이 죽고 얼마 되지 않아 영국인 들은 다시 왕을 맞아들였어. 찰스 1세의 아들 찰 스 2세를 왕으로 세웠단다. 왜 그랬냐고? 글쎄, 아마 왕이란 존재가 필요했던 모양이야.

하지만 예전같이 막강한 권한을 가진 왕을 원한 건 아니었어. 실제 정치는 의회가 맡아 하고, 왕은 상징적인 존재로 있어 주길 바랐지.

하지만 유감스럽게도 찰스 2세는 의회의 바람과는 달리, 강력하고 절대적인 왕이 되고 싶어 했어. 찰스 2세의 뒤를 이은 제임스 2세도 마찬가지였어. 참다못한 의회는 제임스 2세를 몰아내고 의회의 뜻에 고분고분 따라 줄 새 왕을 세우기로 했단다.

'권리 선언'과 입헌 군주제
제임스 2세의 딸 메리와 그 남편인 공작 윌리엄이 공동 즉위함으로써 영국은 왕은 있되 통치하지는 입헌 군주제가 시작되었어.

새 왕으로 점찍힌 사람이 누구였는 줄 아니? 제임스 2세의 딸 메리와 그 남편 윌리엄이었어. 윌리엄은 네덜란드 오린지의 공작이었지. 딸과 사위에게 쫓겨난 제임스 2세는 프랑스로 도망치고 말았어.

의회는 메리와 윌리엄을 왕위에 앉히고 '권리 선언'을 발표하게 했어. '권리 선언'은 왕의 권한을 제한하고 의회의 권한을 보장하는 것이야. 이제 왕은 있지만 실제 정치는 의회가 하게 되었어. 이런 제도를 입헌 군주제라고 해. 영국은 지금도 입헌 군주제를 지키고 있단다.

무너진 바스티유

영국에서 입헌 군주제가 성립된 지 100년 뒤, 프랑스에서도 혁명의 불길이 치솟아 올랐어. 1789년 7월 14일 프랑스의 수도 파리에서 성난 시민들이 바스티유 감옥을 공격했단다. 바스티유 감옥은 악명 높은 곳이었어. 왕을 비판한 사람들이 그곳에 갇히곤 했기 때문이지.

그런데 바스티유 감옥이 무너지던 순간, 프랑스 왕 루이 16세는 베르사유 궁에서 사냥에 열중하고 있었다는구나. 그리고 매사에 무관심했던 그는 그날 일기에 이렇게 썼단다.

"7월 14일, 아무 일 없음."

바스티유 감옥이 무너진 것도, 파리 시민들이 바스티유 감옥을 왜 공격했는지에 대해서도, 프랑스 왕은 도무지 관심이 없었나 봐.

그러면 파리 시민들은 왜 바스티유 감옥을 공격했을까? 그때 프랑스의 대다수 농민들과 시민들은 굶주림에 떨고 있었어. 배고픔뿐 아니라 땅에도 굶주려 있었지.

봉건 제도 아래서 대부분의 땅은 귀족들 차지고 땅에서 얻는 소득도 거의 다 귀족 차지였거든. 그래서 귀족 아닌 사람들은 봉건 제도를 싫어하고 왕과 귀족을 미워했어.

그런데 루이 16세와 왕비 마리 앙투아네트는 사치에 정신이 팔려 돈 쓸 궁리만 했어. 왕실이 갖고 있던 돈은 완전히 바닥나 빚이

삼부회

베르사유 궁에서 열린 삼부회 장면이야. 귀족, 성직자, 평민 세 신분의 대표들이 모였어.

늘어갔단다.

 더 이상 돈을 끌어댈 방법이 없자 루이 16세는 삼부회를 소집했어. 세금을 거두려고 말야. 삼부회는 영국의 의회와 비슷한 것으로 귀족, 성직자, 평민 세 신분의 대표가 모이는 회의란다.

 삼부회는 베르사유 궁에서 열렸어. 루이 16세는 삼부회를 소집한 것을 금방 후회했지. 평민 대표들이 자기들 동의 없이 세금을 매겨선 안 된다고 강력히 주장하며 항의를 했기 때문이야.

 루이 16세는 이들을 회의장 밖으로 쫓아냈어. 하지만 이들은 순순히 물러서지 않았어. 근처에 있는 테니스 코트에 모여 자기네

테니스 코트의 맹약

바스티유를 공격하는 성난 시민들

주장이 받아들여질 때까지 버티기로 맹세했단다. 이를 '테니스 코트의 맹약'이라고 해.

화가 난 루이 16세는 이들을 몰아내라고 군대에 명령을 내렸어. 그런데 군대도 왕의 말을 듣지 않았어. 루이 16세는 당황했어. 당황한 나머지 어리석게도 외국 군대를 불러들일 계획을 세웠지.

왕이 외국 군대를 불러 제 나라 국민을 치게 하다니, 지나친 짓이잖니. 파리 시민들은 분노했어. 그래서 바스티유 감옥으로

단두대에서 처형당하는 루이 16세

루이 16세와 왕비 마리 앙투아네트는 결국 단두대에서 처형당했어.

쳐들어간 거야.

바스티유 감옥 공격은 아주 중요한 사건이란다. 혁명에 불을 댕기고 프랑스 전체가 들고일어나게 한 사건이자, 프랑스의 낡은 봉건 제도와 왕정이 무너지는 신호탄이기도 했어.

바스티유 감옥을 공격한 7월 14일은 오늘날 프랑스의 국경일이 되어 있어. 해마다 이날이면 온 나라가 축하를 한단다.

바스티유 감옥이 무너진 지 2년 뒤, 루이 16세는 왕비와 함께 왕비의 친정 오스트리아로 몰래 도망치다가 붙잡혀 결국 단두대에 올

프랑스 혁명에 참가한 시민
상퀼로트라고 했어. 퀼로트(반바지)를 입지 않는 사람들이라는 뜻이란다. 퀼로트는 귀족의 옷차림이었거든.

라 목숨을 잃고 말았어.

왕과 왕비를 처형한 프랑스는 의회를 중심으로 정치를 해 나갔어. 그렇지만 혁명의 길은 멀고도 험했단다. 의회가 여러 파로 갈려 싸운 것도 문제지만, 가장 큰 위험은 다른 나라의 공격이었어.

마리 앙투아네트의 친정 오스트리아를 중심으로 하여 유럽 각국이 동맹을 맺고 프랑스를 공격한 거야. 혁명의 불똥이 튀어 자기 나라에서도 혁명이 일어날까 봐 염려한 왕들이 동맹을 맺은 거지.

프랑스 인들은 새로 얻은 자유를 지키기 위해서, 또 왕과 귀족의 지배를 받고 있는 다른 나라 사람들의 자유를 위해서 목숨을 내놓고 싸웠어.

프랑스 혁명 당시 넘치는 열정의 도가니에서 탄생한 노래가 있어. '라 마르세예즈'란다. 프랑스의 젊은이들은 라 마르세예즈를 부르며 전쟁터로 나갔어. 라 마르세예즈는 지금 프랑스의 국가가 되어 있단다.

프랑스 혁명의 주인공은 시민, 농민, 노동자였어. 그런데 혁명의 결과 새로운 사회의 주인이 된 것은 농민이나 노동자가 아니라 시민이었어. 프랑스 혁명을 시민 혁명이라고 하는 이유는 그 때문이란다.

❓ 나폴레옹

프랑스 혁명은 역사에 이름을 남긴 유명한 인물들을 여럿 탄생시켰어. 나폴레옹도 그중 한 사람이야. 혁명이 일어났을 때 나폴레옹은 스무 살의 청년이었지. 군인이 된 그는 프랑스를 공격한 외국 군대와 싸워 연전연승했단다. 프랑스 국민은 그런 나폴레옹을 혁명의 수호자요 프랑스의 영웅으로 우러러보았어. 결국 나폴레옹은 황제가 되었지. 왕정을 무너뜨리고 공화정을 세운 프랑스가 다시 황제를 받아들인 거야. 프랑스에서 공화정이 뿌리내리기까지는 한참을 더 기다려야 했단다.

나폴레옹

27 청나라의 번영과 아편 전쟁

청나라 도자기
청나라 건륭제 때 만든 도자기야. 이 도자기의 특징은 도자기 안에 또 도자기가 들어 있다는 거란다. 바깥의 도자기에 뚫린 창으로 안쪽 도자기의 무늬를 볼 수 있어.

그동안 중국은 어떻게 되었을까? 지리상의 발견부터 시민 혁명에 이르기까지 숨 가쁘게 펼쳐지는 유럽 역사를 따라 가느라 아시아에는 미처 눈을 돌리지 못했구나.

몽골 족이 아시아와 유럽에 걸치는 대제국을 세웠을 때, 그 수도는 중국의 베이징이었지? 그 뒤를 이어 중국 대륙에 들어선 나라는 한족이 세운 명나라란다.

명나라의 뒤에는 만주족이 세운 청나라가 이어졌어. 만주족은 본래 만주 일대에서 살던 사람들이야. 우리나라에서는 예로부터 여진족이라고 했어. 땋아 늘인 변발에 동그랗고 귀여운 모자가 인상적인 민족이지.

만주족은 한족이 오랑캐라고 업신여기던 사람들이었어. 그런데 어느 틈에 세력을 키워 중국의 주인이 되었구나.

청나라는 중국을 지배했던 그 어느 나라보다도 넓은 영토와 많은 인구를 다스렸어. 정치, 경제, 문화상으로도 안정과 번영을 누렸어.

그러나 청나라는 우리에게는 전쟁의 상처를 안겨 준 나라로 기억되고 있어. 조선 시대에 두 차례의 호란이 일어났지? 병자호란 때는 왕이 남한산성으로 피난 갈 만큼 위급했어.

중국의 주인이 된 만주족은 한족을 다스리기 위해 특별한 정책을 썼어. 만주족은 전체 인구의 2퍼센트에 지나지 않았기 때문에 소수가 다수를 지배하려면 평범한 방법으로는 어렵지 않았겠니.

❓ 만주 8기

만주 8기는 만주족 전체를 8개의 깃발 아래 나누어 편성한 제도야. 만주족이라면 남녀노소 누구든 8기 중 한 기에 속했어. 처음에는 노란색, 붉은색, 푸른색, 흰색의 4기였다가, 본래의 색에 붉은 테두리를 두른 깃발 네 개를 새로 더 만들어 8기가 되었어. 붉은색 깃발에는 붉은 테두리 대신에 흰 테두리를 둘렀지. 붉은색에 붉은 테두리를 두르면 잘 구별되지 않았거든. 8기는 군사 단위인 동시에 행정 단위였어. 오늘날 '서울특별시 서대문구 홍은동'이라고 자기 주소를 밝히듯이, 만주족은 '붉은 기 누구', '흰 기 누구'라고 자기 소속을 밝혔단다.

만주 8기
아래쪽이 테두리를 두른 것이야.

만주족은 한족 관리를 자기들과 동등하게 대우해 주고, 능력 있는 한족은 과거 시험을 거쳐 관리로 뽑았어. 만주어와 함께 중국어도 공용어로 쓰게 했지. 그런데 한족이 만주어를 배워 쓰기보다는, 만주족이 중국어를 배워 쓰는 경우가 훨씬 많았단다.

이렇게 한족을 동등하게 대우해 주는 한편, 만주족끼리 단결을 다지는 정책도 동시에 폈어. 만주족에게는 땅과 돈을 나눠 주고, 고향인 만주를 성지로 만들어서 아무나 함부로 이주하지 못하게 했단다.

그런가 하면 만주족이 한족의 관습을 따르는 일을 금지했어. 한족은 만주족의 관습에 따라 머리를 변발로 땋아 늘여야 했지.

아편 전쟁

청나라는 약 200년 동안 눈부시게 번영했어. 베이징에 가면 자금성이라는 궁전이 있단다. 황제가 살던 궁전인데 그 규모가 얼마나 큰지 한번 둘러보는 데만 며칠이 걸려.

그런가 하면 태후의 후원인 이화원에는 커다란 인공 호수가 있어. 호수를 만들기 위해 퍼낸 흙으로 작은 산을 쌓고 그 위에 궁궐을 지어 놓았지.

하지만 청나라의 번영은 19세기에 들어 밀려드는 서양 세력과

충돌하면서 차츰 내리막길을 걷게 돼. 충돌의 시작은 아편 전쟁이었단다.

아편은 마약의 일종이야. 아편을 자주 피우면 몸도 마음도 상하게 돼. 청나라는 아편을 사고파는 것을 금지하고 있었어. 그런데 영국이 청나라에 아편을 몰래 팔았기 때문에 전쟁이 일어나게 되었지. 이 전쟁을 아편 전쟁이라고 해.

영국이 그런 짓을 한 이유는, 청나라를 자기네 상품을 내다 파는 시장으로 만들고 싶

자금성
명나라와 청나라 황제들이 살던 곳이야. 중국의 수도 베이징에 있지.

아편 상인
아편 용품을 팔고 있어.

었기 때문이었어. 그런데 청나라는 영국을 서양 오랑캐 취급하며 영국 뜻대로 호락호락 움직여 주질 않았단다.

게다가 차 마시기를 좋아하는 영국 사람들은 차를 대부분 청나라에서 수입하고 있었어. 덕분에 영국은 해마다 청나라에게 막대한 돈을 차 값으로 주어야 했어. 영국으로서는 못마땅한 일이었을 거야.

결국 영국은 비상수단을 생각해 냈어. 인도에서 나는 아편을 갖다가 청에 몰래 팔기 시작한 거야. 그러자 청나라에는 아편 중독자가 갑자기 늘었어. 또 아편을 몰래 사느라 막대한 돈이 영국으로 흘러나갔지. 차 값으로 들어오는 돈보다 아편 값으로 나가는 돈이 훨씬 많아지게 된 거야.

아편이 불러일으킨 전쟁

청나라 황제는 아편을 금지한다는 특별 명령을 내리고 임칙서를 광둥으로 파견했어. 광둥은 영국 상인들이 아편을 몰래 들여오는 항구였지.

임칙서는 도착하기 무섭게 상인들에게 갖고 있는 아편을 모조리 내놓으라고 했어. 2만 283상자의 아편이 임칙서 앞에 쌓였단다. 값으로 치면 어마어마했지.

임칙서는 아주 단호한 사람이었어. 조금도 망설이지 않고 그 많은 아편을 모조리 바다로 흘려보내 버렸어.

이 사건으로 영국과 청나라는 사이가 매우 나빠졌고, 결국 전쟁을 하게 되었어. 1840년 초의 일이란다.

훨씬 좋은 무기를 가진 영국이 우세했어. 어느새 영국군은 난징(남경)까지 쳐들어갔단다. 난징은 청나라 경제의 심장이었어.

난징을 빼앗기면 남과 북을 잇는 교통이 끊겨 청나라는 반신불수 꼴이 되기 십상이었지.

당황한 청 황제는 강화를 청했고, 1842년 8월, 양쯔 강에 닻을 내린 영국 배에서 강화 조약이 맺어졌단다. 이 조약을 난징 조약이라고 해.

조약의 내용은 청나라는 영국에 배상금을 지불할 것, 홍콩을 영국에 넘겨줄 것, 5개 항구에서 영국인의 장사를 허락할 것이었어.

전쟁의 불씨가 된 아편에 대해서는 영국의 책임을 묻기는커녕 도리어 배상금을 물어주어야 했어. 더구나 앞으로 영국이 제아무리 아편을 많이 팔아도 아무 소리 못하게 되었지. 한마디로 난징 조약은 영국에게만 유리하게 맺어진 불평등 조약이었단다.

그리고 잠자는 무서운 호랑이인 줄 알았던 청나라가 알고 보니 형편없는 종이호랑이에 불과하다는 것을 알게 된 서양 여러 나라들은 영국에 뒤이어 앞다퉈 몰려들었지.

결국 청나라는 서양에 이리저리 뜯기는 식민지나 다름없는 가련한 처지가 되고 말았단다.

홍콩의 과거와 현재

홍콩에 대해서는 덧붙일 얘기가 있어. 난징 조약으로 영국에 넘어간 뒤, 홍콩은 최근까지 영국의 조차지였어.

조차란, 다른 나라의 땅을 일정 기간 빌리는 것이야. 말이 좋아

아편 전쟁 당시의 홍콩 항구
1842년 난징 조약으로 영국의 조차지가 되었을 때 홍콩 모습이야. 99년 뒤인 1997년 홍콩은 중국에 반환되었어.

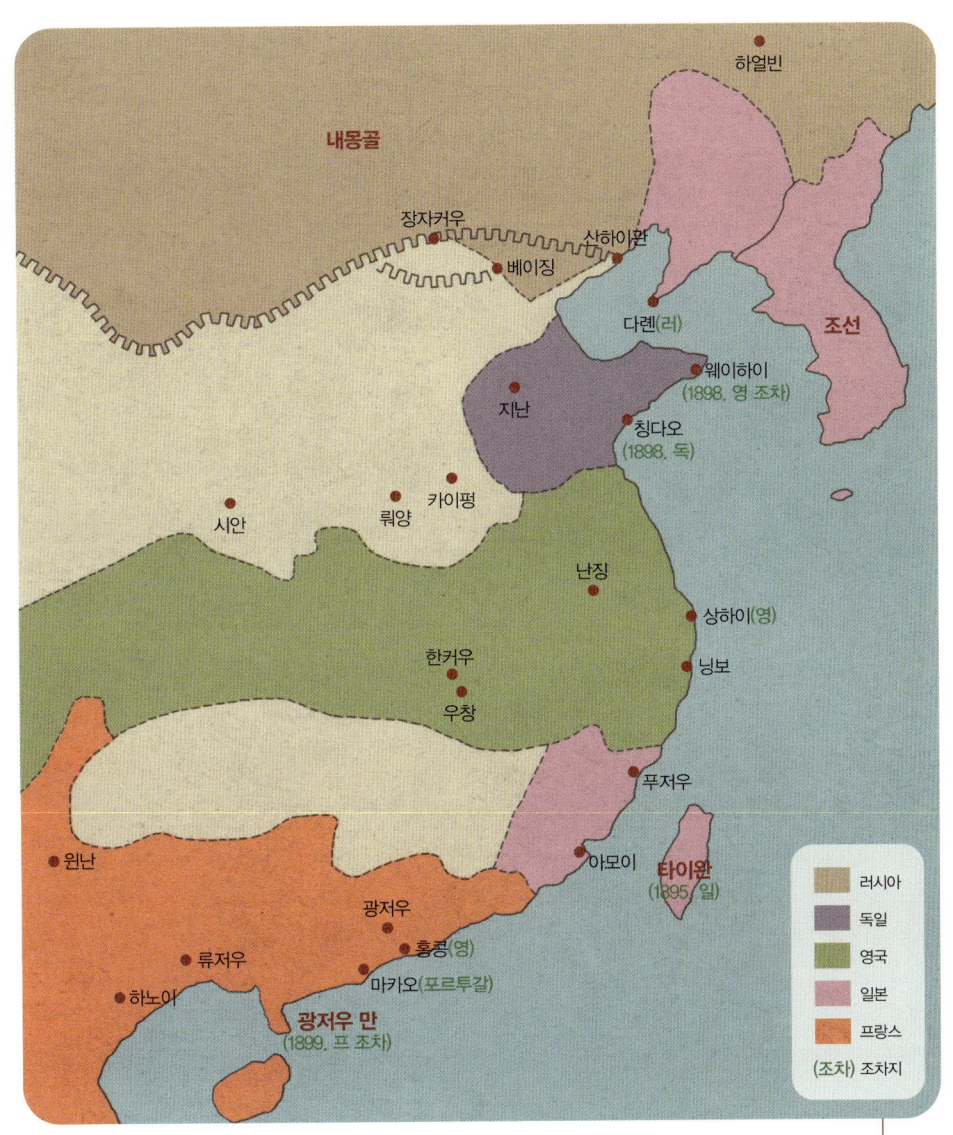

열강의 침탈

빌리는 것이지, 실제로는 강제로 빼앗아 식민지로 삼은 거나 다름없었어.

영국뿐 아니라 독일, 러시아, 프랑스도 청나라에 조차를 했어.

99년 동안의 조차가 끝난 홍콩

종이호랑이 청나라는 꼼짝없이 당할 수밖에 없었지.

그런데 99년의 조차 기한이 끝나고 홍콩을 중국에 돌려주어야 할 때가 되었어. 돌려줄 날짜는 1997년 7월 1일.

홍콩에 세계의 눈과 귀가 온통 쏠렸단다. 홍콩을 돌려받게 된 중국이 예전의 청나라가 아니라 사회주의 나라인 중화 인민 공화국이라는 데 세계의 관심이 모였지.

홍콩이 영국의 조차지로 있는 동안, 중국은 숨 가쁜 변화를 겪은 끝에 사회주의 나라가 되어 있었거든. 홍콩은 자본주의였어. 자본주의 홍콩이 사회주의 중국과 좋은 사이가 될 수 있을까 사람들은 몹시 궁금해했어.

지금 홍콩은 사회주의 중국의 일부가 되어 있어. 중국은 홍콩을 특별 대우해 주고 있지. 자치권을 인정해 주고, 앞으로 50년 동안 자본주의를 유지해도 좋다고 말이야. 그럼 50년 뒤에는 어떻게 될까? 세운이 네가 관심 갖고 지켜보렴.

홍콩의 현재 상태는 서양이 아시아를 마음대로 식민지로 삼았던 시대가 만들어 놓은 것이란다.

28 일본의 근대화, 메이지 유신

지난번 편지에서는 중국이 서양의 식민지나 다름없이 된 이야기를 했지? 같은 때, 일본도 중국과 마찬가지로 서양과 충돌했어. 일본을 위협한 건 미국이었어.

미국은 군함을 끌고 일본 앞바다에 나타나, 오랫동안 바깥 세계로 통하는 문을 닫고 살아온 일본에 강제로 문을 열게 했어. 아편 전쟁이 일어난 지 14년 뒤인 1854년의 일이야.

그런데 그 뒤 일본은 재빨리 서양의 문물을 받아들이고, 미국 흉내를 내서 우리나라를 위협하여 강제로 문을 열게 했단다.

일본을 강제로 개항한 미국

일본이 서양의 문물을 본격적으로 받아들인 것은 메이지 유신 때부터야. 메이지 유신은 미국에게 문을 연 지 약 10년 뒤, 우리나라와 강화도 조약을 맺기 8년 전에 일어났어. 그동안 일본은 크게 변화했어. 서양 문물을 받아들여 근대화를 이룬 거야.

우리나라가 일본의 식민지가 되기까지의 속사정을 이해할 수 있는 열쇠는 바로 메이지 유신을 전후한 일본의 근대화에 숨어 있을 거라고 엄마는 생각한단다.

메이지 천황

막부 정치를 끝낸 메이지 유신

메이지 유신은 막부 정치 시대에 마침표를 찍은 사건이야. 일본은 200여 년 동안 에도를 중심으로 막부 정치를 해 왔어. 에도는 도쿄의 옛날 이름이야.

막부 정치는 쇼군이 절대적인 권력을 갖고 있고, 그 밑

도바·후시미 전투
1868년 교토 근처 도바·후시미에서 막부군과 천황군이 충돌했어. 결과는 천황군의 승리였지. 그 후 막부 시대는 막을 내리게 되었어.

에 다이묘(영주)들이 저마다 영지를 나눠 갖는 제도란다. 이름뿐인 천황은 교토에 있는 궁궐 안에서 살았고, 실제 권한은 에도의 쇼군이 쥐고 있었어.

그런데 1868년 1월 초, '막부 타도'를 외치면서 무사들 1만여 명이 천황이 살고 있는 교토에 모였어. 이들은 막부를 없애고 천황을 중심으로 나라를 다스리자고 주장했단다.

막부의 쇼군 도쿠가와 요시노부는 군사를 일으켜 싸웠지만, 결과는 막부군의 참패였어. 왜냐하면 민심이 막부를 지지하지 않았기 때문이야.

민심이 완전히 떠난 것을 깨달은 도쿠가와 요시노부는 항복하

헌법 심의

1888년 6월 일본 최초의 헌법을 심의하는 장면이야. 헌법을 초안한 사람은 이토 히로부미. 나중에 안중근에게 죽음을 당한 사람이지.

고 말았지. 이렇게 해서 200여 년 동안 계속되어 온 막부 시대는 막을 내렸어. 이 사건을 메이지 유신이라고 해.

메이지 유신으로 등장한 새 정부는 과감한 근대화 정책을 폈어. 미국 헌법을 본떠 법을 만들고, 수도를 교토에서 도쿄로 옮겼어. 정치와 행정을 봉건제에서 중앙 집권제로 바꾸고, 사람을 신분에 따라 차별하는 신분 제도를 없앴어. 토지와 교육에 관한 법과 제도도 새롭게 바꾸었지.

안중근 의사에게 총을 맞고 죽은 이토 히로부미는 메이지 정부의 중요한 인물이었어. 이토 히로부미와 그 동료들은 몇 년 동안 유럽 여러 나라를 돌아다니며 견문을 넓혔어. 그런 다음 정치는 독일처럼, 경제는 영국처럼 하는 것이 좋겠다고 결정하고 돌아왔단다.

빵과 메리야스

기억해 둬야 할 게 있어. 막부의 쇄국 정책 말인데, 원래 쇄국 정책이란 나라의 문을 닫고 외국과 교류하지 않는 정책이잖니. 쇄국 정책으로 일본인은 나라 밖으로 나갈 수 없었고, 이미 나가 있는 일본인은 귀국할 수 없었어.

그런데 막부의 쇄국은 좀 달랐다는 것을 기억해 두렴. 문을 닫긴 닫되, 일본에게 유리한 창문은 골라서 열어 놓았단다.

❓ 에도 막부 시대

조선을 침략해 왜란을 일으킨 도요토미 히데요시가 죽은 뒤, 정권을 손에 쥔 도쿠가와 이에야스는 에도, 지금의 도쿄를 근거지로 삼아 일본을 통치했어. 도쿠가와 집안은 그 뒤 200여 년 동안 대대로 쇼군이 되어 에도 막부를 이끌었는데, 이 시기를 에도 막부 시대라고 해. 에도 막부 시대에는 쇼군이 절대적인 권력을 행사하고 그 밑에 여러 다이묘(영주)가 번(영지)을 나눠 갖고 자치를 했어. 그러나 다이묘의 자치는 어디까지나 막부의 통제를 벗어나지 않는 범위에서 이루어졌어. 막부가 정한 규정을 어기거나 막부의 눈에 벗어난 다이묘는 언제든 영지를 빼앗길 수 있었단다.

도쿠가와 이에야스
에도 막부 시대를 연 인물이란다. 일본의 중심이 교토에서 도쿄로 옮겨간 것은 에도 막부 시대부터야.

일본 개국
1859년에 개항한 요코하마의 풍경이야.

사실 일본은 메이지 유신 훨씬 전부터 서양 여러 나라와 교류를 했어.

임진왜란 전인 1543년쯤, 포르투갈 인들이 배를 타고 일본에 와서 무역을 하고 가톨릭을 포교하기 시작했지. 선교사 프란시스코 사비에르는 일본에 살면서 가톨릭을 포교했어. 사비에르는 왜란 때 일본군과 함께 우리나라에도 왔단다.

또 일본은 대마도를 통해서 우리나라, 중국과 무역을 했고, 나가사키를 통해서 네덜란드와 무역을 했어. 막부의 허가증을 받은 무역선이 대만, 필리핀, 베트남, 캄보디아, 말레이시아, 자바로 나가기도 했지.

1604년부터 1635년 사이에 발행된 허가증이 350~370통에 이른다고 하니, 한 해에 열 번 넘게 일본 무역선이 동남아시아 일대를 드나든 셈이지? 일본의 수출품은 은, 구리, 철, 유황, 공예품이고 수입품은 중국의 생사, 견직물이었어.

나가사키를 통해 들어오는 네덜란드와 서양 여러 나라의 문물은 일본에 신선한 충격과 자극을 주었어.

당시 일본인들은 포르투갈과 에스파냐 사람을 구별하지 않고

1872년 도쿄 박람회
도쿄에서 열린 박람회에는 전 세계에서 온 진기한 물건들이 전시되었단다.

모두 남만인이라고 했어.

일본인에게 남만인은 곧 서양인이란 뜻과 마찬가지였어. 그래서 서양 문물을 남만 문화라고 했단다.

이때 일본에 들어온 포르투갈 어와 에스파냐 어가 오늘날까지 일본말에 남아 있어. 빵(포르투갈 어), 외투를 가리키는 갓바(포르투갈 어), 메리야스(에스파냐 어) 등등이 그 예란다.

막부의 쇼군 중에는 네덜란드를 통해 들어온 서양의 학문을 적극 연구하도록 한 사람도 있었어. 8대 쇼군 도쿠가와 요시무네는 서양의 과학 기술을 배우려고 서양의 책을 수입해서 일본 학자에게 일본어로 번역하게 했단다.

그 결과 서양의 의학, 천문학, 지리학 책들이 일본어로 번역되었어. 《해부학표》라는 책을 일본어로 번역하는 데는 꼬박 4년이 걸렸다는구나.

'눈썹은 눈 위에 난 털이다.'라는 한 줄을 번역하는 데만 하루가 넘게 걸렸다니 일본인들의 피나는 노력을 알 만하지 뭐냐.

일본의 서양 문물 연구를 '난학'이라고 해. 네덜란드를 한자로 화란(和蘭)이라 한 데서 생긴 이름이야. 막부 시대의 난학은 메이지 유신의 밑거름이 되었다고 엄마는 생각한단다.

일본의 근대화는 어느 날 갑자기 시작되어 하루아침에 완성된 것이 아니야. 막부 시대부터 보이지 않는 꾸준한 노력이 있었기에 가능했던 일이라고 할 수 있어.

식민지를 찾아서

메이지 유신 후 일본은 산업이 매우 빠르게 발전하면서 원료와 시장이 부족해졌어. 일본은 부족한 원료와 시장 문제를 해결할 상대로 우리나라를 점 찍었어. 결국 미국이 일본에 했던 그대로, 일본은 군함을 이끌고 강화도 앞바다에 나타나 대포를 쏘면서 강제로 조약을 맺었단다.

강화도 조약이 일본에 일방적으로 유리하고 우리나라에 불리한 불평등 조약이었음은 두말할 필요가 없겠지? 이제 일본은 영국이나 미국처럼 식민지를 찾아 다른 나라를 침략하게 된 거야.

우리나라를 강제로 개항한 일본

29 다윈, 과학의 승리

19세기는 과학의 시대야. 물리학, 화학, 생물학 같은 분야에서 중요한 발견이 잇달아 일어났어. 그중에서 사람들에게 가장 큰 충격을 준 건 아마도 인간의 조상이 원숭이라는 다윈의 진화론이 아닐까 싶구나.

21세기에 살고 있는 세운이와 친구들에겐 다윈의 주장이 별로 놀랄 일이 아니지만, 당시 사람들은 기겁을 했단다. 진화론이 발표된 다음, 사람들의 생각은 딴판으로 바뀌었어. 오늘 엄마의 편지는 다윈의 진화론이 사람들의 생각을 어떻게 바꿔 놓았는가에 대해서란다.

《종의 기원》이 던진 충격

찰스 다윈은 영국의 박물학자였어. 비글호라는 배를 타고 남아메리카와 남태평양의 여러 섬, 오스트레일리아 일대를 돌아다니며 동물과 식물, 지질 등을 조사했지.

항해는 5년이 걸렸는데, 그동안 다윈이 조사하고 모은 자료들은 그의 연구에 가장 중요한 밑거름이 되었단다. 특히 갈라파고스 섬의 동물에 대한 관찰은 진화론을 세우는 결정적인 계기가 되었다고 해.

다윈은 항해를 마치고 돌아와 1839년에 《비글호 항해기》를 썼어. 그리고 20년 뒤인 1859년에 《자연 선택에 의한 종의 기원에 대해》라는 책을 발표했어. 보통 《종의 기원》이라고 하는 책이야.

이 책에는 인간과 자연에 대한 당시의 생각을 송두리째 뒤흔드는 충격적인 내용이 담겨 있었어. 자연의 모든 생명체는 신이

찰스 다윈
다윈의 책 《종의 기원》은 1250부를 인쇄했는데, 발행한 그날 전부 팔렸단다.

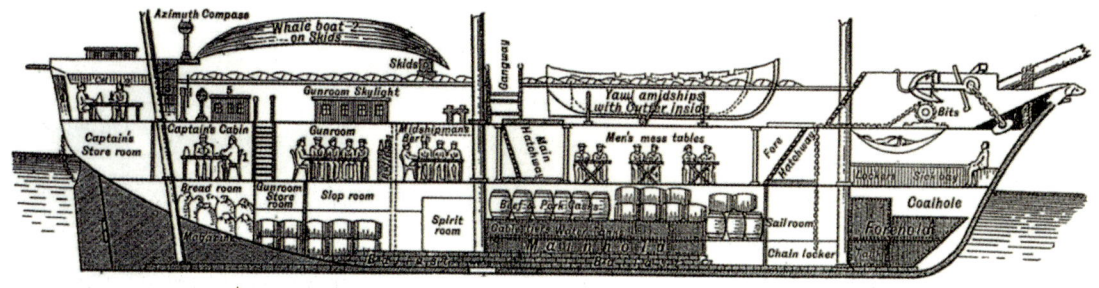

다윈이 탄 배 비글호
비글호의 임무는 남아메리카 해안을 측량해 지도를 만드는 것이었어. 그림은 다윈과 함께 배를 탔던 필립 킹이 그린 거란다.

창조한 것이 아니라 '진화'한 것이라는 주장이었지.

세상에 태어난 생명이 모두 다 살아남는 것은 아니라고 다윈은 말했어. 살아남는 데 적당한 종류는 치열한 생존 경쟁을 이기고 살아남고, 적당치 못한 종류는 죽어 없어진다고 했지. 이것을 어려운 말로 자연 선택에 따른 적자생존이라고 해.

다윈에 따르면, 현재 우리가 만나는 여러 생명들은 처음 모습을 그대로 간직하고 있는 것이 아니라, 살아남는 데 유리한 쪽으로 조금씩 변화해서 지금의 모습이 된 거야. 이렇게 생존에 유리한 쪽으로 변화하는 것을 다윈은 진화라고 했어. 인간도 처음부터 지금 같은 모습이었던 게 아니고, 진화해서 오늘의 모습이 되었다는 거야.

그러나 다윈은 《종의 기원》에서 인간에 대해서는 자세히 설명하지

진화를 주장한 다윈

않았어. 인간이 신의 완벽한 창조물이 아니라 뭔가 다른 것으로부터, 그러니까 원숭이로부터 진화한 동물이라고 하면 얼마나 큰 파문이 일지 두려웠기 때문일 거야.

《종의 기원》을 쓴 지 약 10년 뒤인 1871년, 마침내 다윈은 《인간의 유래》라는 책을 발표해 인간의 진화를 본격적으로 다루었지.

다윈의 예상대로 유럽 사회는 다윈의 진화론을 둘러싸고 격렬한 토론의 소용돌이에 휩싸였단다. 가장 심하게 반대한 것은 기독교였지. 만약 다윈의 진화론이 옳다면, 신이 세상을 창조했다는 《성경》 말씀은 거짓이 되고 말잖아? 교회는 자신의 뿌리가 뽑히는 것 같은 위기를 느꼈을 거야.

■ 진화론, 과학의 승리

진화론이 발표된 뒤 유럽 사람들은 혼란스러워했어. 어쩔 줄 몰라 했지.

왜냐하면 유럽 인들은 《성경》에 쓰인 대로, 신이 세계를 창조했고 동물과 식물은 제각기 따로따로 창조되었으며, 가장 나중에 사람이 창조되었다고 믿고 있었거든.

다윈을 풍자한 그림
다윈의 진화론에 반대하는 사람들은 다윈을 원숭이로 풍자하곤 했어.

뭔가를 의심 없이 믿던 사람이 그 믿음이 흔들리는 충격을 받으면 발 디딜 땅이 없다고 느끼면서 불안해 하고 괴로워하게 돼. 그렇지만 진실을 깨닫게 하는 충격은 필요한 거란다.

진화론을 받아들인 사람들은 더 이상 교회를 절대적인 것으로 여기지 않게 되었어. 인간은 신이 만든 특별한 존재가 아니라, 자연의 법칙에 따라 생겨난 것에 지나지 않는다고 생각하게 되었지. 진화 그 자체가 신의 창조라는 주장도 나왔지만, 교회가 예전 같은 막강한 힘을 갖기는 어렵게 되었어.

어느새 사람들은 '자연 선택', '적자생존'이란 말의 뜻을 정확히 모르면서도 즐겨 쓰게 되었단다.

수용소의 유대 인들
2차 세계 대전 중에 독일은 유대 인을 과학 실험 대상으로 이용하기도 했어. 사진의 유대 인들은 수용소에 갇혔다가 구출되었어.

그런데 어처구니없게도, 다윈의 주장을 자기에게 편리하게 갖다 붙인 사람들이 있었어. 이들은 자기가 남보다 뛰어나다는 사실을 진화론이 증명해 준다고 생각했어.

이들은 지배자야말로 사회에 가장 잘 적응한 인간이라고 주장했어. 적자생존의 자연법칙에 따라 살아남아서 높은 자리에 올랐으니 남보다 우수한 인간임에 틀림없다는 거야.

또, 우수한 인종이 열등한 인종을 지배하는 것도 당연한 일이라 했어. 백인은 흑인이나 아시아 인보다 우수하기 때문에 그들을 지배하는 것이며, 우수한 생명을 위해 열등한 생명이 멸망하는 건 당연하다고 이들은 주장했지.

아시아와 아프리카를 침략하여 제 마음대로 식민지로 삼은 유럽 인들 중에는 이런 생각을 가진 사람이 많았단다.

진보라는 새로운 생각

다윈의 진화론은 과학자들로부터 비판을 받기도 했지만 큰 줄거리는 옳은 것으로 인정받았어. 진화론이 인정받음으로써 사람들은 진보를 믿게 되었어. 인간, 사회, 세계가 모두 진보하고 있으며 조금씩 나아져 간다는 것을 말야.

진보는 당시로서는 아주 새로운 생각이었어. 옛날에는 유럽과 아시아를 통틀어 어느 문명도 진보라는 생각을 하지 못했어. 산업 혁명 전까지 유럽 인들은 과거를 우러러봤

❓ 왜곡된 다윈주의

다윈의 진화론을 왜곡하는 가장 대표적인 이론으로 인종주의를 들 수 있겠구나. 인종주의는 사람을 '더 우월한' 인종과 '더 열등한' 인종으로 나눈단다. 그리고 열등한 민족은 말살시켜야 한다는 인종 청소론을 주장하기도 해. 나치의 유대 인 학살, 미국의 KKK단, 남아프리카의 인종 격리 정책(아파르트헤이트), 보스니아 내전 모두 대표적인 인종주의 사례들이란다. 또한 우월한 민족을 가려내는 방법으로 전쟁을 찬양한다든지, 약자를 돕는 것을 반대하는 일 역시 다윈의 진화론을 왜곡하는 사례라고 할 수 있어.

왜곡된 다윈주의

라이트 형제의 비행
1903년 미국의 자전거 수리 기술자 오빌 라이트와 윌버 라이트 형제가 비행 실험에 성공했단다. 오빌이 조종하는 비행기를 윌버가 지켜보고 있어.

어. 고대 그리스와 로마야말로 문화적으로 가장 앞선 시대요, 그 뒤 인간은 차츰 타락했다, 이렇게들 생각한 거야. 아니, 타락은 아닐지라도 눈에 띄게 변화한 건 없다고 생각했지. 그러고 보면, 진보란 퍽 늦게 생겨난 사고방식이구나.

다윈 덕택만은 아닐 거야. 과학이 이룬 여러 가지 발견, 산업 혁명이 일으킨 변화, 그 모두가 진보라는 생각이 받아들여질 수 있는 기초를 닦았을 거야. 다윈은 그 기초를 확인해 준 거지.

역사를 알면 진보를 믿게 된다고 해. 하지만 인간의 지혜는 아주 짧아. 지혜가 좀 더 쌓이면 사고방식이 또 바뀔지 몰라. 엄마가 이런 이야기를 하는 이유는, 진보가 생명을 파괴한다면 뭔가 잘못된 것 아닐까 하는 생각이 들어서란다.

다윈이 말한 '적자생존'은 가장 알맞은 것이 살아남는다는 뜻이지 가장 좋은 것, 가장 옳은 것이 살아남는다는 뜻은 아니었어.

19세기는 과학의 시대라고 했지? 꼬리를 물고 일어나는 발견과 발명 앞에서 사람들은 눈이 부셨을 거야. 전신, 전화, 자동차, 비행기의 발명은 생활을 크게 바꿔 놓았어. 과학은 머나먼 우주를 관찰하는가 하면 눈에 보이지 않는 원자와, 원자를 이루고 있는 더 작은 것까지 알아냈지.

과학은 단조롭고 고된 일을 덜어 주고 생활을 편리하게 해 주었어. 동시에 과학은 가장 무서운 파괴 수단도 만들어 냈어. 수소 폭탄이나 원자 폭탄이 수많은 생명을 얼마나 철저하게 파괴시켰는지 아니?

과학의 잘못은 아닐 거야. 과학은 인간에게 자연을 다스릴 힘을 주었는데, 인간이 그 힘을 잘못 쓴 거니까.

과학은 지금도 행진을 계속하고 있어. 전보다 더 빨리 달려가고 있는 것 같아. 잠시도 쉼 없이.

이젠 유전자를 마음대로 바꾸는 시대가 되어, 120살까지 살 수 있고 머리 빛깔이며 쌍꺼풀을 원하는 대로 골라 맞춤 아기를 낳을 수도 있다는 놀라운 얘기들이 꼬리를 문단다.

아까 말했듯이, 과학은 인간에게 자연을 다스릴 힘을 선물로 주었어. 그 힘을 어떻게 쓰느냐에 따라 선물은 재앙으로 둔갑할 수

원자 폭탄
원자 폭탄 실험 장면이야. 원자 폭탄이 터지면 이렇게 커다란 버섯 모양의 구름이 생긴단다. 원자 폭탄이 실제로 사용된 것은 2차 세계 대전 중 미국이 일본의 나가사키와 히로시마 두 곳에 떨어뜨린 것이야.

도 있어. 그 힘을 어떻게 쓸까? 이 문제야말로 과학이 역사나 철학과 만나 함께 머리 맞대고 풀어야 할 숙제란다.

30 세계 대전

> 엄마는 전쟁을 직접 겪어 보지 않았어. 책으로, 영화로만 봤지. 겪어 보진 않았지만 전쟁이 얼마나 깊은 상처를 남기는지는 짐작할 수 있을 것 같아.

어제 세운이랑 같이 본 영화 〈인생은 아름다워〉는 2차 세계 대전 때 유대 인 수용소에 갇힌 남자아이와 그 아버지의 이야기였어. 영화를 만든 감독이 바로 주인공 남자아이야. 아버지의 사랑과 희생으로 수용소에서 살아남은 아이가 커서 영화감독이 된 거란다.

절망밖에 없는 죽음의 수용소에서도 희망과 웃음을 결코 포기하지 않는 아버지. 그 아버지가 아들에게 남기고 간 선물은, 가혹한 현실을 희망으로 이겨 낼 줄 아는 인생이야말로 아름다운 것이라는 믿음이었어.

영화 얘기는 왜 꺼내냐고? 네게 세계 대전 얘기를 해 주려고 그래.

전쟁은 원시 시대부터 있었어. 아마 우주에서 내려다보면 원시 시대부터 현대까지 지구 이쪽저쪽에서 크고 작은 싸움이 거의 매일같이 벌어지는 걸 볼 수 있었을 거야.

전쟁에 빠진 세계

그런데 20세기에 들어서면, 지구의 이쪽 혹은 저쪽이 아니라 전체가 전쟁에 빠져 버리게 돼. 이것을 세계 대전이라고 한단다. 온 세계가 전쟁에 휘말려 들어간 거야.

세계 대전은 두 번 일어났어. 첫 번째는 1914년부터 1918년까지, 두 번째는 1939년부터 1945년까지. 두 번의 세계 대전의 영향을 받지 않거나 그와 상관없었던 나라는 지구상에 하나도 없을 거야. 우리나라와도 깊은 관련이 있어.

지위 높은 관리부터 시골의 농부, 한창 자라는 어린이까지 모두 전쟁의 파도에 휩쓸렸어. 〈인생은 아름다워〉 주인공도 그중 하나였지.

영화 〈인생은 아름다워〉

▌사라예보의 총성

19세기 중엽, 다른 나라보다 앞서서 자본주의를 발달시킨 유럽의 강대국들은 자기네 상품을 내다 팔 시장을 찾아서, 또 상품 만드는 데 필요한 원료가 나는 나라를 찾아서 강제로 식민지로 삼았단다.

유럽에 비해 자본주의가 덜 발달한 아프리카, 아시아, 남아메리카의 여러 나라들이 식민지가 되었지.

앞선 자본주의 나라들이 다른 나라, 다른 민족을 식민지로 삼아 지배하는 것을 제국주의라고 해. 영국, 프랑스, 독일, 이탈리아, 러시아, 일본이 대표적인 제국주의 국가였어.

제국주의 국가들은 하나라도 더 많은 식민지를 갖기 위해 경쟁했단다. 경쟁은 전쟁을 일으켰어. 러시아와 일본은 만주와 우리나라를 놓고 전쟁을 벌였고, 미국과 에스파냐는 쿠바를 놓고 싸웠어. 그 밖에도 여러 곳에서 쉴 새 없이 전쟁이 터졌어.

피살되기 직전의 오스트리아 황태자 부부
총격을 받기 1시간 전, 황태자 페르디난트 대공과 부인 조피가 웃고 있어.

제국주의 국가들의 경쟁은 결국 세계 전쟁으로 폭발하고 말았어. 그게 바로 1차 세계 대전이야.

1차 세계 대전은 발칸 반도에서 시작되었어. 1914년 6월 28일 일요일, 보스니아의 수도 사라예보에서 오스트리아 황태자 부부가 총에 맞아 죽은 사건이 전쟁의 발단이었단다.

총을 쏜 사람은 세르비아의 비밀 결사 대원 프린치프. 세르비아와 오스트리아는 서로 미워하는 사이였지.

유럽 각국은 얽히고설킨 관계에 따라, 또 자기 나라의 이익을 쫓아서 이 전쟁에 뛰어들었단다.

제일 먼저 오스트리아가 세르비아에 선전 포고를 했어. 발칸 반도를 잃어버릴까 봐 걱정한 러시아가 세르비아 편을 들었고, 독일은 러시아와 프랑스에게 선전포고를 했어. 뒤이어 영국이 독일에, 또 일본이 독일에 선전 포고를 했단다.

전쟁의 불길은 식민지에까지 번졌어. 영국의 식민지 인도는 같이 싸우면 나중에 독립시켜 주겠다는 약속을 믿고 영국에 협조했으며, 터키의 지배를 받고 있던 아라비아는 터키의 반대편인 영국을 도왔단다.

전쟁에 뛰어든 나라들은 저마다 국민의 애국심을 불러일으키기 위해 온갖 노력을 다했어. 신문이나 방송이 분위기를 띄우는 데 큰 구실을 했지.

'조국을 지키자'는 구호가 매일같이 신문과 방송을 탔고, 상대편을 '침략자'라 하면서 나라를 지키기 위해 싸워야 한다는 목소리가 드높았어. 전쟁에 반대하면서 평화를 말하는 사람은 비겁자, 매국노라는 비난을 받았지.

1차 대전은 4년 넘게 계속되어 1918년 11월 11일에 끝이 났어. 사망자와 부상자가 수천만 명, 고아 900만 명, 남편 잃은 아내 500만 명이 생겨났어. 이 어마어마한 숫자 뒤에 감춰진 아픔과 눈물은 또 얼마나 클까.

전쟁의 후유증은 참 깊었어. 전쟁의 잔혹함이 남긴 상처는 유럽인의 자신감과 활력을 빼앗았어. 유럽 문명은 멸망할 거라고 사람들은 생각했단다. 미래는 불안하고 무서운 것으로 느껴졌어. 허무감, 될 대로 되라는 식의 절망이 거리에 넘쳤어.

1차 세계 대전
독일군 병사들이 참호에 몸을 숨기고 파이프를 통해 총을 쏘고 있어.

독일의 작가 레마르크가 쓴 소설 《서부 전선 이상 없다》에는 1차 대전의 소용돌이를 헤쳐 나가는 젊은이들의 사랑과 고민이 절실하게 담겨 있단다.

사람들이 전쟁 후유증을 앓는 동안 다른 한편에서는 새로운 질서가 준비되고 있었어. 국가가 모든 것을 좌우하는 전체주의였지. 파시즘이라고도 해. 이탈리아, 독일, 일본에서 시작되고 있었어.

무솔리니, 히틀러라는 이름을 들어 보았니? 전체주의를 이끈 사람들이란다. 이들의 등장은 머지않아 닥칠 두 번째 세계 전쟁의 예고편이었어.

히틀러
1934년 히틀러가 연설을 하려고 단상에 오르고 있구나.

오직 복종뿐

1차 세계 대전이 끝난 뒤 대부분의 평범한 유럽 인들은 평화롭고 안정된 세상에서 살고 싶어 했어. 하지만 그 소망은 이루어지지 않았어.

1939년 9월, 1차 세계 대전이 끝난 지 21년 만에 독일의 히틀러가 폴란드를 공격하면서 전쟁의 불길은 다시 유럽으로, 아시아로 걷잡을 수 없이 번졌어. 2차 세계 대전이 벌어진 거야.

세계는 독일, 이탈리아, 일본을 중심으로 한 동맹국군과 영국, 프랑스, 미국, 소련을 중심으로 한 연합군으로 갈려 싸웠어.

엄마 어렸을 적에 〈전투〉라는 드라마가 있었단다. 미군과 독일군이 싸워 미군이 승리하는 이야기인데, 그때 엄마는 '미군은 좋은 사람, 독일군은 나쁜 사람', 이렇게만 생각했어.

나중에 커서 역사책을 읽으면서 아, 그것이 바로 2차 세계 대전이었구나 하고 깨달았지. 미군은 무조건 좋은 사람, 이런 선입견에서 벗어나서 전쟁이 일어난 이유와 속사정을 알게 된 거야.

2차 세계 대전의 원인이 된 경제 불황

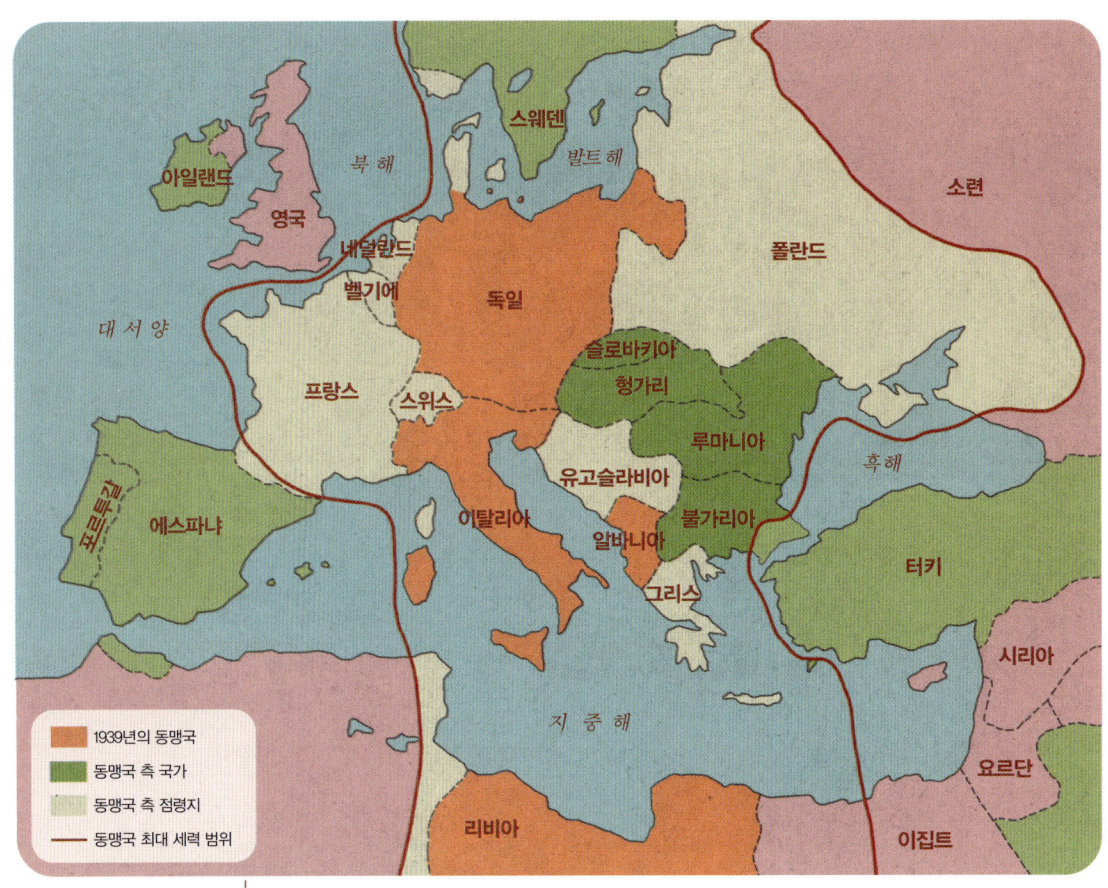

2차 세계 대전 때의 유럽(왼쪽)과 일본(오른쪽)

2차 세계 대전은 전체주의 국가들이 심각한 경제 불황을 전쟁으로 해결해 보려고 일으킨 거야.

1929년 미국에서 시작된 불황은 전 세계로 퍼져 나가 약 4년 동안 극심한 경제난과 수천만 명의 실업자를 낳았어. 회사와 은행이 꼬리를 물고 파산했지.

제국주의 국가들 중에서도 앞서 있던 미국, 영국 같은 나라들은

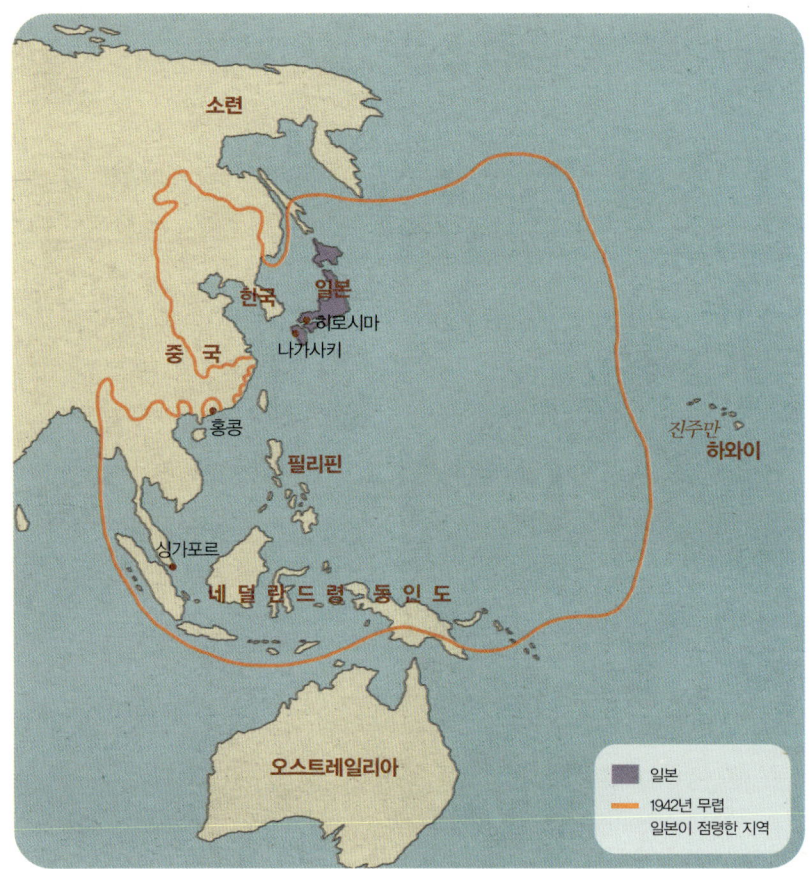
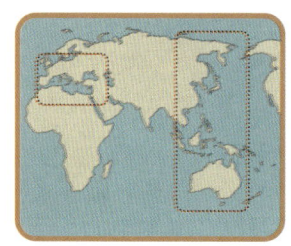

■ 일본
― 1942년 무렵 일본이 점령한 지역

 그럭저럭 불황을 이겨 낼 수 있었지만, 제국주의 국가들 가운데 뒤처져 있던 독일, 이탈리아, 일본은 경제난을 극복하기가 쉽지 않았어. 민심도 아주 나빠졌지. 이들 나라는 전쟁으로 문제를 해결하려고 했어.

 전쟁이 시작되면 개인의 자유나 민주주의는 사라지고 말아. 국가에 대한 반대 의견은 전혀 받아들여지지 않지. 무솔리니는 말했

노르망디 상륙 작전
2차 세계 대전 때인 1944년, 미국과 영국 연합군이 프랑스 노르망디 해안에서 한 상륙 작전이야.

어. "토론은 없다. 오직 복종뿐"이라고.

독일의 히틀러나 일본도 마찬가지였어. 일본은 천황을 앞세우고 강력한 전체주의를 밀고 나갔어. 그 앞에서 희생물이 된 것이 우리나라였다는 사실이 가슴 아프구나.

2차 대전은 6년 동안 계속됐어. 연합군 측 49개국, 동맹군 측 8개국, 전쟁에 참여한 사람의 수는 무려 1억 1000만 명이야. 세계 인류의 5분의 4가 전쟁에 휘말렸다고 해.

전사자는 2700만 명, 군인이 아닌 민간인 2500만 명, 총 5000만 명이 넘는 생명이 희생되었어.

미국은 세계 최초로 일본의 히로시마, 나가사키 두 도시에 원자 폭탄을 떨어뜨렸고, 독일은 수백만 명의 유대 인을 수용소에 가두고 강제 노동과 독가스로 죽게 했어.

그 밖에도 알려지지 않은 수많은 사람들이 몸과 마음에 상처를 입었지. 일본군에게 강제로 끌려간 우리나라 젊은이들과 종군 위안부들, 원자 폭탄으로 인한 후유증을 자손 대대로 물리면서 지금도 고통 받고 있는 원폭 피해자들…….

1945년 8월 15일에 막을 내린 2차 세계 대전은 인간의 존엄성을 땅에 떨어뜨린 최대의 비극이 아닐까 싶구나.

❓ 파시즘

파시즘은 1922~1943년 이탈리아, 1933~1945년 독일, 1939~1975년 에스파냐 그리고 그 밖에 많은 독재 국가에서 기세를 떨쳤어. 파시즘의 특징은 국가의 이익을 개인의 자유와 인권보다 앞세우고, 국가의 지도자에게 완전히 복종할 것을 강요하는 거야. 또 복종과 효율성, 전쟁과 정복 활동을 찬양하고, 국가와 민족을 신성시한단다.

파시즘을 이끈 히틀러와 무솔리니
왼쪽이 무솔리니, 오른쪽이 히틀러란다. 독일의 히틀러, 이탈리아의 무솔리니는 파시즘을 이끈 대표적인 인물들이야. 파시즘은 전체주의라고도 해.

31 변화하는 20세기

찰리 채플린이라는 영화배우가 있었어. 20세기 최고의 배우라는 칭찬을 듣는 사람이야. 채플린은 영국인이지만 미국에서 활약하면서 미국 영화 발전에 큰 공을 세웠어. 채플린 없이는 미국 영화를 말할 수 없을 정도로. 그런데 말년에 그는 미국에서 쫓겨나다시피 했단다.

왜 그랬을까? 그에게 '공산주의자'라는 딱지가 붙었기 때문이야. 그의 영화가 담고 있는 가난한 사람들에게 대한 동정과 사랑이 공산주의를 선전하는 것으로 오해받은 거야. 오해의 배경에는

2차 세계 대전이 끝난 뒤에 시작된 미국과 소련의 또 다른 전쟁, 냉전이 있었어.

■ 또 하나의 전쟁, 냉전

2차 세계 대전에서 미국과 소련은 같은 편이었지. 사이좋게 손잡고 전체주의 국가인 독일, 이탈리아, 일본과 싸웠어.

그런데 전쟁이 끝난 뒤 미국에서는 새로운 바람이 불기 시작했어. '반공'이란 바람이야. 바람은 차츰 거세어져 태풍으로 변해 미국 전체를 강타했지.

이 '반공'의 바람에 매카시즘이란 이름이 붙었어. '반공'을 주도한 미국 국회의원 매카시의 이름에서 따온 거란다.

사람들은 하루아침에 공산주의자로 몰릴까 봐 몸을 떨었어. 이웃과 친척이 혹시 공산주의자가 아닌가 살피기 바빴지. 비판의 자유, 생각의 자유는 사라졌어.

대통령도 반대파의 마음에 들지 않으면 공산주의자라는 비난을 받기 일쑤였어. 글쎄, 케네디 대통령도 공산주의자라는 비난을 받았단다.

한번 공산주의자로 찍히면 발 디딜 곳이 없었어. 마치 중세 유

매카시즘과 영화

1963년의 미국 영화 〈빨갱이가 되어라. 그렇지 으면 죽음뿐!〉의 포스터 야. 매카시즘의 영향 아래 만들어진 반공 영화란다. 주먹을 쥐고 있는 사람은 배우가 아니라 당시 소련 총리 흐루쇼프.

럽에서 있었던 마녀 사냥이 20세기에 다시 등장한 꼴이었단다. 찰리 채플린도 매카시즘의 희생자였어. 채플린은 더 이상 미국에서 살 수 없어서 스위스로 가 버렸단다.

매카시즘은 미국 바깥으로 번져 나갔어. 미국은 '세계의 경찰'이라고 자처하면서 공산주의와 관계 있다고 생각되는 문제마다 간섭을 했어. 소련도 가만히 있지 않았지. 세계 곳곳에서 미국과 소련은 날카롭게 부딪혔어.

미국과 소련은 더 이상 같은 편이 아니었어. 세계는 미국을 대표로 하는 자본주의와 소련을 대표로 하는 공산주의로 나뉘어 사사건건 싸우게 되었단다. 사람들은 둘 중 하나를 택해야 했어. 다른 선택은 없었어. 다양하고 창의력 넘치는 생각을 할 분위기가 전혀 아니었던 거야.

이런 상태를 '냉전(cold war)'이라고 해. 차가운 전쟁이란 뜻이야. 2차 세계 대전이 총과 대포를 쏘는 '열전(hot war)'이었다면, 이것은 직접 총을 쏘진 않아도 그 못지않게 무시무시한 전쟁이란 뜻이란다.

냉전은 1950년 이후의 세계를 한마디로 요약하는 말이야. 1950년 6월 25일 우리나라에서 벌어진 전쟁은 미국과 소련의 차가운 냉전 속에서 일어난 뜨거운 열전이라고 할 수 있어. 6·25 전쟁에 대해서는 기회가 있을 때 다시 얘기하자꾸나.

차가운 전쟁, 냉전

소련은 어떤 나라?

미국이 자본주의 나라라는 건 알겠는데, 사회주의는 뭐고 공산주의는 또 뭐냐고?

사회주의는 쉽게 말하면 인간 사회의 불평등을 없애자는 사상이야. 그 역사는 까마득한 옛날로 거슬러 올라간단다. 고대로부터 현대에 이르기까지, 동양과 서양을 막론하고, 평등한 사회에 대한 인간의 소망은 시시때때로 등장했어.

그런데 19세기에 독일의 한 학자가 그 소망을 체계화하고 '과학적 사회주의'라 이름 붙였어. 보통은 그 학자의 이름을 따서 마르

피의 일요일
1905년 1월의 어느 일요일, 러시아 모스크바의 겨울 궁전 앞에서 시위를 벌이는 노동자들에게 총을 쏘아 많은 사람들이 죽은 사건을 말해. 러시아 혁명이 일어나는 계기가 되었어.

크시즘이라고 해. 학자의 이름은 카를 마르크스.

그 후 유럽에서는 사회주의라는 말이 널리 사용되고, 사회주의를 이루려는 운동이 일어났어. 결국 1차 세계 대전이 한창이던 1917년 10월, 러시아에서 사회주의 혁명이 일어났단다.

그런데 1차 세계 대전이 시작되자 사회주의자들은 전쟁 지지파와 반대파로 의견이 갈렸어. 반대파는 1차 대전은 제국주의 국가 간의 전쟁이고 제국주의는 사회주의자로서는 찬성할 수 없는 것이니 지지해선 안 된다고 했어.

그 뒤부터 반대파는 자기네를 공산주의라 불렀어. 전쟁을 지지하는 사회주의자들과 자기들은 다르다는 것을 분명히 하고 싶었나 봐.

러시아 혁명의 지도자는 레닌이야. 그는 '전쟁 대신 평화', '굶주림 대신 빵'을 외치면서 차르가 다스리던 러시아 제국을 무너뜨리고 '소비에트 연방(소련)'을 세웠어.

러시아 혁명 후에 사회주의 국가들이 여럿 생겼어. 체코, 헝가리, 폴란드, 유고슬라비아 등등.

연설하는 레닌
레닌은 세계 최초로 사회주의 혁명을 성공시킨 사람이야.

 소련은 노동자와 농민이 주인인 나라로 자처했어. 그리고 2차 세계 대전이 일어날 무렵에는 미국과 어깨를 나란히 하는 강대국이 되어 사이좋게 손잡고 파시즘과 싸웠던 거야.

 그런데 노동자와 농민의 나라로 자처하던 소련이 74년 만에 무너졌어. 왜 그랬을까? 참말로 노동자와 농민을 위한 나라였다면, 그렇게 쉽게 무너질 리가 있을까?

 사회주의 국가들은 물론이고 자본주의 국가들도 놀랐단다. 그토록 당당하던 소련이 어째서 무너졌는지 궁금해했어.

 그런데 유고슬라비아에서 나온 한 잡지에 궁금증을 조금은 풀

무너진 사회주의

어 줄 기사가 실렸어. 사회주의 국가들이 갖고 있던 문제점을 꼬집은 기사였지. 제목은 '사회주의 6대 불가사의'.

"첫째, 실업은 없으나 아무도 일하지 않는다.

둘째, 아무도 일하지 않으나 모두 임금을 받는다.

셋째, 모두 임금을 받지만 그것으로 아무것도 살 수가 없다.

넷째, 아무것도 살 수 없지만 만인은 모든 것을 소유한다.

무너진 베를린 장벽
1989년 11월, 수십 년 동안 서독과 동독을 가로막아 온 베를린 장벽이 무너지고, 서독과 동독은 하나가 되었어. 오랜 냉전이 끝난 거야.

다섯째, 만인이 모든 것을 소유하고 있지만 만인이 불만이다.

여섯째, 만인이 불만이지만 선거 때는 모두 찬성투표를 한다."

제아무리 그럴싸한 주의나 사상이라도 인간의 자유를 억누르고 창의력과 자발성을 무시하면 오래가지 못하는 법이야. 소련의 몰락이 남긴 교훈은 그것이 아닐까?

인간은 누구나 차별받지 않으면서 자유롭고 행복하게 살고 싶어 한단다.

❓ 찰리 채플린

헐렁한 바지에 꽉 끼는 저고리, 작은 모자에 털럭거리는 큰 구두, 짤막한 콧수염에 긴 지팡이를 휘두르며 걷는 팔자걸음……. 바라보기만 해도 웃음이 나오는 모습이야. 〈모던 타임스〉, 〈독재자〉, 〈라임라이트〉 등이 찰리 채플린이 만들거나 출연한 작품이지. 그런데 채플린의 영화를 보다 보면 배꼽을 쥐고 웃다가 어느새 콧날이 시큰해져. 그의 코미디에는 부자도 아니고 지위도 별 볼 일 없는 평범한 사람들이 겪는 애달픔이 진하게 깔려 있거든.

찰리 채플린

우리나라의 근대화와 21세기

드디어 마지막 편지로구나. 엄마와 함께한 시간 여행이 어땠니? 지루하고 힘들기만 하지 않았니? 엄마는 참 좋았어. 네가 힘들고 어려워할 때마다 어떻게 하면 더 재미있고 쉽게 얘기할까 고심하긴 했지만 기분은 정말 좋았어.

엄마의 역사 편지는 우리나라로 돌아와 끝을 맺어야겠다. 역사는 보는 이의 눈과 생각이 어디에 있느냐가 참 중요하거든.

세계 역사를 공부할 때, 우리나라와는 어떤 관계가 있는지, 또 우리나라의 관점에서는 어떻게 생각할 수 있는지 요모조모 따져 보렴.

그렇게 하면 역사 공부가 훨씬 재미있고, 참신하고 발랄한 새로운 생각이 샘처럼 솟아날 거야.

쇄국이냐 개방이냐

서양의 18세기는 혁명의 시대였어. 산업 혁명, 미국 독립, 프랑스 혁명이 잇달아 일어났지? 조선의 18세기도 그 못지않게 격변하는 시대였어.

17세기부터 이미 상업과 수공업을 비롯해서 여러 분야의 산업이 조금씩 발달하고 있었어. 18세기가 되면 조선 사회를 지탱해 온 여러 제도들이 흔들리게 돼. 신분 제도가 무너지고 관리의 부정부패가 심해졌어.

그러자 사회 개혁이 필요하다고 주장하는 사람들이 등장했어. 이들을 실학자라고 한단다. 이익, 박지원, 정약용이 대표적인 실학자야.

이익은 농촌의 문제점을 고치고 농민의 삶을 개선시켜야 한다면서 토지 개혁을 하자고 주장했어.

박지원은 상공업을 발전시키고

박지원(왼쪽)
박지원의 《열하일기》를 보면 개혁에 대한 그의 생각을 알 수 있단다.

정약용(오른쪽)
정약용은 실학을 집대성한 사람으로 일컬어져. 그의 업적은 18년이란 긴 유배 생활 속에서 나온 것이란다.

청나라의 선진 문물을 배워야 한다고 했지. 박지원은 문학에도 뛰어나서 소설을 여러 편 쓴 사람이야. 청나라에 사신 가는 친척을 따라갔다가 쓴 《열하일기》에는 개혁에 대한 그의 생각이 잘 나타나 있어.

박지원이 《열하일기》를 쓴 때가 1783년이니까 서양에서 프랑스 혁명이 일어나기 6년 전이구나.

정약용은 천주교(가톨릭)를 믿었다는 죄목으로 전라도 강진으로 유배 가서 18년 동안 살며 실학을 완성한 사람이야. 그가 강진에서 쓴 《목민심서》, 《흠흠신서》, 《경세유표》는 실학을 대표하는 고전이란다.

19세기가 되자 조선에도 서양 세력이 밀려들기 시작했어. 천주교가 들어오고, 선교사들과 함께 개신교도 들어왔어. 이들을 따라 서양 문물도 들어왔지.

조선을 둘러싸고 서양의 여러 강대국, 청나라 그리고 일본이 치열한 다툼을 벌였어.

흥선 대원군의 선택, 쇄국

그런 가운데, 조선의 지배층은 개방이냐 쇄국이냐 하는 갈림길에서 갈피를 잡지 못했어.

쇄국 정책을 써서 흔들리는 조선을 잡아 보려 한 대표적인 인물이 흥선 대원군이란다. 흥선 대원군은 무너져 가는 조선 왕조를 되살리려고 했어. 안으로는 왕권 강화를 위해 개혁 정책을 펴고, 밖으로는 밀려드는 서양 세력을 막기 위해 쇄국 정책을 썼지.

흥선 대원군은 10년 동안 집권했어. 그 10년은 우리나라가 자주적으로 근대화를 이루느냐, 외세에 밀려 강제로 개방당하느냐를 가늠하는 중요한 시기였지.

그러나 흥선 대원군의 정책은 자주적인 근대화를 이루지는 못했어. 그의 목표는 근대화가 아니라, 조선 왕조를 되살리는 데 있었으니까.

척화비
서양 세력의 침입에 맞서 싸울 것을 알리는 비석이야. 전국의 주요 지점에 세웠단다. 흥선 대원군의 쇄국 정책이 잘 표현되어 있지.

세계로 문을 열다

결국 우리나라는 1876년, 일본과 조약을 맺음으로써 문호를 개방하게 돼. 일본은 대포와 군함을 끌고 와서 위협하면서 강제로 조약을 맺었지. 이 조약을 병자수호조규 또는 강화도 조약이라고 한단다. 조약을 맺은 장소가 강화도였기 때문

강화도 조약
조선 대표와 일본 대표가 만나 조약을 맺고 있어. 보통 강화도 조약이라 하는데 정식 명칭은 병자수호조규란다.

이야.

그때 우리나라는 흥선 대원군이 권력을 잃고, 고종과 왕비 민씨 집안이 정권을 잡고 있을 때야.

강화도 조약은 우리나라가 외국과 맺은 최초의 근대적 조약이었어. 그렇지만 조약 내용이 일본에게만 일방적으로 유리한 불평등 조약이었지.

어쨌든 조선은 강화도 조약을 계기로 세계를 향해 문을 열었단다. 곧바로 미국, 영국, 프랑스, 독일을 비롯해 서양 열강과 차례로 통상 조약을 맺었어. 서양의 앞선 자본주의가 우리나라에 빠른 속도로 들어오게 되었지.

일본은 그 선두에 서서 우리나라를 식민지로 만들기 위해 차근차근 준비를 하기 시작했어. 이렇게 나라가 외부 세력의 위협에 위기에 빠지자, 외부 세력을 막아 내려는 운동과 우리 힘으로 근대화와 개혁을 이루자는 운동이 여러 분야에서 일어났어.

군인들아 차별 대우와 부정부패에 항거해 일으킨 임오군란, 개화파가 일으킨 갑신정변, 녹두 장군 전봉준이 이끈 동학 농민 운동이 모두 그런 것들이란다.

특히 1894년 갑오년에 일어난 동학 농민 운동은 외세를 물리치

동학 농민 운동
가운데 우뚝 선 사람이 농민 운동의 지도자 전봉준이야.

고 봉건 제도를 타파해서 새로운 사회를 건설하려는 거대한 운동이었어. 안타깝게도 일본에게 무너지고 말았지만 말이야. 이 얘기는 기회를 보아 좀 더 자세히 해 줄게.

일본은 청나라와 러시아를 물리치고 우리나라를 독차지했어. 그 사이에, 고종의 왕비 명성 황후가 러시아에 의지해 일본을 막아 보려다가 그만 일본이 보낸 자객에게 죽음을 당하는 불행한 사건이 일어났어. 이웃 나라의 왕비를 자객을 보내 죽이다니, 일본이 한 짓은 용서할 수가 없구나.

1905년 11월, 일본은 강제로 조선과 보호 조약을 맺었어. 이름은 보호 조약이지만 실제로는 약탈 조약이나 마찬가지였지. 이것이 을사조약이란다.

시련의 역사

을사조약이 맺어진 사실이 알려지자, 전국에서 의병이 일어났어. 일본이 강제로 우리 군대를 해산시키는 바람에 쫓겨난 병사들이 의병 대열에 가담했지. 의병은 만주, 연해주로 옮겨 다니며 일본과 끝까지 싸웠단다. 식민지가 된 뒤에도 항일 전쟁은 계속되었어.

치열한 항일 투쟁

한편 실력을 키워 나라를 살리자는 운동도 널리 퍼졌어. 학교를 세우고, 신문과 잡지를 내고, '배우는 것이 힘이다'라고 외쳤지. 국어와 국사에 대한 관심이 부쩍 높아졌어. 한글학자 주시경, 역사학자 신채호가 활약했고, 안창호는 미국으로 가 흥사단을 만들어서 민족 일꾼 기르기 운동을 벌였단다.

오산학교 졸업식
인재를 길러 나라를 되찾자는 운동이 널리 퍼졌어. 오산학교는 이승훈이 인재 양성을 위해 세운 학교야. 사진은 오산학교 2회 졸업생들의 기념사진이란다.

    그러던 중 1909년 10월 26일, 세상을 깜짝 놀라게 하는 일이 일어났어. 안중근이 만주 하얼빈 역에서 이토 히로부미를 총살한 거야. 이토 히로부미는 을사조약을 강제로 맺는 데 앞장섰을 뿐 아니라 조선을 지배하는 통감이었지.

    하지만 일본은 침략의 손길을 멈추지 않았어. 그러다가 1910년 8월 29일 우리나라는 일본의 식민지가 되고 말았어.

    일본의 지배는 1945년 8월 15일, 2차 세계 대전에서 일본이 패하고 우리나라가 해방될 때까지 계속되었어. 그동안 우리 민족은 치열한 항일 투쟁을 벌이며 시련의 역사를 승리의 역사로 바꾸기 위해 노력했어.

식민지 시대에 살기란 참 힘들었을 거야. 세운이의 할머니와 할아버지께서는 바로 그 힘든 시대에 태어난 분들이란다. 가만히 여쭈어 보렴, 할머니 할아버지의 어린 시절이 어땠냐고.

21세기를 위하여

해방 후부터 오늘까지 60여 년 동안 세상은 굉장히 빠른 속도로 변해 온 것 같아. 그 앞서의 60년이 전차나 버스를 타고 느긋이 달린 시대라면, 이후 60년은 비행기나 고속 철도를 타고 쏜살같이 나는 시대였어.

지금 세계는 숱한 걱정거리를 안고 있어. 전에 없던 질병이 생겨나는가 하면, 굶어 죽는 사람은 여전히 많고, 자연환경은 상처투성이가 되었지.

이런 걱정거리를 해결해야 할 사람이 세운이와 네 친구들이야. 책임이 무겁구나, 그렇지? 자, 무겁지만 중요한 책임을 진 미래의 주인공들에게 이런 얘기는 어떨까?

프랑스의 유명한 역사가 마르크 블로크에게 아들이 있었어. 하루는 아이가 아빠에게 물었지.

"역사는 대체 뭣에 쓰는 거예요?"

블로크는 2차 세계 대전이 일어나자 대학교수를 그만두고 독일과 싸우는 레지스탕스가 되었어. 그는 포로로 잡혀 총살당하기 전에 책을 한 권 썼어. 제목은 《역사를 위한 변명》.

잊히지 않아서 늘 가슴속에 담아 두었던 아이의 질문, '역사는 대체 뭣에 쓰는 거예요?'에 대답하기 위해서였지.

블로크의 대답이 뭐였을 것 같니? "역사가 알아내려고 하는 건 바로 인간이다."였어.

왜, 무엇 때문에 사는지, 앞으로 무얼 하며 어떻게 살아야 좋을지 정말 모르겠다 싶을 때 역사책을 펴 보렴. 살아 꿈틀거리는 인간들의 다양한 모습이 보일 거야. 네가 찾고 있는 길도 아마 거기 있을지 몰라.

❓ 통일을 향하여

35년에 걸친 일본의 식민지에서 벗어난 우리 민족을 기다리고 있었던 것은 남과 북의 분단이었어. 그 후 6·25 전쟁으로 분단의 골이 깊어지고 남과 북은 서로 총부리를 겨눈 채 전쟁의 위협 아래 살게 되었지. 우리나라처럼 2차 세계 대전이 끝나고 세계에 몰아닥친 냉전으로 같은 민족이면서도 서로 담을 쌓고 사는 나라들이 있었는데, 독일, 베트남이 그런 경우란다. 그러나 베트남은 1975년에, 독일은 1990년에 통일을 이루어 이제 지구에는 우리나라만이 분단 국가로 남아 있어. 21세기에 우리 민족이 해결해야 할 가장 큰 과제 가운데 하나가 바로 분단된 나라를 하나로 만드는 통일이 아닐까 싶구나.

찾아보기

ㄱ

가나 109
가느롱 145
가야 88
가톨릭(천주교) 240
간다라 미술 53
갈라파고스 섬 309
갈리아 인 58
갑골문 27
갑신정변 340
강수 88
강화도 조약(병자수호조규) 307, 339
개신교 240, 270
개경 162
갠지스 강 51
거북선 255
거란 166
게르만 왕국 131
게르만 족 128, 190
견훤 161
《경국대전》 253
《경세유표》 338
계몽주의 277

고구려 87, 97, 101
고려 159, 184, 251
고르디움 48
고비 사막 72
《고사기》 106
고조선 72, 86
고타마 싯다르타 39
고트 족 128, 190
공명첩 260
공민왕 168
공산주의 332
공자 37, 43
공장제 수공업(매뉴팩처) 263
공화정 60, 122, 289
과거 제도 162
과학적 사회주의 331
광개토대왕 88
교황 147
95개조 반박문 242
구텐베르크 165, 239
《군주론》 236
궁예 161
권리 선언 283
귀족 정치 35

그리스 정교 174, 191
금나라 181
기관차 266
기독교 82, 147, 240
기사 154, 206
기사도 정신 154
기선 266
김유신 88

ㄴ

나가사키 326
나라 110
나일 강 19, 27
나폴레옹 53, 289
낙랑군 73
난징 조약 295
난학 306
남만 문화 305
남만인 305
남북 전쟁 272
납속첩 260
냉전 329
네로 126

네르바 126
네바 강 197
노량 해전 256
노르만 족 151
노르망디 151
노리사치계 109
노비 258
노자 37, 43
농노 157
농노제 246
농업 혁명 16, 27
니네베 21
니폰 111

다뉴브 강 184
다리우스 3세 49
다마스쿠스 140
다윗 172
다이묘(영주) 303
다줄레 섬 228
단군기원 76
단군왕검 76
단기 77
단테 236
담징 108
당 태종 100
당나라 88, 94, 161

당삼채 102
대각국사 의천 163
대공 193
대장경 164
대조영 92
데카르트 236
도교 45
도량형 24
도버 해협 262
도시 국가 28
도요토미 히데요시 256, 303
도쿠가와 요시노부 301
도쿠가와 요시무네 306
도쿠가와 이에야스 257, 303
도편 추방 34
〈독립선언서〉 276
독립 전쟁 275
독일 농민 전쟁 246
《돈 키호테》 236
돌궐 202
동로마 제국 100, 128, 147, 172, 199
동방 무역 127, 199
《동방견문록》 111, 119, 187
동예 87
동유럽 132
동인도 회사 273
동학 농민 운동 340
두보 102

ㄹ

라 마르세예즈 288
라마교 186
라오스 113
라파엘로 234
러시아 혁명 332
레닌 332
레무스 56
레아 실비아 56
레오나르도 다빈치 230
레오 3세 148
레지스탕스 345
로마 122
로마 가톨릭 174
로마 광장 59
로마 제국 199
로물루스 56
로물루스 아우구스툴루스 129
로켓호 266
로타르 150
롤랑 145
롤랑의 노래 147
롱스포 고개 146
루비콘 강 124
루이 16세 280
루트비히 1세 150
루트비히 2세 150
뤼브뤼크 159

찾아보기
347

르네상스 208, 230, 261
리버풀 266
리우데자네이루 224

마녀 사냥 330
마디나트운 나비 137
마르스 56
마르코 폴로 111, 119, 187
마르크 블로크 344
마르크시즘 331
마르틴 루터 242
마리 앙투아네트 280
마리아나 제도 225
마야 문명 211
마자르 족 151
마자파힛 120
마젤란 224
마젤란 해협 224
마추픽추 215
마케도니아 47
마키아벨리 236
마하비라 37
막부 300
만리장성 68
만적 162
만주족 290
말갈족 92

매카시즘 329
맨체스터 266
맹자 45
메디나 137
메디치 집안 232
메르센 조약 150
메소포타미아 20
메소포타미아 문명 19
메이지 유신 300
메이플라워호 271
메카 135
메콩 강 114
멕시코 고원 211
면죄부(면벌부) 242
명나라 256, 290
명성 황후 341
〈모나리자〉 230
모스크바 191
모헨조다로 24
《목민심서》 338
목판 인쇄술 165
몽골 167, 180
몽테뉴 236
무구정광대다라니경 161
무솔리니 322
무슬림 136
무제 71
무함마드 2세 201
무함마드(마호메트) 77, 135, 172

뮬 방적기 264
미라 23
미얀마 113
미켈란젤로 235
민주주의 325
민회 33, 59, 125
밀라노 232
밀레니엄 77, 170

바그다드 140, 184
바랴기 191
바르다마나 42
바르톨로뮤 디아스 221
바리새인 80
바빌로니아 인 21
바빌로니아 제국 21
바빌론 21, 51
바스쿠 다가마 222
바스티유 감옥 284
바울 82
바이샤 43
바이칼 호 101
바이킹 151, 191
바투 192
바하마 제도 222
박지원 337
박혁거세 87

반공 329
반달 왕국 131
반달 족 129
발칸 반도 200
발트 해 128
발해 91
백년 전쟁 204
백작 154
백정 162
백제 87
번(영지) 303
벌족파 124
법가 68
베네치아 232
베르됭 조약 150
베르사유 궁 284
베이징(북경) 181
베트남 101, 113
변발 291
병마용갱 69
병자호란 257, 291
보 제도 163
보로부두르 사원 119
보스니아 내전 313
보스턴 티 파티 274
보스턴 항구 274
볼가 강 184
봉건 제도 152, 178
부르군트 128

부르군트 왕국 131
부여 87
부하라 182
북위 95
분서갱유 68
불가촉천민 43
불교 89, 113, 163
불국사 160
불상 53
붓다 37
브라만 계급 41
브라만교 41
브루투스 125
비글호 309
《비글호 항해기》 309
비단길 73
비류 87
비자야 120
비잔티움 132, 199
비잔틴 문화 132, 191, 207
비토리아호 226
비하르 39
빌라도 81
빌렌도르프의 비너스 15
빙하기 11

사대부 168

사두개인 79
사라센 139, 145
사라예보 320
사마르칸트 182
사망세 156
사비성 90
사이렌드라 왕조 118
사회주의 189, 331
사회주의 혁명 188, 332
산살바도르 222
산업 혁명 261
산타마리아호 222
살수 대첩 98
삼강오륜 252
삼국 시대 88
《삼국사기》 106
삼국 통일 90
삼별초 167
삼부회 285
삼한 87
상감 청자 164
상나라 27
상민 258
《상식》 278
상트페테르부르크 197
상평창 제도 163
상형 문자 212
색목인 100
샤를마뉴(카롤루스) 144

찾아보기
349

서기 76
서로마 제국 128, 147
서역 100
서역인 100
서유럽 132
서인도 제도 213
석가탑 161
석굴암 160
선비족 95
선조 255
설형 문자 21
《성경》 137, 243
성 바돌로매 축일 248
성 베드로 사원 242
성 소피아 사원 199
성덕대왕 신종 160
성리학 92, 251
세계 대전 318
세르반테스 236
세비야 항구 225
세종 252
셀주크 튀르크 172
셰익스피어 236
소가 씨 107
소비에트 연방 188
소현 세자 257
쇼군 300
쇼토쿠 태자 107
수나라 88, 94

수드라 43
수력 방적기 264
수로왕 88
수마트라 제국 120
수메르 인 21
《수상록》 236
수소 폭탄 315
수양제(양제) 88, 95
술탄 202
스리위자야 116, 120
스이코 천황 106
스키피오 64
스킬 족 130
스티븐슨 266
스파르타 29, 35
슬라브 인 190
시리아 138
시민 혁명 289
시바 41
시칠리아 151
시텐노 사 108
《신곡》 236
신라 87
신석기 혁명 16
신성 로마 제국 243
신의군 168
신진 사대부 251
《신찬성씨록》 110
신채호 342

실론 117
실학자 337
십자군 171
십자군 전쟁 139, 171
싱가사리 왕조 120

아고라 31
아라비아 133
《아라비안나이트》 140
아랄 해 101
아랍 인 134
아르키메데스 64
아리스토텔레스 34, 141
아리우스파 147
아마테라스 오미카미 106
아메리고 베스푸치 223
아메리카 224
아메리카 문명 211
아메리카 인디언 210
아메리카 합중국 278
아바스 왕조 140
아소로스(아조레스) 제도 229
아스카 문화 107
아스텍 문명 211
아시리아 제국 21
아우구스투스 126
아우렐리우스 126

아우크스부르크 247
아이네이아스 56
아이누 105
아직기 109
아크라이트 264
아크로폴리스 31
아타나시우스파 147
아테네 29
아틸라 129
아파르트헤이트 313
아편 전쟁 293
악티움 해전 126
안녹산의 반란 102
안데스 산맥 211
안시성 89, 101
안중근 303, 343
안창호 342
안토니우스 123
알라 136
알라딘 133
알라만 왕국 131
알렉산드로스 47
알렉산드로스 4세 53
알렉산드리아 52
알렉시우스 1세 172
알타이 산맥 201
알파벳 21
앙코르 114
앙코르와트 114

야마토 국 106
야스리브 137
양견 95, 100
양귀비 101
양만춘 89, 101
양반 258
양쯔 강 295
에게 해 47
에도 300
에도 막부 시대 303
에라스뮈스 236
에라토스테네스 52
에밀레종 160
에세네파 80
에스게이 180
에트루리아 인 58
엘리자베스 여왕 247
여진족 291
《역사를 위한 변명》 345
역포 아이 85
연나라 69
연등회 163
연산군 260
열반 42
《열하일기》 338
영국 국교회(성공회) 247
영국 혁명 281
영주 153, 206
예루살렘 171, 176

예수 76
오고타이 184
오고타이한국 185
오도아케르 129
오디세우스 31
《오디세이아》 31
오를레앙 성 204
오리엔트 141
오스만 제국 201
오스만 튀르크 201
오우즈 202
옥저 87
옥타비아누스 123
온조 87
올레크 191
올리버 크롬웰 282
올림피아 32
올림피아 제전 경기 33
왕건 162
왕당파 272, 281
왕인 109
왜국 106
《우신예찬》 236
우왕 26
우그라 강 193
우랄 산맥 195
우르반 2세 172
우륵 88
우마이야 왕조 140

우미인 70
우별초 168
우크라이나 190
울릉도 228
원나라 94, 185
원로원 59, 125
원자 폭탄 315, 327
월지국 73
위구르 202
윌리엄 283
유교 45, 75, 89, 163
유다 81
유대 인 79
유대교 135, 172
유방 70
유스티니아누스 1세 199
《유토피아》 236
유프라테스 강 19
6·25 전쟁 331, 345
은나라 27
을사조약 342
을지문덕 89
의병 255
의창 제도 163
의회파 281
이반 4세 195
이반 3세 193
이븐루시드 141
이븐바투타 187

이븐시나 141
이사벨라 여왕 221
이방원 251
이성계 251
이세민 100
이순신 255
이스탄불 132, 203
이슬람 제국 172
이슬람교 113, 134
이연 100
이오니아 29
이익 337
이집트 22, 47
이집트 문명 19
2차 대륙 회의 277
2차 세계 대전 323
이태백 102
이토 히로부미 303, 343
이화원 292
《인간의 유래》 311
인더스 강 19, 47, 114
인더스 문명 19
인도네시아 112
인도차이나 113
인조 257
인종주의 313
인지세 273
1차 대륙 회의 277
1차 세계 대전 320

일한국 185
일본 104
《일본서기》 106
임격정 260
임둔 72
임오군란 340
임진왜란 255
임칙서 294
입헌 군주제 283
잉카 문명 211

자금성 292
자마 평원 64
자바 112, 117
자본주의 189, 267
자이나교 42
잔 다르크 205
장건 72
장길산 260
장미 전쟁 207
장안 100
장원 제도 154
장자 43
재세례파 운동 249
재인(광대) 259
전봉준 340
전시과 163

전체주의 322
정도전 251
정묘호란 257
정보 혁명 262
정약용 337
정유재란 256
제국주의 319
제니 방적기 264
제우스 31
제임스 2세 283
제임스 1세 281
제임스 와트 264
제자백가 37, 45
제정 123
젤롯당 80
조나라 69
조로아스터교 135
조선 250
조선어학회 254
조지 워싱턴 277
조차지 296
존 케이 263
종교 개혁 240, 261
종교 전쟁 248
《종의 기원》 309
좌별초 168
주나라 67
주몽 87
주시경 342

주자학(송학) 252
주치 184
주희 252
중인 258
증기 기관 264
지리상의 발견 227, 261
지하드 138
직접 민주주의 33
진구 황후 106
진나라 66
진번 72
진시황제 66
진화론 308
집정관 59, 125

차가타이 184
차가타이한국 185
차르 189
찰리 채플린 328, 335
찰스 2세 283
찰스 1세 281
찰스 다윈 309
참파 114
천민 162, 258
천주교 338
천태종 163
철기군 282

첨성대 160
청교도 270, 282
청나라 94, 257, 290
춘추 전국 시대 67
충효 252
츠빙글리 247
칭기즈 칸 53, 179

카라코룸 185
카르타고 60
카를 150
카를 5세 243
카를 마르크스 332
카를룩 202
카바 신전 135
카스트 제도 41
카울레 159
카이사르 53, 123
카자흐 부대 195
칼리굴라 126
칼리프 138, 174
칼뱅 247, 270
캄보디아 제국 114
캄보자 114
켈트 인 58
《코란》 137
코르테스 214

찾아보기
353

코린트 29
코지코드(캘리컷) 223
콘스탄티노플 100, 132, 177, 199
콘스탄티누스 11세 194
콘스탄티누스 황제 83
콜로세움 55
쾰른 158
쿠빌라이 120, 185
쿠스코 214
퀘이커교도 272
크럼프턴 264
크렘린 궁 189
크리스토퍼 콜럼버스 221
크리타나가라 왕 120
크샤트리아 43
클레르몽 173
클레오파트라 53, 123
키르기스 202
키예프 루시 151, 191
키푸 217
킵차크한국 185, 192

타이 113
타타르의 멍에 193
태양신 213
태음력 21
태평양 225

테노치티틀란 214
테니스 코트의 맹약 286
테무친 180
테베 29
테베레 강 56
테오도시우스 황제 33, 83, 128
톈산(천산) 73
토마스 뮌처 249
토머스 모어 236
토머스 제퍼슨 276
토머스 페인 278
툴루이 184
튀니지 61
튀르크 201
트라야누스 126
트레비 55
트로이의 목마 28
티그리스 강 19

파라오 22
파로스 섬 52
파르테논 신전 29
파미르 고원 73
파스파 문자 186
파시즘 322
파티마 왕조 140
판두란감 114

팔관회 163
팔레스타인 138
팔렘방 116
팔로스 항구 222
팔만대장경 164
페니키아 21, 61
페르세폴리스 50
페르시아 48, 138
평민파 124
포룸 59
포에니 전쟁 61
폴리스 28
폼페이 59
폼페이우스 124
표트르 대제 191
풀턴 266
퓨리턴 270
프란시스코 사비에르 304
프랑스 혁명 281
프랑크 왕국 131, 147
프랑크푸르트 158
프로테스탄트 248
프리드리히 대영주 244
프리아모스 56
프린치프 320
프톨레마이오스 53
플라톤 141
피라미드 18, 22
피레네 산맥 146

피렌체 232
피사로 217
필경사 20
필그림 파더스 271
필리포스 48

ㅎ

하그리브스 264
하나라 26
하드리아누스 126
하라파 24
한글 253
한4군 72
한나라 70, 87
한니발 전쟁 62
한양 251
한자 26
한족 94, 290
함무라비 법전 21

함무라비 왕 21
함부르크 158
항우 70
항일 전쟁 342
《해부학표》 306
해인사 장경각 165
《햄릿》 236
허균 260
헝가리 184
헤롯 왕 79
헤지라 77, 137
헨리 8세 247
헬레니즘 52
현도 72
혜자 109
호라즘 182
호류 사 108
호메로스 31
홍길동 260
《홍길동전》 260

홍콩 296
활판 인쇄술 165, 239
황허 문명 19
후고구려 161
후백제 161
후삼국 시대 161
후작 153
후지와라 씨 110
훈 족 75, 128, 190
훈민정음 253
흉노족 71, 201
흑사병 204, 237
《흠흠신서》 338
흥선 대원군 339
희망봉 222
히로시마 326
히틀러 322
힌두교 42, 113

● **사진자료**

| 강성철 | 해인사 장경각 165 · 공민왕 부부 초상 167 · 진도 남도석성 168
| 국립경주박물관 [경박 2010-39] | 신라의 토우 87 · 성덕 대왕 신종 160
| 국립중앙박물관 [중박 201004-136] | 무구정광대다라니경 161 · 상감 청자 164 · 호병도 258 · 일하는 농민들 258 · 《홍길동전》 260

| 규장각한국학연구원 | 《경국대전》 252
| 노정임 | 용미리 석불 163
| 다산기념관 | 정약용 337
| 오죽헌시립박물관 | 한글 편지 254
| 육군박물관 | 〈부산진순절도〉 255
| 인천문화재단 | 일본 개국 304
| 전쟁기념관 | 호패 259 · 신기전 화차 257 · 살수 대첩 98

엄마의 역사 편지

개정판 1쇄 2010년 5월 12일
개정판 29쇄 2025년 12월 3일

글 | 박은봉
그림 | 우지현
지도 | 유상현

펴낸이 | 류종필
편집 | 이정우, 이은진, 권준
경영지원 | 홍정민

교정 | 신정숙
디자인 | 석운디자인

펴낸곳 | (주)도서출판 책과함께
　　　　주소 | (04022) 서울시 마포구 동교로 70 소와소빌딩 2층
　　　　전화 | 02-335-1982
　　　　팩스 | 02-335-1316
　　　　전자우편 | prpub@daum.net
　　　　블로그 | blog.naver.com/prpub
　　　　등록 | 2003년 4월 3일 제2003-000392호

이 책의 저작권은 지은이 박은봉에게 있습니다.
이 책의 내용을 이용하려면 저작권자와 출판사의 동의를 모두 받아야 합니다.
잘못된 책은 구입하신 서점에서 바꾸어 드립니다.

ISBN 978-89-91221-62-8 73900

'엄마의 역사 편지'는 2000년 웅진주니어에서 출간한 '엄마의 역사 편지 1·2'의 합본·개정판입니다.